船闸水工建筑物设计与工程实践

牛志国　王　新　著

东南大学出版社
SOUTHEAST UNIVERSITY PRESS
·南京·

内容摘要

本书主要介绍船闸水工建筑物的设计理论与方法，全书共分五章，第一、二章主要介绍船闸的结构类型、总体设计等基础知识，第三章主要讲述船闸水工建筑物的设计分析方法，第四章介绍了船闸闸首设计分析的工程实例，第五章介绍了船闸输水廊道抗冲磨与防空蚀破坏问题。

本书可供从事水运工程规划、勘测、设计、施工、管理等专业的工程技术人员参考，也可作为大专院校相关专业师生的参考书。

图书在版编目(CIP)数据

船闸水工建筑物设计与工程实践 / 牛志国，王新著. 一南京：东南大学出版社，2019.12

ISBN 978-7-5641-8182-6

Ⅰ. ①船… Ⅱ. ①牛… ②王… Ⅲ. ①船闸—水工建筑物 Ⅳ. ①U641

中国版本图书馆 CIP 数据核字(2018)第 291793 号

船闸水工建筑物设计与工程实践

Chuanzha Shuigong Jianzhuwu Sheji Yu Gongcheng Shijian

出版发行	东南大学出版社
出 版 人	江建中
责任编辑	杨 凡
社　　址	南京市四牌楼 2 号
邮　　编	210096
网　　址	http://www.seupress.com
经　　销	全国各地新华书店
印　　刷	虎彩印艺股份有限公司
开　　本	700 mm×1000 mm　1/16
印　　张	14.75
字　　数	336 千字
版　　次	2019 年 12 月第 1 版
印　　次	2019 年 12 月第 1 次印刷
书　　号	ISBN 978-7-5641-8182-6
定　　价	69.00 元

* 本社图书若有印装质量问题，请直接与营销部联系，电话：025-83791830。

前　言

水路运输是现代交通运输的一个重要部分，船闸作为水运工程中通航建筑物的主要形式，在国民经济中占有重要的地位。随着我国内河水资源综合开发进程的不断加快，船闸建设也进入快速发展的阶段。在内河航运梯级渠化开发中，船闸是通航建筑物的枢纽工程，其结构形式、规模、建设选址对所在航道的航运发展起着重要作用。本书主要介绍船闸水工建筑物的设计理论与方法。

本书内容是在作者近几年来对不同船闸工程开展的咨询、检测、原型观测等工作基础上，并借鉴吸收现有的规范、设计手册等成果资料，对船闸水工建筑物的设计方法和工程应用做了系统的介绍，工程应用主要是介绍双线船闸闸首错位布置这种新型结构形式在受力、变形、抗冲磨等方面的研究成果。

本书由牛志国编写第一、二、三章，牛志国、游日编写第四章，王新、牛志国编写第五章。水利部大坝安全管理中心李宏恩、临沂市水利勘测设计院张家松参与了本书的编写工作，官福海、鲁文妍、高军军参与了本书部分章节的编写工作。江苏第二师范学院张俊飞参与了本书的资料整理工作。

本书得到了国家自然科学基金项目“高速水流冲磨与空蚀耦合作用下过流壁面蚀损机理研究”(编号：51479124)、江苏省交通运输科技项目“错位布置双线船闸闸首结构受力机理及变形控制研究”(编号：2015T47－1)、江苏省水利科技项目“里运河东堤安全诊断与对策研究”(编号：2017005)的资助，在此表示感谢。

由于作者水平有限，书中难免存在疏漏和不足之处，敬请读者批评指正。

作者

2019 年 8 月

目　录

第一章　绪论

船闸是克服河流上建坝或天然形成的集中水位差的一种过船建筑物，一般由上下闸首、闸室、输水系统和引航道等几个基本部分组成。船闸工作原理如图 1－1 所示，当船舶从下游驶向上游时，闸室内水位为下游水位，上游闸门及上游阀门是关闭的。首先，船舶从下游引航道内驶入闸室，然后关闭下闸门及下游输水阀门；然后打开上游输水阀门，向闸室灌水；等闸室内水位与上游水位齐平后，打开上闸门，船舶驶出闸室进入上游引航道。这样，就完成了一次船舶从下游到上游的过闸。当船舶从上游驶向下游时，其过闸程序与此相反。由于船舶过闸是由水的浮力来升降的，运营费用较低，因此船闸是一种应用广泛的通航建筑物形式。

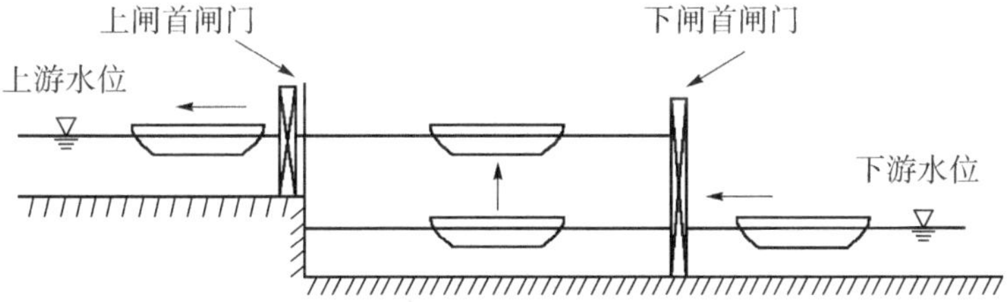

图 1－1　船舶过闸示意图

第一节　船闸的组成

船闸主要由闸首、闸室、引航道、导航建筑物和靠船建筑物等部分及其相应的设备组成，同时还包括引航道口门区与上下游航道连接段和外停泊区及前港。这些部分相互关联，组成一个过船建筑物综合体，缺一不可，是船舶安全通畅过闸的保证。

闸首是挡水建筑物，由两侧边墩和闸门构成，并设有闸阀及启闭设施；采用首部输水系统的船闸，在闸首设有灌泄水系统。上闸首是枢纽挡水前缘建筑物的一部分(闸室伸向上游的例外)，将上游引航道与闸室隔开；下闸首和多级船闸的中闸首是闸室的挡水建筑物；下闸首将闸室和下游引航道隔开，中闸首将两相邻闸室隔开。

闸室是由上、下闸首和两侧闸墙围成的厢形空间，包括有效和无效两部分，因形似无盖的长方体厢，故又称闸厢，供过闸船舶安全停泊、升降和通过之用。采用分散输水方式的船闸其闸室设有输水廊道系统。当船闸灌水或泄水时，闸室的水位由下游水位逐渐升到与上游水位齐平，或逐渐由上游水位降到与下游水位齐平，停泊于闸室中的过闸船舶随着闸室水位的升降而升到上游水位或降到下游水位，再由闸室驶出，完成过闸。

引航道是连接闸首与主航道的一段静水渠道，供过闸船舶停泊系靠、调顺、会让和安全通畅进、出闸室之用。与上闸首相接的称上游引航道，与下闸首相接的称下游引航道。在引道内设有主、辅导航建筑物和靠船建筑物。为使引航道成为静水区域，一般在靠河、湖、水库侧设有防浪隔流建筑物，其上游或下游引航道口门外的水域为引航道口门区，如图 1 - 2 所示。

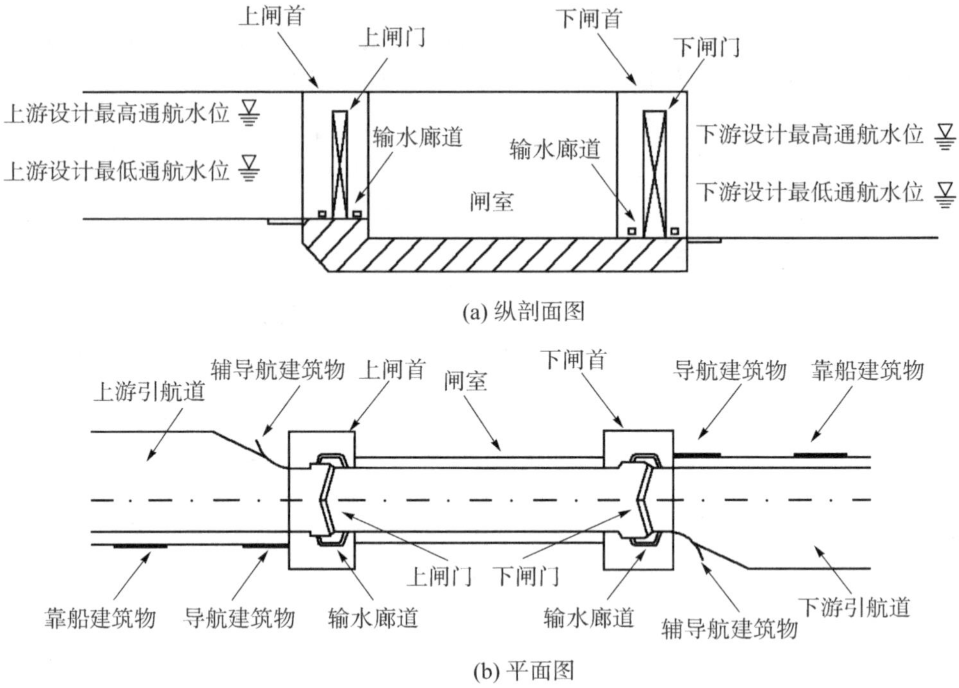

图 1 - 2　船闸组成示意图

第二节　船闸的分类

根据船闸不同特征，如闸室数目、位置、功能、输水形式、结构形式、闸门形式等，船闸可分为下列不同类型。

一、单级船闸和多级船闸

根据船闸纵向相邻闸室的数目，可分为单级船闸与多级船闸。单级船闸是指纵向上只有一个闸室的船闸，也称为单室船闸。单级船闸的船舶过闸时间较短，船舶的周转较快，船闸通过能力较大。它的建筑物及设备集中，管理比较方便，是应用最为广泛的船闸形式，如图 1-3 所示。

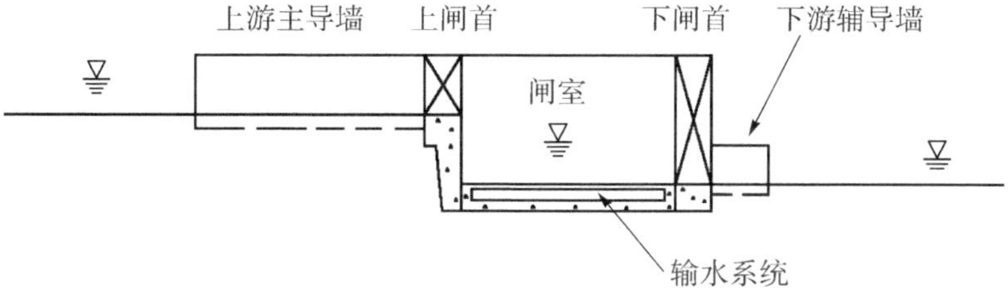

(a) 纵剖面图

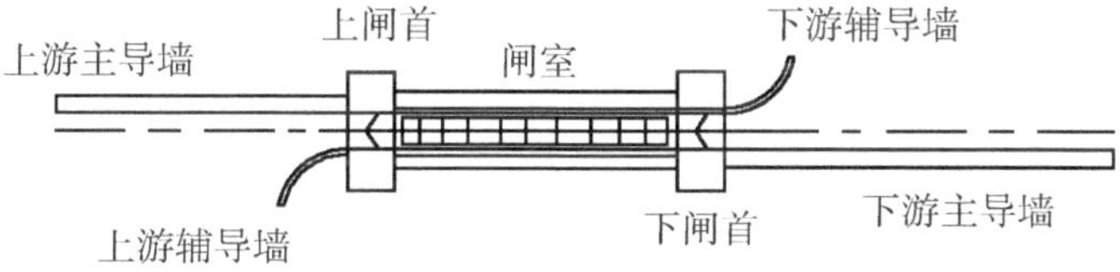

(b) 平面图

图 1-3 普通单级船闸

当过闸船舶种类较多、尺度又相差较大时，为缩短船舶过闸时间和减少耗水量，在闸室内设置中间闸首，将闸室分为两段，称为有中间闸首的单级船闸，如图 1-4 所示。船舶过闸时，根据船舶长度的需要使用闸室的一段或两段；使用一段时，中间闸首起挡水作用，另一段闸室是航道；使用两段时，中间闸首则是闸室长度的一部分。

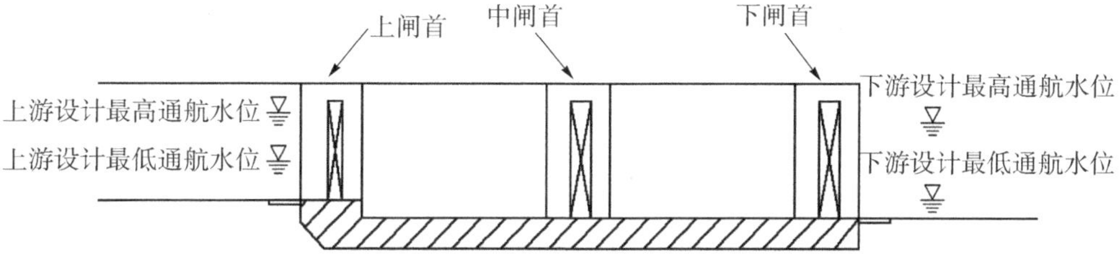

(a) 纵剖面图

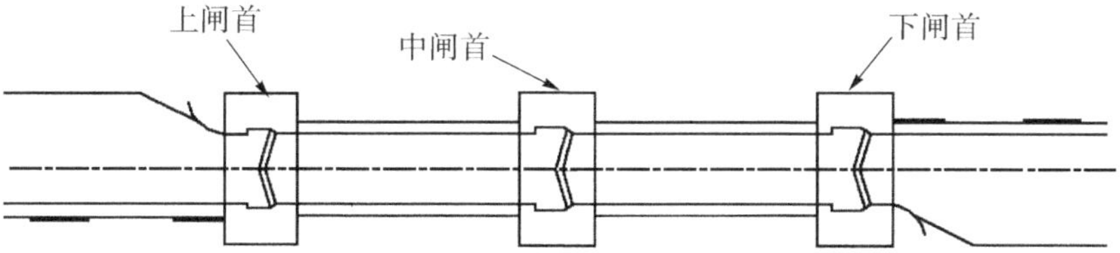

(b) 平面图

图 1-4 有中间闸首的单级船闸

多级船闸是指沿船闸纵向上有两个或两个以上闸室的船闸。多级船闸又可以分为连续多级船闸和分散多级船闸,多个单级船闸连续布置组成的船闸通常称为连续多级船闸,如图 1-5 所示。

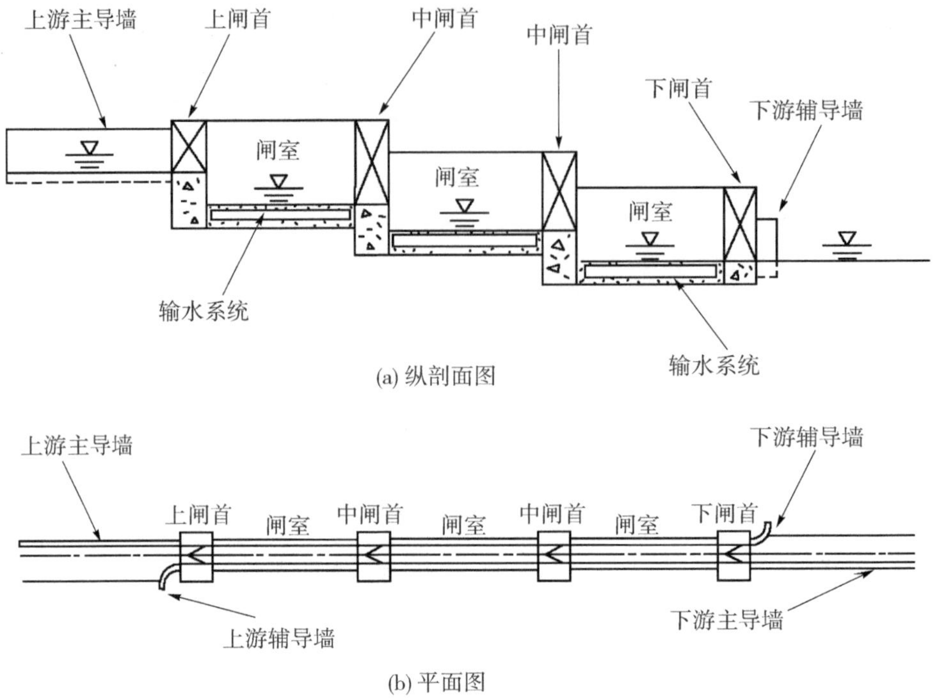

图 1-5　连续多级船闸

对于连续多级船闸,当工作闸门两侧的水位齐平时,逐级启闭闸门,船舶逐级进、出闸室,并通过逐级启闭输水主廊道阀门为逐级闸室进行灌、泄水,使船舶随闸室水位的升降克服上、下游之间的水位落差。

由多个单级船闸分开布置,在船闸与船闸之间用中间渠道进行连接的船闸,通常称为分散多级船闸,如图 1-6 所示。

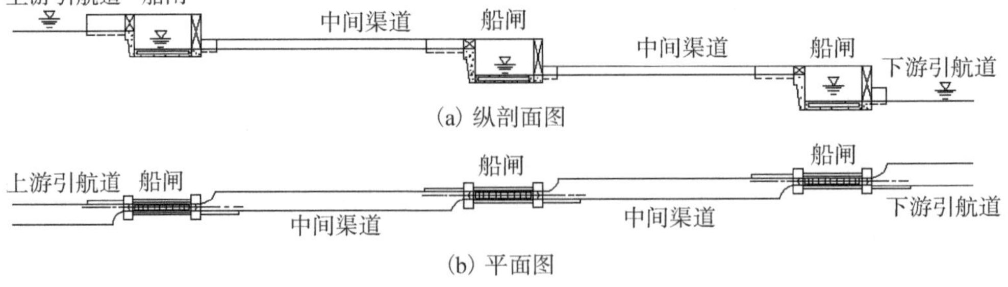

图 1-6　分散多级船闸

当分散多级船闸之间的中间渠道的尺度满足船舶双向进出船闸的要求时，船舶相当于逐级进出多个单级船闸，逐级克服上、下游的水位落差通过大坝。

二、单线船闸和多线船闸

按照船闸横向相邻闸室的数目，船闸可分为单线船闸、双线船闸和多线船闸。在双线船闸和多线船闸中，又可分为并列式双线船闸和有两条航线的双线船闸和多线船闸，如图 1-7、图 1-8 所示。

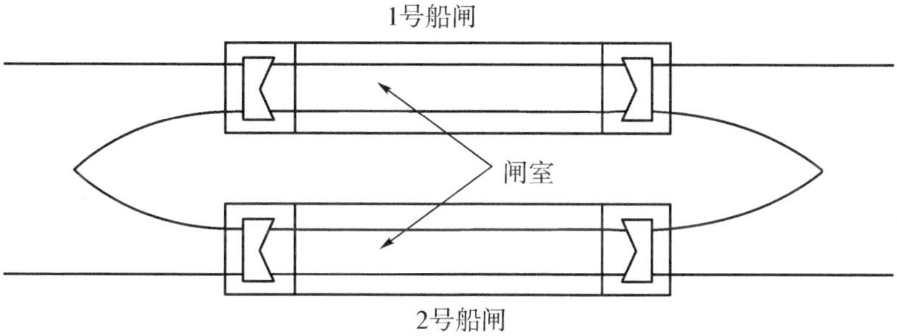

图 1-7　并列式双线船闸

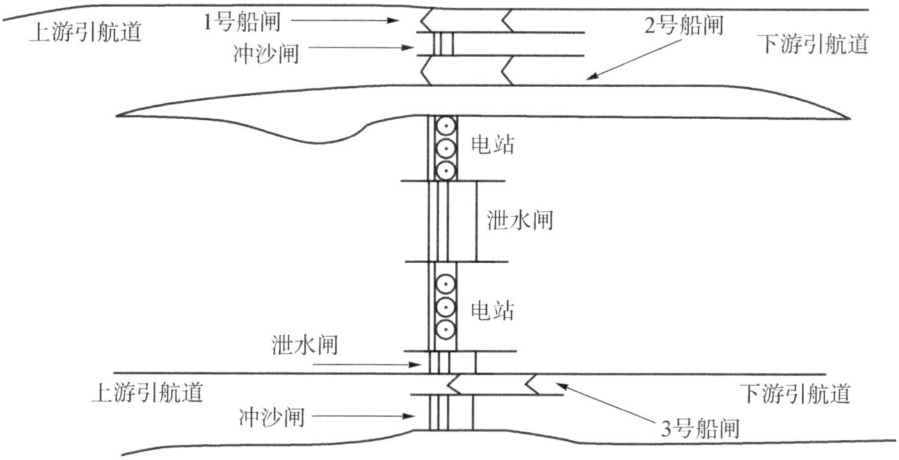

图 1-8　有两条航线的三线船闸

当闸室的纵向和横向布置均为两个或两个以上时，称为双线多级船闸或多级多线船闸，其中又分为多线连续多级船闸和多线分散多级船闸，如图 1-9 所示。

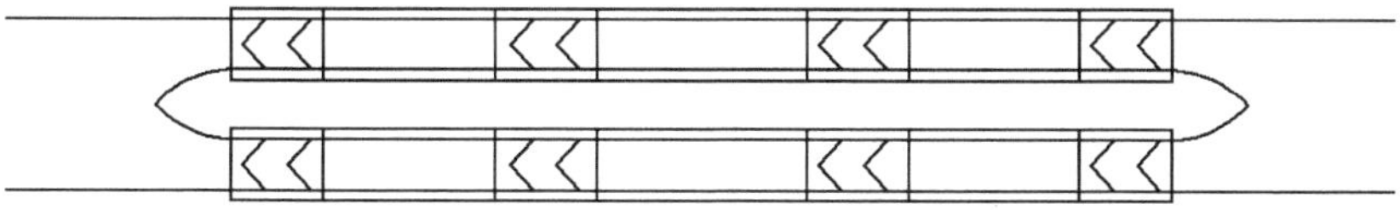

图 1-9　双线多级船闸

双线船闸错位布置闸首是一种新的船闸结构布置形式，与传统的并列式闸首不同，这种形式中相邻闸首在横河向上不共轴线，是错开布置的，如图 1-10 所示。

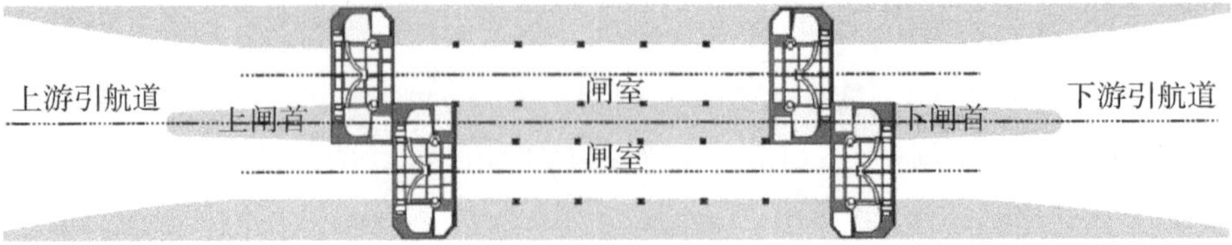

图 1-10 双线船闸闸首错位布置形式

错位布置船闸不仅能够减少闸首和闸室的占地面积、降低水工结构的工程量，而且由于在船闸主导航墙直线段上增加了一个闸首的长度，有利于船舶方向的调整，进一步提高了船舶进闸的安全性。双线船闸错位布置闸首由于占地面积和工程量的减少，不仅节约工程成本，也会降低材料和能源的消耗，因此节约资源，利于环保。

三、内河船闸与海船闸

按照船闸所处的地理位置和船舶类型，可分为内河船闸与海船闸。内河船闸是指建于内陆河流及人工运河上，供内河船舶航行的船闸；海船闸是指建于封闭式海港港池口门、海运河及入海河口，供海船航行的船闸。与内河船闸相比，海船闸的平面尺寸及门槛水深均较大，一般多承受双向水头作用，无上、下闸首的区分，只有内、外之别。

四、其他型式船闸

根据船闸的结构和使用特点，船闸还可以分为井式船闸、广室(厢)船闸、省水船闸、溢洪船闸等。

1. 井式船闸

当水头较高、地基条件良好时，为减小下游闸门的高度，在下闸首工作闸门的上部建一道横跨闸首的胸墙与下闸首闸门共同挡水，胸墙下缘满足通航净空要求的船闸称为井式船闸，如图 1-11 所示，单级船闸和多级船闸均可以采用井式船闸。

2. 广室(厢)船闸

闸室宽度大于闸首口门宽度的船闸称为广室船闸或广厢船闸，有闸室向一侧展宽和向两侧展宽两种，如图 1-12 所示。由于闸首口门的宽度小于闸室宽度，闸门尺寸减小，启闭设备简化，使得工程造价降低，但船队(舶)进出闸室需要横向移动，使操作复杂化，延长了过闸时间。因此，广室船闸多用于小河支流上的小型船闸工程中。

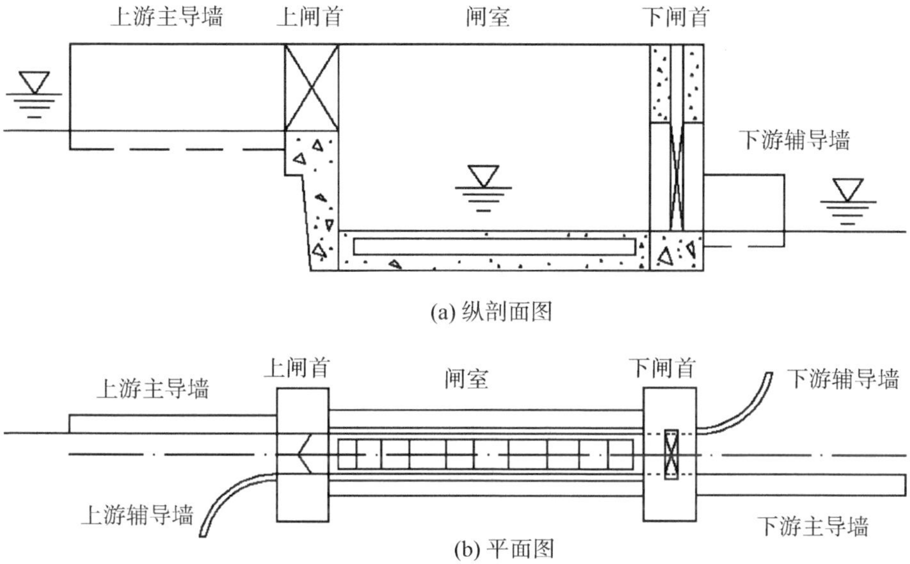

图 1－11　井式船闸示意图

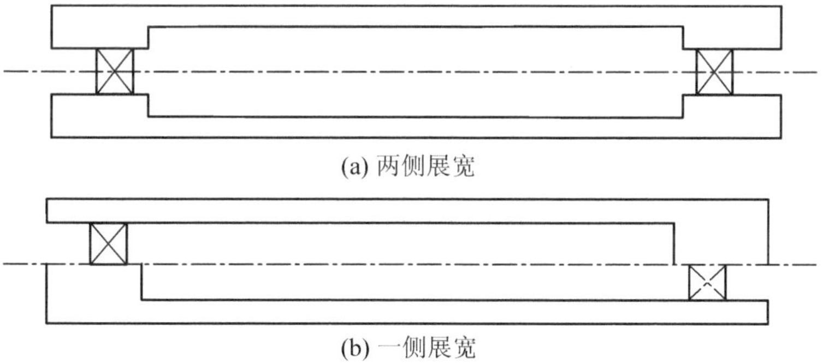

图 1－12　广室(厢)船闸平面示意图

3. 节水船闸

对设计水头较高、耗水量较大或用水较为宝贵的船闸，可布置多层贮水池，通过对闸室逐层进行灌、泄水，使闸室的部分水体得到重复利用，节省船舶过闸耗水量，这样的船闸通常称为节水船闸，如图 1－13 所示。显然，节水船闸的贮水池数目越多、面积越大，可节省

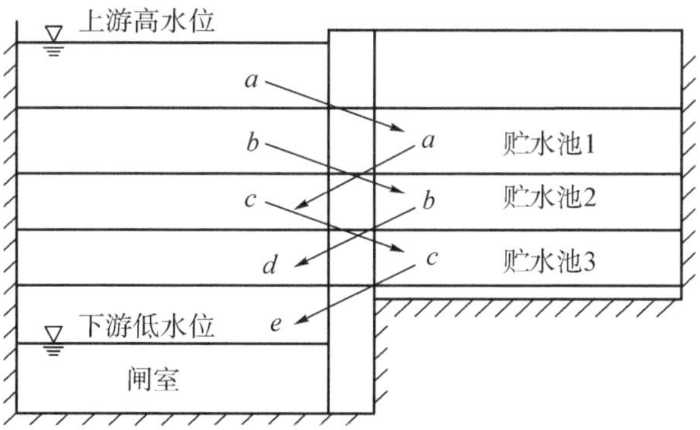

图 1－13　节水船闸示意图

的过闸用水量也越多。但随着贮水池层数的增加，工程的总投资增大，闸室灌、泄水时间加长，船闸的通过能力降低。

4. 溢洪船闸

在水位变幅大、暴涨暴落的山区河流中，一些中小型船闸为节省工程投资，往往采用低于最高洪水位的闸顶高程。当出现高于上游设计最高通航水位的洪水时，洪水即漫过船闸闸门顶溢洪，这时船闸停航，这种船闸称为溢洪船闸。当船闸溢洪时，闸门锁锭和船闸工作条件复杂，故只有小型船闸采用这种形式。

第三节　船闸的选型

船闸的选型，应注意以下几个方面：

(1) 船闸型式比选首先取决于船闸的设计水头和枢纽是否需要采取节水措施。

(2) 船闸设计水头在 40 m 以下时，单级船闸为首选型式。普通型船闸结构和设备布置简单，运行方式灵活，国内、外设计水头小于 40 m 的船闸，绝大多数采用这种型式。当船闸的设计水头更大时，根据地形、地质条件、船闸耗水情况和水力学问题的难度，需要对连续或分散多级船闸、井式船闸和节水船闸等型式进行比较。

(3) 通常，多级船闸主要在解决高水头船闸输水问题时采用。多级连续船闸为单线时，必须采用定时换向的运行方式，平均过闸间隔时间较长，对通过能力影响较大，通常在枢纽的过坝运量较大，需要同时修建两线船闸时优先采用。多级分散船闸运行方式比较灵活，通过能力与单级船闸相当；但由于船闸布置分散，工程量大，造价和运行费用相对较高，船闸的管理相对不便，一般在枢纽只建单线船闸时优先采用。

(4) 节水船闸的优点是在节省过闸耗水量的同时，可以减小船闸的输水水头，解决高水头船闸的输水问题。缺点是灌、泄水时间较长，通过能力较低。船闸下闸首及其闸门的结构和节水系统的设备布置比较复杂，运行管理不便，使工程量和造价增加。这种船闸型式，目前世界上仅在极少数为减少耗水的船闸上采用。

第二章　总体设计

船闸总体设计应从全局出发，统筹兼顾，以河流航运规划和航道定级为依据，并与枢纽总体设计相协调，处理好通航与水利、水电、过木、过鱼和城市建设的关系，做到水资源综合利用，远近结合，留有发展余地，节约用地，节约能源。

船闸主要由闸首、闸室、输水系统、引航道、口门区、连接段、锚泊地、导航建筑物、靠船建筑物、闸阀门、启闭机械、电气控制设备和通讯、助导航、运行管理等附属设施及生产、生活辅助建筑物等组成。部分船闸还包括前港和远方调度站等。船闸设计范围应包括组成船闸的各项工程设计。

第一节　船闸规模

船闸规模包括船闸尺度和线数，必要时还包括船闸级数。

一、船闸尺度

设计水平年的客、货运量和船型、船队是确定船闸规模尺度的主要依据，因此，首先应确定船闸的设计水平年。

（一）设计水平年

设计水平年是从船闸最终建成并正式投入营运（如有二线或三线以上船闸时，则从最后一座船闸建成并投入营运）至船闸通航能力达到饱和时的年限。此时，客货运量如再增长，就超过了船闸的设计通航能力，需要有新的船闸投入使用。

我国《内河通航标准》（GB 50139—2014）有如下规定："船闸的设计水平年应根据船闸的不同条件采用船闸建成后 20～30 年"，并规定"对增建和改建、扩建船闸困难的工程，应采用更长的设计水平年"。

确定设计水平年是一项技术性和经济政策性很强的工作，是船闸规模尺度合理与否的关键。设计水平年的长短，既取决于河道的通航条件和承载能力、运量发展的速度和工程扩建的难度，又取决于对沿河经济、过坝运量的发展，河道运量和运输能力的预测以及预测的难度、预测成果的准确性和工程建设投资的合理性等多种因素。设计水平年既不能太短，也不宜过长，应按照航运发展的客观需要和对运量的预测结果，在切实收集资料的基础上，客观、合理地进行分析论证，由有关部门提出报告，经上级部门审查确定。

（二）船闸有效尺度

船闸有效尺度是指船闸正常通航过程中，闸室为满足过闸船队安全停泊和通过所需的尺度。包括闸室有效长度、有效宽度及门槛水深。船闸有效尺度是以设计船型船队为依据，即设计船队（船舶）尺度加富裕尺度。船闸的有效尺度必须满足设计最大船舶安全进出船闸和停泊的条件，并应符合下列要求：

（1）船闸设计水平年内各阶段的通过能力满足过闸船舶总吨位数量和客货运量的要求；

（2）满足设计船队一次过闸的要求；

（3）适应大小船舶或船队合理组合过闸的需要。

船闸有效尺度可直接根据规划审定的航道等级，参照《内河通行标准》（GB 50139—2014）的规定选用。不能直接采用规范确定的，按下述方法拟定。

1. 闸室有效长度

闸室有效长度等于设计最大船队长度加富裕长度，采用不小于按公式（2－1）计算的长度，并取整数。

$$L_x = l_c + l_f \tag{2-1}$$

式中：L_x——闸室有效长度（m）；

l_c——设计船队、船舶计算长度，m，当一闸次只有一个船队、或一艘船舶单列过闸时，为设计最大船队、船舶的长度；当一闸次有两个或多个船队、船舶纵向排列过闸时，则为各设计最大船队、船舶长度之和加上各船队、船舶间的停泊间隔长度；

l_f——富裕长度，m，顶推船队 $l_f \geqslant 2+0.06l_c$；拖带船队 $l_f \geqslant 2+0.03l_c$；机动驳和其他船舶 $l_f \geqslant 4+0.05l_c$。

船闸闸室有效长度起止边界的确定（如图 2－1 所示）应符合下列规定：

（1）闸室有效长度的上游边界，采用下列几种情况中的最靠下游者：

a. 帷墙的下游面；

b. 上闸首门龛的下游边缘；

c. 采用头部输水时镇静段的末端；

d. 其他伸向下游构件占用闸室长度的下游边缘。

（2）闸室有效长度的下游边界，采用下列几种情况中的最靠上游者：

a. 下闸首门龛的上游边缘；

b. 双向水头采用头部输水时镇静段长的一端；

c. 防撞装置的上游面；

d. 其他伸向上游构件占用闸室长度的上游边缘。

图 2-1　船闸有效长度示意图

2. 闸首口门和闸室有效宽度

船闸闸首口门和闸室有效宽度应分别为闸首两边墩内侧墙面和闸室两侧闸墙面间的最小净宽度。当闸室墙底设置护角时，护角在闸室有效宽度内的高度，不得影响船舶、船队的安全，在设计最低通航水位时，必须满足船舶、船队过闸与停泊对水深的要求。

船闸闸首口门和闸室有效宽度不应小于按公式(2-2)和公式(2-3)计算的宽度。

$$B_x = \sum b_c + b_f \tag{2-2}$$

$$b_f = \Delta b + 0.025(n-1)b_c \tag{2-3}$$

式中：B_x——船闸闸首口门和闸室有效宽度，m；

$\sum b_c$——同一闸次过闸船舶并列停泊于闸室的最大总宽度，m，当只有一个船队或一艘船舶单列过闸时，则为设计最大船队或船舶的宽度 b_c；

b_f——富裕宽度，m；

Δb——富裕宽度附加值，m，当 $b_c \leqslant 7$ m 时，$\Delta b \geqslant 1$ m；当 $b_c > 7$ m，$\Delta b \geqslant 1.2$ m。

n——过闸时停泊在闸室的船舶列数。

3. 船闸门槛最小水深

船闸门槛最小水深是设计最低通航水位至门槛顶部的最小水深，并应满足设计船泊、船队满载时的最大吃水加富裕深度的要求。它与船舶(队)的最大吃水深度和进闸速度有关，对船舶(队)操纵性和工程造价都有较大影响，门槛最小水深应满足：

$$\frac{H}{T} \geqslant 1.6 \tag{2-4}$$

式中：H——门槛最小水深，m；

T——设计船舶、船队满载时的最大吃水，m。

设计采用的门槛最小水深，在满足计算的最小水深值基础上，应充分考虑船舶、船队采用变吃水多载时吃水增大以及相邻互通航道上较大吃水船舶、船队需通过船闸的因素，综合分析确定。

二、船闸线数

船闸的线数是船闸规模的重要组成部分，应根据船闸设计水平年内的客、货运量、过闸的船型、船队组成、地形地质条件、船闸所在河流的重要性等因素，结合船闸尺度、通航能力、船闸级数，综合论证。若有下列情况之一时，应设置双线或多线船闸：

(1) 采用单线船闸不能满足设计水平年内过闸船舶数量、总吨位数、客货运输量过闸的通过能力要求的；

(2) 客货运量大，船舶过闸繁忙的连续多级船闸，由于单线船闸迎向运转要等待和延长过闸时间、降低通过能力和船舶运输效率而不经济的；

(3) 运输繁忙和重要航道在年通航期内，不允许由于船闸检修、疏浚、冲沙和事故等原因造成断航的；

(4) 客运、旅游等船舶多，过闸频繁，需解决快速过闸的；

(5) 区间小船、渔船和农副业船舶数量多，过闸频繁影响通过能力的。

三、船闸级数

船闸级数应根据水头、地形、地质、水源、水力学等自然和技术条件进行技术经济分析比较确定。船闸级数的多少，将直接影响船闸的通航能力，由于单级船闸较多级船闸具有过闸时间短、通过能力大、故障较少，检修停航时间较短，占线路较短，枢纽布置较易(如冲沙建筑物)和管理方便等优点，因此，在船闸级数选择时，应优先采用单级船闸。

但当枢纽水位落差较大时，水头仍然是限制建造单级船闸的决定因素，特别是阀门水力条件、闸门受力状况和建造技术，更是其中的关键。采用多级船闸可以降低每级船闸的水头，使复杂的技术问题相对简化。在一定条件下，多级船闸对较高的台地地形条件能够较好地适应，可以减少开挖工程量。因此，当受自然和技术条件限制，具有下列情况之一时，应采用两级或多级船闸：

(1) 船闸水头较大，采用单级船闸水力学等条件不能满足要求的；

(2) 受闸址地形、地质条件的限制，经不同级数方案比选，技术经济合理的；

(3) 水源困难，受供水限制，必须节省船闸耗水量的。

影响船闸级数的因素很多，也很复杂，单级船闸与多级船闸的水头也无明显界限，一般可按下列情况确定：

① 水头＜30 m，采用单级船闸；

② 水头 30～40 m，采用单级或两级船闸；

③ 水头＞40 m，采用两级或多级船闸。

上述仅是一般适用条件，对于具体的水头限制，还要根据工程的实际情况而定。由于单级船闸具有的优越性，随着技术水平的提高，单级船闸能适用的水头也在逐步提高。

多级船闸形式主要有连续多级船闸和设中间渠道的多级船闸两种。连续多级船闸是超高水头船闸形式之一，可以适应各种水头。连续多级船闸的缺点，最主要的是可靠性差，船舶过闸时间长、通过能力小，停航检修概率高等。由于连续多级船闸通过能力小，特别是只有一线的条件下，通航能力远较单级船闸小，因此在较重要的航道上建连续多级船闸，应考虑同时兴建双线。

设中间渠道的多级船闸是多级船闸中的另一种形式，与连续多级船闸相比较，其主要优点如下：

① 中间渠道将连续多级船闸中的各级船闸分为各自独立的单级船闸，中间渠道如同运河，船闸的运动条件、通过能力与单级船闸基本相同，管理方便、检修停航时间短、通航保证率高。

② 中间渠道起上、下级船闸水位分隔作用，中间闸首的水头不存在叠加问题，在级数相同的条件下，设中间渠道的多级船闸单级水头较连续多级船闸中间闸首的起始水头小一半。因此，这类船闸的水力条件容易解决，船闸级数可以减小。

③ 设中间渠道的多级船闸的线路较长，有条件增加泄水建筑物至引航道口门区的距离，对改善引航道口门区的通航水流条件有利。

④ 闸门及启闭设备等可以减少，而且中间船闸上闸门高度较连续多级船闸各中间闸首闸门高度小。由于船闸级数少，闸室数目少，故混凝土工程量小于连续多级船闸。

设中间渠道的多级船闸主要缺点是：在某些条件下，船闸灌泄水在中间渠道产生的非恒定流对航行会有影响；在某些情况下，中间渠道会产生渗漏，需要处理；当地形条件不是很有利时，开挖工程量较大。

多级船闸的级数划分，应综合分析上、下游水位变幅和地形、地质条件研究确定，并宜使各级船闸的结构尺度、灌泄水时间一致，减少补、溢水量。设中间渠道船闸，中间渠道尺度应满足船舶、船队的通航、会让、通航水流、水力学条件的要求。

第二节 船闸设计水位和各部位高程

一、船闸设计水位

船闸的设计水位包括：船闸上下游设计最高通航水位、设计最低通航水位、校核高水位、校核低水位、检修水位和施工水位。

船闸设计通航水位与航道和船闸级别关系最为密切，应根据水文特征、航运要求、有关水利枢纽和航运渠化梯级运用调度情况，考虑航道冲淤变化影响、两岸自然条件和综合利用要求等因素，综合研究确定。

（一）上游设计最高通航水位

船闸上游设计最高通航水位是船闸正常运用的上游上限水位，是船闸建筑物的设计标准之一。船闸上游最高通航水位按《船闸总体设计规范》(JTJ 305—2001)规定的设计洪水频率计算，见表2-1，并考虑以下因素：

(1) 按航运要求必须达到的上游设计最高水位，包括改善航道条件、延长航道里程需要的水位；

(2) 根据防洪、发电、灌溉、排涝、工业和城镇供水各方面对船闸上游各运用水位的要求；在选择设计最高通航水位时，需妥善协调与各特征水位的关系；

(3) 枢纽上游及各支流因农业、工业、城镇供水需要而修建水库或引水工程，使来水量减少，影响了该枢纽的调蓄性能，以致引起上游水位的变化；

(4) 枢纽上游两岸地形条件；为减少农田淹没、地下水位抬高、防碱、人口搬迁等对船闸上游设计最高通航水位标准的限制；

(5) 枢纽上游回水范围内的重要城镇、铁路、厂矿、重要农业基地、文物保护、动植物资源保护区、环境保护等对上游水位标准的限制；

(6) 上游河段内重要的又不宜改建的桥梁对上游水位标准的限制；

(7) 船闸修建在多沙河流或与多沙河流相沟通的航道河流的河口时，由于河床淤积引起的水位增高(如黄河河床因泥沙淤积逐年增高，引起水位增高)。若忽视了这种因素，将有可能因淤积引起的水位增高使船闸不能使用，甚至重建；

(8) 由于水电站运行、船闸灌水和风浪等引起的水位壅高。

表2-1　船闸设计最高通航水位设计洪水频率

船闸级别	Ⅰ、Ⅱ	Ⅲ、Ⅳ	Ⅴ～Ⅶ
洪水重现期(a)	100～20	20～10	10～5
频率(%)	1～5	5～10	10～20

注：① 对出现高于设计最高通航水位历时很短的山区性河流，Ⅲ级船闸的洪水重现期可采用10年；Ⅳ、Ⅴ级船闸可采用5～3年，Ⅵ、Ⅶ级船闸可采用3～2年执行；

② 在平原地区运输繁忙的Ⅴ～Ⅶ级船闸设计最高通航水位，通过论证洪水重现期可采用20～10年；

③ 山区中小型船闸经论证允许溢洪的，其上游设计最高通航水位，可根据具体情况通过论证后确定，但不应低于船闸建设前航道的通航标准。

（二）下游设计最高通航水位

船闸下游设计最高通航水位是船闸正常运行的下游上限水位，也是船闸建筑物的设计标准之一，可采用上游设计最高通航水位相同的标准，即用与上游设计最高通航水位时的最大下泄流量相应的下游最高水位。下游设计最高通航水应考虑以下因素进行修正：

① 下游其他河流水位涨落或倒灌引起的水位增高；

② 下游河床淤积引起的水位增高；

③ 下游河流两岸地形条件、农田耕作等对水位的限制；

④ 下游河段内已建的重要桥梁、岸堤及河道过流能力对水位的限制；

⑤ 位于感潮河段的船闸，由于建闸后影响进潮量，造成泥沙淤积而引起的潮位壅高。

当下游有梯级时，采用上述最大下泄量受下一梯级回水影响时的相应下游设计最高水位。

（三）上游设计最低通航水位

船闸上游设计最低通航水位是确定船闸上闸首闸槛和上游引航道底高程的最低水位，按照航运要求、航道和船闸的等级确定。

运河、渠化工程、灌溉、分洪、排涝渠道及天然河流上的水利枢纽中的船闸设计最低通航水位应按航道、船闸等级和我国现行船闸设计规范中的有关条文（表 2－2）确定，同时还应考虑以下因素：

（1）船闸上游航道在设计通航保证最小水深时必须达到一定水位，包括淹没上游航道滩险、改善航道条件、增加航道水深、延长通航里程、回水达到上游重要城市和港口等需要的低水位。对运河、渠化河流则应达到与上一梯级衔接为保证航深所必需的水位。

（2）解决回水变动区航道泥沙问题需要的水位。

（3）上游两岸农田防涝、防盐碱限制的水位。

按表 2－2 求出的上游设计最低通航水位还应考虑水电站工作、船闸灌水、风浪造成的水位降低及泥沙淤积引起的水深减小等因素并进行修正。

表 2－2　船闸设计最低通航水位保证率

船闸级别	Ⅰ、Ⅱ	Ⅲ、Ⅳ	Ⅴ～Ⅶ
保证率(%)	99～98	98～95	95～90

（四）下游设计最低通航水位

船闸下游设计最低通航水位，在下游为天然河道时，应采用表 2－2 规定的最低通航水位保证率，并考虑以下因素：

（1）枢纽兴建后，改变了天然河流的水沙条件，有可能使下游河床发生冲淤变化，河床下切而引起水位降低；

（2）由于农业灌溉、工业和城镇供水可能引起的水位降低；

(3) 在枢纽下游河段如有滩险，为改善航道或增大泄流能力而对滩险进行整治，或是滩险受冲刷后，均有可能引起水位降低；

(4) 船闸泄水时产生泄水波，由于泄水波的波动而出现的水位降低；

(5) 当引航道受风浪影响较大时，由于风浪波动而引起的水位降低；

(6) 位于潮汐河段的船闸，建闸后影响进潮量，可能引起潮位的降低；

(7) 交汇河口高水位或洪水顶托的影响。

按表 2-2 求出的水位再减去上述各因素引起的水位降低之最大值(包括叠加)，即为下游设计最低通航水位。

在下游有衔接梯级时，应采用下一梯级上游设计最低通航水位回水到本梯级的相应水位。

(五) 船闸上、下游校核水位

船闸上游校核高水位可采用枢纽的校核洪水水位或非常运用水位。船闸下游校核高水位可采用枢纽的校核洪水位或非常运用时最大下泄流量相应的下游最高水位。不受枢纽影响的船闸，可按船闸级别，参照有枢纽的同级别情况，研究分析校核洪水位或非常运用时的水位，确定上、下游校核高水位。

船闸下游校核低水位可采用枢纽最小瞬时下泄流量相应的下游最低水位。

(六) 船闸的检修水位

船闸的检修水位是船闸检修期间的上限水位，也是船闸建筑物的设计水位之一。当水位超过检修水位时，船闸不能抽干闸室进行检修。检修水位是控制船闸连续检修时间的标准水位，也是控制船闸建筑物设计的外力之一。水位定得低，难以满足检修的需要，特别是在枯水期，多为运输旺季，往往不允许停航检修；检修水位定得高，则增加工程量和投资。检修水位的确定，主要根据船闸大修时间的长短，因此需用长系列的水文资料，分析可能利用的连续检修时间。如京杭运河苏北段一线船闸的检修水位为设计最低通航水位加 1.0 m；长江葛洲坝 1、2、3 号船闸下游检修水位比设计最低通航水位高 7.0 m，一年中可以连续检修的时间约 5 个月。对船闸级别低、水头不高、非干线航道上的船闸，连续检修时间可以缩短一些。鉴于以上原因，船闸的检修水位，应根据船闸的规模、重要性、航运要求、水文情况、枢纽运行条件与检修情况、检修能力和检修延续时间等，综合分析确定。

(七) 船闸施工水位

船闸施工水位应根据施工能力与强度、施工进度安排，河道洪、中、枯水期的水文情况、地形条件、施工导流与施工围堰设施等情况，以保证安全施工和满足施工需要为原则，对不同的施工期限和工程部位，经论证比较后，综合分析确定。施工围堰的洪水设计标准可参照水利、水电有关现行标准确定。

二、船闸各部分高程

船闸高程包括船闸顶部高程和底部高程。船闸顶部高程包括门顶、墙顶、导航和靠船建筑物顶部、堤顶高程等。由于各部分的位置和作用不同，故确定高程的依据也不同。

（一）闸门顶部高程

船闸挡水前缘闸首的闸门顶部高程应为上游校核高水位加安全超高。对溢洪船闸的闸门顶部高程应为上游设计最高通航水位加安全超高，船闸非挡水前缘闸首的闸门顶部高程应为上游设计最高通航水位加安全超高。船闸闸门顶部最小的安全超高值，Ⅰ～Ⅳ级船闸不应小于 0.5 m，Ⅴ～Ⅶ级船闸不应小于 0.3 m，对于有波浪或水面涌高情况的闸首门顶高程应另加波高或涌高影响值。

（二）闸首墙顶高程

船闸闸首墙顶部高程应根据闸门顶部高程、结构布置和构造、交通要求、邻近挡水建筑物高程等确定。门型不同，对门顶以上墙的高度要求也不同，如人字门闸首墙顶高程要根据人字门顶枢的构造和布置要求确定；横拉门闸首墙顶高程主要根据门顶设桥与否，横拉门入门库检修时的要求确定。如按以上原则确定的闸首墙顶高程低于闸室墙顶高程时，则应与闸室墙顶齐平。

位于枢纽工程中的船闸，其挡水前缘的闸首顶部高程应不低于与相互连接的枢纽工程建筑物挡水前缘的顶部高程。

（三）闸室墙顶高程

闸室墙顶高程应根据过闸船舶安全停泊、闸面布置和交通要求而定。由于船闸灌泄水时，水面涨落很快，为防止过闸船舶在船闸泄水而水位降落时，船舶干舷挂在墙顶，造成事故，闸室墙顶高程应为上游设计最高通航水位加超高值，超高值不应小于设计过闸船舶、船队空载时的最大干舷高度。

（四）闸首槛顶和引航道底高程

上、下闸首槛顶高程分别为上、下游设计最低通航水位减船闸门槛水深。

上、下游引航道底高程分别为上、下游设计最低通航水位减引航道最小水深。

闸首槛顶高程和引航道底高程是保证船闸安全通畅运行的重要标准，特别是闸首槛顶修建后要再加深很困难，而且影响设计最低通航水位的因素极为复杂，较难做出准确的估计。因此，除了选好设计最低通航水位外，在确定闸首槛顶高程和引航道底高程时，应留有充分的富余量。

（五）导航建筑物和靠船建筑物顶高程及引航道堤顶高程

上、下游导航建筑物和靠船建筑物顶高程分别为上、下游设计最高通航水位加超高，超高值不宜小于设计过闸船舶、船队空载时的最大干舷高度。

有防洪要求的引航道堤(岸)顶高程与挡水闸首墙顶高程一致。

第三节　船闸的输水系统

一、船闸输水系统概述

船闸输水系统经历了几百年的发展历史，最初的输水系统十分简陋，仅适用于很小的水头及闸室尺寸。从19世纪开始，船闸开始应用圬工结构及钢结构，发展了各种闸门及门上孔口输水和短廊道输水等集中输水系统，但适应的水头也就几米，闸室尺寸也不大。近代船闸的输水系统是从20世纪开始的，它随着钢筋混凝土建筑、钢铁、机械、电气等近代工业以及水工模型试验的发展而迅速发展起来的。这一时期，各种集中输水系统的形式得到了进一步完善，并开始发展了各种分散输水系统，适应的船闸水头及闸室尺寸也逐渐增大。尤其是从20世纪50年代开始，输水系统的发展进入了一个新的阶段，不但输水系统的布置更加完善，发展了能适应高水头大型船闸的等惯性输水系统以及各种改善输水阀门空化问题的措施，而且在船闸水力学计算的理论上也更加成熟。

(一) 船闸输水系统的组成及基本要求

在船闸建筑物上为闸室灌水和泄水而设置的包括进水口、输水廊道、输水阀门、出水口及消能室等全部设施称为船闸的输水系统。输水系统是船闸的关键设施之一，直接关系到过闸船舶的安全、船闸通航能力及船闸的工程投资等。输水系统的设计应满足以下几点：

(1) 灌水和泄水时间与船闸通过能力相适应；

(2) 船舶(队)在闸室及上、下游引航道内具有良好的停泊条件及航行条件；

(3) 船闸各部位在输水过程中不会因水流冲刷、空蚀、振动等造成破坏。

此外，对有双向水头、多线船闸或船闸与升船机共用引航道、多级船闸补溢水、设置中间渠道、省水、防咸等要求的船闸还应满足各自特殊的要求。

(二) 船舶的停泊标准

在船闸灌泄水过程中，过闸船舶的停泊条件是间接分析的。它主要决定于闸室灌泄水时水流对过闸船舶的作用力的大小，通常是以过闸船舶所受的水流作用力大于或小于船闸过闸船舶的系船缆绳所能承受的拉力作为具体的衡量指标的。过闸时，船舶是由船上所配缆绳系泊在系船设备上，水流对船舶的作用力由系船缆绳、系船柱等系船设备所承受。船舶制造部门对包括系船缆绳在内的系船设备要求是：船上系船柱和船体之间的强度高于系船柱本身的强度，系船柱的强度又高于系船缆绳的强度，系船缆绳是其中最薄弱的部分。因此，作用在过闸船舶上的水流作用力不应超过系船缆绳的最大拉力的允许值。缆绳拉力的允许值可由缆绳的破坏强度和安全系数确定，而缆绳的破坏强度可依据缆绳的材料和尺寸确定。目前，我国《船闸输水系统设计规范》(JTJ 306—2001)规定闸室与引航道内停泊船舶容许系缆力可按表 2-3 确定。

表 2-3　船舶允许系缆力

船舶吨位(t)		3 000	2 000	1 000	500	300	100	50
允许系缆力(kN)	纵向水平分力	46	40	32	25	18	8	5
	横向水平分力	23	20	16	13	9	4	3

船舶或顶推船队所受的作用力均应按一根系船缆绳承担考虑。顶推船队的允许系缆力，应按顶推船队中系缆的最小单船吨位计算。在使用固定系船设备的情况下，计算的允许系缆力，应乘以 $\cos\beta$，其中 β 为系缆绳与水平面的最大夹角。

二、船闸输水系统的分类和形式

船闸输水系统按闸室灌泄水方法分为集中和分散两大类，按取水和泄水的方式分为自上游引航道取水和泄水入下游引航道以及旁侧取水和旁侧泄水。这两大类形式又可依据具体条件分为多种形式，包括采用组合式。

（一）集中输水系统

1. 集中输水系统的分类

集中输水系统灌水或泄水都是由布置在上闸首的灌水系统或下闸首的泄水系统来完成，故又称为头部输水系统或首部输水系统。这种输水形式不需要在闸室设输水系统，所以闸室结构只需要根据受力条件和构造要求进行设计，结构相对简单，造价较低，被国内外广泛采用。集中输水系统的缺点是需要镇静段，使闸室的实际长度增加；在水头相同的条件下，与分散输水系统相比，灌泄水时间较长，缆绳应力相对较大。集中输水系统形式很多，主要有以下几种：

(1) 短廊道输水

这种输水系统的廊道一般设在闸首边墩。廊道进水口、出水口、灌泄水阀门大都设置在闸首范围内。其灌泄水时间较其他集中输水系统要短，对要求不很高的小船闸适应的水头可达 20 m 左右。有帷墙的闸首输水系统消能设施也基本布置在闸首范围内，即利用帷墙高度布置输水廊道转弯、跌落、消能室及消能梁、栅、槛等消能设施。

短廊道输水又可分为无消能室的短廊道输水、有消能室的短廊道输水和槛下输水三种，前两种的输水廊道都布置在闸首边墩内，并且绕过闸门连接闸室和上、下游引航道。有消能室的短廊道输水是在廊道出口附加了一个消能室，消能室是利用廊道出口的空间由各种消能构件所组成。第三种槛下输水是在闸首门槛下面沿闸首全宽度布置短廊道，廊道在闸门底下穿过并连接闸室和上下游，其轴线和闸室纵轴线平行，采用单扇低而宽的空腹式平面阀门作为输水阀门，可适用于各种形式的工作闸门。

(2) 直接利用闸门输水

这种输水系统根据闸门形式和输水方式又可分为三角闸门门缝输水、平面(弧形)闸门门下输水以及闸门上开小门输水三种。前两种是利用船闸的工作闸门兼做输水之用，三角闸门门缝输水是利用闸门开启时，在两扇闸门中间及两侧所形成的垂直缝隙进行输水。平面及弧形闸门的门下输水是将闸门慢慢提升至一定高度，水流从闸门下面的孔口出流，待闸室内外水位齐平后，再将闸门快速沉入帷墙下或提升到足够高度，以便船舶通航。第四种闸门上开小门输水是通过在工作闸门上设置孔口进行输水，这种输水系统虽然简单、经济，但水力条件较差。

(3) 组合式输水

这类输水系统是由以上所述的任何两种形式组合而成，如闸门门下输水和闸门上开小门输水、闸门和短廊道输水以及闸门上开小门和短廊道输水等。

2. 集中输水系统的水力学特点及消能措施

灌入(或泄出)闸室的水体完全集中地由靠近闸首的一端流入(或流出)，由于水流的纵向运动，对过闸船舶产生一定的水流作用力，该力称为水流力；由于流入或流出闸室的流量随时间而变化，水流由闸室一端向另一端推进，从而在闸室内形成长波，使闸室水面倾斜，对过闸船舶产生另一种作用力，即波浪力。此外，由于水流集中地进入闸室，残余能量都集中在靠近闸首一端的闸室段内，加之流速分布不均匀，因而造成水流的局部紊乱和局部水面下降的现象，使船舶受到冲击力和吸力，对船舶产生另一种水流作用力，这种水流作用力称为局部力。为了减少局部水流对船舶的影响，通常在水流出口采取一定的消能措施，使水流经消能后在一段距离内得到扩散，使水流得到扩散的范围称为镇静段，在镇静段内不得停泊船舶。

集中输水系统设置消能设施是为了使船闸灌泄水时的剩余能量尽可能多地在进入船舶停泊处以前就被消耗掉，使水流平静，流速分布均匀，消能设施大都布置在闸首以及靠近闸首的闸室段。船闸采用的消能措施一般有以下几种：

(1) 消能室

消能室是利用闸首帷墙的高度或将闸底部分挖深而形成的一个顶部封闭或开敞的消能空间。消能室以及出口可设其他消能构件，使水流能调整成与水深相适应的均匀水流进入闸室，消能室常用于有帷墙的上、中闸首，对无帷墙闸首也可以使用。

(2) 消力槛及消力齿

消力槛的作用主要是将底部较大的流速向上挑起，并利用撞击达到消能扩散的目的。消力齿是一个锯齿形的消力槛，它的作用与消力槛相同，但其竖向扩散作用要比消力槛大。消力槛及消力齿一般用在底流速度较大的消能室出口、短廊道的出口、消力池内作辅助消能设施。由于它高度较低、不影响通航水深，常用在无帷幕的上、下闸首。

（3）消力梁

消力梁的作用主要是调整竖向流速分布。由于它需要一定的空间，因此，多用在有帷墙的上、中闸首，常设于消能室的出口处，由单根或多根梁组成，其间距依据水流情况和下游水位确定，底流速度大时应下密上疏。

（4）消力栅

消力栅是由一排或多排立柱组成，其作用主要是调整横向流速分布，并可稳定水面。它需要较大的高度，因此，多用于有帷墙的上、中闸首，常设置在消能室的出口。

（5）消力墩

消力墩是若干个较矮的立柱，常用多排交错排列。它一方面有挑流作用，另一方面也起立柱式消能工调整横向流速分布的作用，其高度比消力槛（齿）要大，常与消力池配合使用。

（6）挡板和遮板

挡板是直立的，遮板是水平的。挡板主要是用来阻挡水流的冲击并迫使水流转变方向。遮板是用来促使水流旋滚消能，并防止水面翻滚以稳定水面。挡板常用于平面闸门门下输水，而遮板则多用于槛下输水及低帷墙的弧形闸门门下输水。

（7）消力池

消力池是用以增大消能的水深，以增强消力齿（槛）及消力墩的消能作用。消力池可用于上、下闸首，消力池末端常以坎和下游连接。

3. 集中输水系统的布置原则

集中输水系统主要布置原则有以下几点：

（1）系统集中布置在闸首的范围内；

（2）尽可能使水流在系统中充分消能，在进入闸室时均匀扩散；

（3）平面布置应和闸室或下游引航道的布置相适应；在立面上布置输水系统的进水口和泄水口时，应在上、下游引航道和闸室的最低通航水位以下有足够的淹没深度。

（二）分散式输水系统

分散输水系统是将输水系统分散布置在闸首及闸室。灌、泄水时，水流通过设在闸室底部或闸室墙内的纵向输水廊道上的一系列出水支管、出水孔分散地流入或泄出闸室，因而也称为长廊道输水系统。这种输水系统灌泄水时间较短，能够适应低、中、高、超高等不同水头的船闸，可以根据不同的水头及其他条件选择；与集中输水系统相比可以省去镇静段和消能室，闸室实际长度可以短些；但闸室结构复杂，施工难度大，造价较高。

1. 分散式输水系统的水力特点

分散输水系统的水流是通过设置在闸室或闸底板内的纵向输水廊道及其相连的分支廊道和出水支孔灌入或泄出闸室的。由于分散输水系统的廊道较长，廊道内水流惯性的影响较大，使得各出水支孔的流量不仅是不均匀的，而且是变化的。在阀门开启初期，水流是加速流，惯性阻滞流速增加，并使各出水孔沿水流方向出流。随着惯性减小，压力增加，当廊道断面及各支孔面积不变时，后面支孔出流又逐渐增多并超过前面支孔。而后，惯性的作用又转为阻滞流速的减小，后面支孔出流得到加强。由于各出水支孔的非恒定流速加上出水支孔一般布置在闸室的一定范围内，因而形成闸室内的波浪运动及纵向水流并对船舶产生波浪力和流速力。此外，由于出水支孔流出的水流仍带有一定的剩余能量，使水流扰动而产生旋滚和紊动，并对船舶产生不平衡力，这些局部水流也将对船舶产生动水作用力。因此，对于分散输水系统，闸室内停泊的船舶也仍然存在与集中输水系统相同的三种水流作用力。不同的是由于分散输水系统的水流是从较大范围内进入闸室，因而与集中输水系统相比，作用在船舶上的动水作用力相对较小。

为了使分散输水系统能适应较高的水头并有较好的输水效率和停泊条件，其布置的发展趋势是减少水流惯性的影响，使闸室内纵向水面坡降减小，并在此基础上将出水支孔尽量布置在闸室较大范围内。同时，应将出水支孔的水流在进入闸室前，尽可能消减其剩余能量，以减少水流的旋滚、紊动，避免对船舶的直接冲击。

2. 分散式输水系统的主要类型

随着船闸水级和船队尺寸的增加以及快速输水的要求，在工程实践中对分散输水系统的布置形式进行了改进，如闸底长廊道分区段出水、闸室中段横支廊道出水、闸室前后段横支廊道出水等。根据分散输水系统布置的复杂程度及水力学特性，可将在实践中逐步发展而建成的各种分散式输水系统分为以下三类：

（1）简单式分散输水系统

这种输水系统是指直接在闸墙长廊道上，在闸室长度的中段布置一系列短支管或支孔向闸室供水。该输水系统布置简单，造价较低，是采用较多的一种输水系统。其缺点是闸室内仍有一定的水面坡降，使大型顶推船队受到较大的波浪力。同时布置在闸墙上的侧向支管（孔）的出水，不易使水流在闸室水体内均匀分布，水流能量较为集中，使船舶受到较大的局部水流作用力。此外，当两侧阀门开启不同步或一侧阀门开启时，闸室内将产生较大的横向水面坡降和横向水流，导致较大的船舶横向力，因此这种形式的输水系统所适应的水力指标较低。

（2）较复杂式分散输水系统

这一类输水系统的布置形式较多，它针对上述的长廊道侧向支孔出水存在的阀门单边开启及水流消能条件较差的缺点，采用了便于水流在闸室内均匀分布、阀门单边开启影响较小的闸底廊道短支孔出水，其闸底廊道可以是纵向的，也可以是横向的，其出水支孔可以设在廊道顶部，也可以设置在廊道两侧，前者采用盖板消能，而后者采用明沟消能。在布置上，这类分散输水系统仍采用与简单式相同的单区段供水或者是简单的等惯性输水，因而其各支孔的水流分布仍将受到水流惯性的影响，有一定的不均匀性，使船舶受到一定的波浪力，这一类的布置形式有以下几种：

① 闸底长廊道短支孔(管)出水

这种形式是将简单式的闸墙长廊道设置在闸室底板上，其布置仍为单区段供水，但其出水孔分布及消能条件较好，因此可以减少局部水流的作用力，尤其是它对阀门开启不同步或单阀门开启适应性较好。

② 闸底长廊道分区段输水

这种布置在闸底设有多条纵向长廊道，每一对对称的长廊道只向闸室的一个区段出水，其优点是可以在简单的闸底纵向长廊道的基础上，实现多区段出水的要求，从而减小阀门开启初期的波浪力。

③ 闸墙长廊道闸室横支廊道出水

这种布置是在闸墙长廊道短支孔出水的基础上，将短支孔出水改成闸室底横支廊道出水，可以在闸墙长廊道闸室中段连接横支廊道，也可以将一侧闸墙的横支廊道布置在前半个闸室的中部，而另一侧闸墙的横支廊道布置在后半个闸室的中部。前一种布置仍为单区段供水，而后一种布置为二区段供水，但前者对阀门开启的不同步及单侧阀门开启的适应性较后者为好，所以后者虽然在理论上性能优于前者，但实际使用效果反不如前者。

④ 闸墙长廊道闸室中心进口水平分流，闸底纵支廊道二区段出水

这种布置为二区段等惯性输水系统，水流自闸墙廊道至闸室中部通过分流口进入前后半个闸室，其分流口采用的是较为简单的、用垂直隔墩分配水流的水平分流形式，分流稍不稳定。

⑤ 闸墙长廊道闸室中段进口的纵横支廊道出水

这种布置为三区段出水，其纵横支廊道进口全部集中在闸室中部，前后支廊道水流惯性差别不大，加之它的出水孔分布面积广，出流均匀，水流条件良好，要求的开挖深度也不大，是一种较好的分散输水系统形式。

(3) 复杂式分散输水系统

较复杂式输水系统虽然出水孔分布及水流消能上已经达到较满意的程度，但其在分布上仍属于简单的等惯性输水系统。水流的分配形式也比较简单，所以即使为多区段供水，但廊道水流对各区段的惯性影响仍不相同，加之水流分配不够均匀稳定，所以对船舶停泊条件仍有一定的影响。而复杂式分散输水系统又称为全动力平衡系统，不但供水区段数较多，而且廊道水流惯性对各供水区段的影响基本相同，消

除了各出水区段出流之间的差别。同时在水流分配上采用了较为复杂的立体交叉垂直分流的形式,保证了分流的均匀与稳定。因此,它对闸室水流条件及船舶停泊条件均有较大的改善。这种输水系统的典型布置有闸墙廊道闸室中心进口垂直分流闸底八纵支廊道四区段出水和闸底四纵支廊道二区段出水两种,前者适用于长宽比较大的闸室,后者适用于长宽比较小的闸室。

3. 分散式输水系统的布置原则

分布式输水系统主要布置原则有以下几点:

(1) 布置输水系统的进水口、斜坡段、拐弯段、阀门段、分流口和泄水段的形式与尺寸时,应保证系统具有良好的水力学特性,尤其避免阀门及周围廊道产生强烈声振和空蚀破坏;

(2) 通过分散布置闸室内的支廊道及其不同类型出水口,使进入闸室的水流尽可能对称、分散、均匀;

(3) 应满足设计要求的闸室输水时间。

第四节 引航道

引航道一般由导航段、调顺段、停泊段和制动段等组成,是船闸的重要组成部分。其尺度和布置应满足通航期内各类船舶(队)的过闸要求。否则,不但影响船舶(队)过闸通畅与安全,且大大限制了船闸的通过能力。此外,引航道及其设备的投资占船闸总投资的比例很大,因此引航道的设计非常重要。

一、引航道的布置

引航道的平面布置应保证通航期内过闸船舶、船队畅通无阻,安全行驶。引航道的平面布置需要根据船闸的级别、线数、设计船型船队、通过能力等,结合地形、地质、水流、泥沙及上、下游航道等条件研究确定。船闸引航道平面布置,一般有对称型、反对称型、不对称型 3 种形式,如图 2-2 所示。

对称型引航道的轴线与船闸轴线重合,等待过闸的船舶(队)停靠在航道一侧的靠船建筑物旁,双向过闸时,船舶(队)沿曲线进闸,出闸可以沿直线。船舶进闸行程短,出闸速度快,船闸的通航能力较大。当引航道的宽度较小时,采用这种布置形式,等候过闸船舶需要停泊在闸首以外一定的距离,船舶进出闸均需沿曲线行驶,进出闸速度慢,影响船闸的过船能力。

反对称引航道是上、下游引航道向不同的岸侧拓宽。在这类引航道中,双向过闸时,船舶可以沿直线进闸,曲线出闸,进闸速度较快。但按双向过闸的要求,船舶候闸靠船线要建在离闸口 2.5 倍船长以后,势必增加船舶(队)进出闸行程,延长过闸时间。有时船舶(队)往往需要曲进曲出。这类引航道对单向过闸较为有利,因为可以使候闸船舶(队)停靠在距闸首的最近处。

不对称型引航道上、下游引航道向同一岸侧拓宽,这种布置的引航道,双向过闸时,也为直线进闸,曲线出闸。这类引航道一般适用于岸上牵引过闸,或有明显的单向货流的情况。有时受地形或枢纽布置限制,引航道只能向同一岸侧拓宽时,也采用这种平面布置形式。

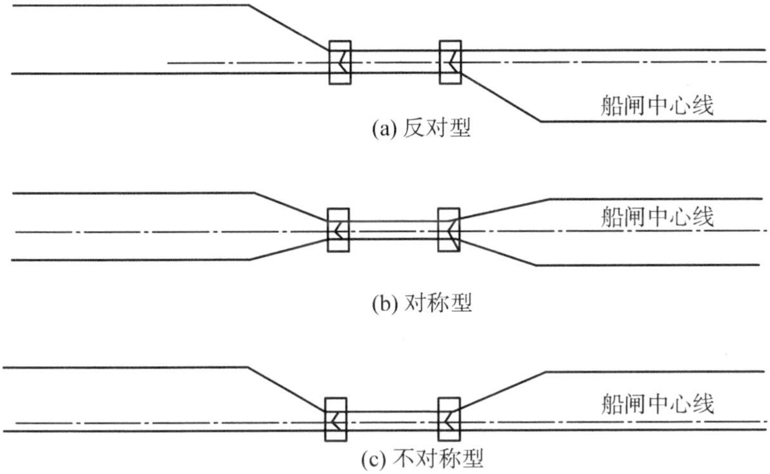

图 2-2 单线船闸引航道平面布置形式示意图

二、引航道的尺度

引航道直线段的轴线应平行于船闸轴线,直线段由导航段、调顺段和停泊段组成,如图 2-3 所示。

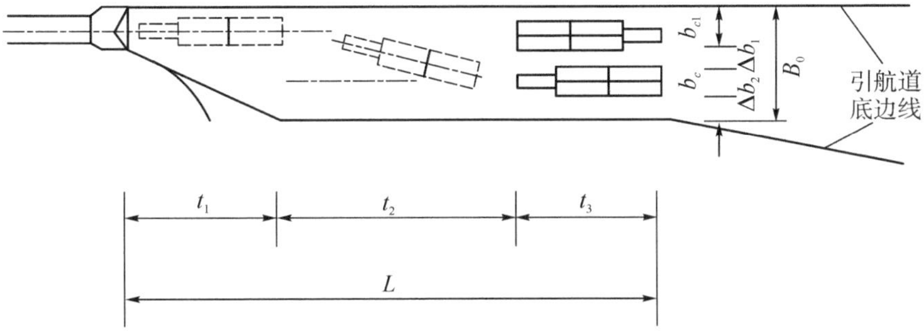

图 2-3 单线船闸引航道平面示意图

L-直线段总长度;l_1-导航段长度;l_2-调顺段长度;l_3-停泊段长段;B_o-单线船闸引航道宽度;b_c-设计最大船队、船舶宽度;b_{c1}-一侧等候过闸船舶、船队的总宽度;Δb_1-船队、船舶之间的富裕宽度;Δb_2-船队、船舶与岸之间的富裕宽度。

（一）引航道长度

1. 导航段长度

导航段 l_1 靠近闸首，船舶出闸时，在船尾尚未驶出闸首前必须沿船闸轴线直线行驶，不能转向。只有当船尾通过闸首边界后，才能离开船闸轴线转向，因此导航段长度 l_1 应满足：

$$l_1 \geqslant L_c \tag{2-5}$$

式中：l_1——导航段长度，m；

L_c——顶推船队为设计最大船队长，拖带船队或单船为其中的最大船长，m。

由于在 l_1 段建有导航建筑物引导船舶进闸，故称为导航段，这一段的航道宽度为适应船舶的转向，应从闸首边界开始逐渐变宽。

2. 调顺段长度

调顺段 l_2 是进出闸船舶从引航道航线转到船闸轴线或从船闸轴线转到引航道航线，或曲线进闸船舶由停靠轴线转到船闸轴线所需要的长度，可采用下式计算：

$$l_2 \geqslant (1.5 \sim 2.0)L_c \tag{2-6}$$

3. 停泊段长度

停泊段 l_3 是供等待过闸的船舶(队)停靠与出闸船舶(队)避让交错的一段航道，其长度应满足：

$$l_3 \geqslant L_c \tag{2-7}$$

当引航道内停泊的船舶、船队数不止 1 个时，应按需要加长。为了便于等待过闸船舶(队)停靠，在停泊段布置有靠船建筑物。

4. 引航道直线段的总长度

引航道直线段总长度为导航段、调顺段、停泊段的长度之和，即：

$$L = l_1 + l_2 + l_3 \tag{2-8}$$

当各种设计船队的推轮均具有良好的操纵性能时，调顺段通过论证可适当缩短。通航多种船队的船闸，引航道直线段的总长度 L 应分别计算，并取其大值。

对山区Ⅲ～Ⅵ级和平原Ⅳ～Ⅶ级的船闸，当受地形等条件限制，不能满足直线段长度要求时，可在满足安全进、出闸和通过能力要求的条件下，通过技术经济论证进行布置。

（二）引航道宽度

根据船闸布置和运行方式，引航道宽应满足船队停靠、调顺、会让和操作上的要求。单线船闸和双线船闸的引航道宽度是指调顺段和停泊段的宽度。

1. 单线船闸引航道的宽度

单线船闸引航道的宽度，根据下列形式确定。

(1) 反对称型和不对称型引航道宽度：

$$B_0 \geqslant b_c + b_{c1} + \Delta b_1 + \Delta b_2 \tag{2-9}$$

式中：B_0——设计最低通航水位时，设计最大船舶、船队满载吃水船底处的引航道宽度，m；

b_c——设计最大船舶、船队的宽度，m；

b_{c1}——一侧等候过闸船舶、船队的总宽度，m；

Δb_1——船舶、船队之间的富裕宽度，m，取 $\Delta b_1 = b_c$；

Δb_2——船舶、船队与岸之间的富裕宽度，m，取 $\Delta b_2 = 0.5b_c$。

(2) 对称型引航道宽度：

$$B_0 \geqslant b_c + b_{c1} + 2\Delta b_1 + b_{c2} \tag{2-10}$$

式中：b_{c2}——另一侧等候过闸船舶、船队的总宽度(m)。

2. 双线船闸共用的引航道宽度

(1) 双线双向过闸时的引航道宽度，按下式确定，见图 2-4。

$$B_0 \geqslant b_c + b_{c1} + b_c^* + b_{c2} + 3\Delta b \tag{2-11}$$

式中：B_0——双向船闸引航道宽度，m；

b_c，b_c^*——分别为两座船闸的设计最大船舶、船队的宽度，m；

b_{c1}，b_{c2}——分别为两侧等候过闸船舶、船队的总宽度，m；

Δb——船舶、船队之间的富裕宽度，m，可相应采用 b_c 或 b_c^*。

(2) 在任何情况下引航道直线段的宽度不应小于相邻两线船闸的外闸墙内缘之间的距离。

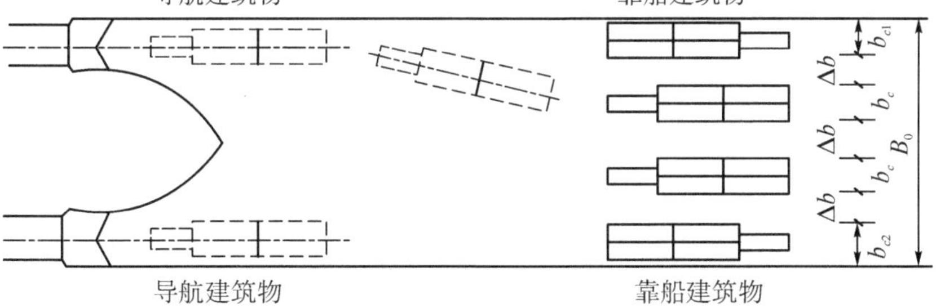

图 2-4　双线船闸共用引航道平面示意图

第三章　船闸水工建筑物设计

水工建筑物是船闸的主体建筑，包括闸首、闸室、导航建筑物和靠船建筑物、引航道和堤坝以及防护建筑物等，其形式选择受多种因素的影响，虽然非常复杂却又十分重要。船闸水工建筑物的结构形式，要根据设计水头、地形地质条件、建筑材料条件、施工条件、运行要求等，结合闸门、输水系统形式综合比较确定。进行船闸水工建筑物设计时，首先需考虑以下的基本要求：

（1）在选择结构形式时，需根据船闸所处的自然条件、建筑材料来源情况、受力特征、对结构的使用要求以及施工条件等因素进行综合考虑，并通过技术经济比较确定。

（2）位于枢纽挡水前沿的闸首、闸室等挡水建筑物结构安全十分重要，因其失事将导致灾害发生，因其经常检修而影响运输。其中尤其是闸首结构，它是船闸水工建筑物安全的关键部位，需特别慎重研究其结构安全。

（3）当闸室采用透水闸底时，由于闸室灌、泄水，其渗流方向频繁变换，为防止地基破坏及保证船闸水工建筑物正常工作，需认真做好防渗排水设计。

（4）当船闸确需溢洪时，在布置和结构上需有相应的安全措施，如闸门锁定、隔水设施、表面防护等，以确保建筑物及各设备不被破坏。

（5）对损坏后难以修复的隐蔽工程和水下工程，如排水、止水设施等，设计时尤需周密考虑，确保其运行安全。

（6）为掌握施工期结构工作状态，监测船闸安全运转，总结和提高船闸设计水平，船闸结构的原型观测是十分必要的，可根据具体情况设置必要的观测设备。

第一节　设计原则

一、建筑物级别的划分

船闸水工建筑物等级划分的原则，主要是根据船闸工程在国民经济中的作用和重要性，船闸按设计最大船舶吨级划分为 7 级，船闸水工建筑物各部分的级别，应根据船闸级别及建筑物在工程中的作用划分为 5 级。船闸水工建筑物级别见表 3－1。

在综合性枢纽中，位于挡水前沿的闸首和闸室等挡水建筑物的级别应与枢纽中其他挡水建筑物的级别一致。

2级及以下永久建筑物符合下列情况之一者，其级别可提高一级：

(1) 水头超过15 m；

(2) 建筑物失事后，将对下游工矿企业、城乡居民的生活和生产造成重大损失；

(3) 工程地质条件特别复杂；

(4) 建筑物采用实践经验较少的新结构或新材料。

临时建筑物符合下列情况之一者，其级别可提高一级：

(1) 临时建筑物失事后，将对下游工矿企业、城乡居民的生活和生产造成重大损失；

(2) 临时建筑物失事后，将引起工程工期的严重延误。

表3-1 船闸水工建筑物级别划分

船闸级别	水工建筑物级别		
	永久建筑物		临时建筑物
	闸首、闸室	导航、靠船建筑物	
Ⅰ	1	3	4
Ⅱ、Ⅲ	2	3	4
Ⅳ、Ⅴ	3	4	5
Ⅵ、Ⅶ	4	5	—

二、应具备的基本资料

船闸水工建筑物设计的基本资料包括地形、地质、水文、气象、泥沙以及建筑材料来源、施工设备及施工条件等。地形、地质资料需包括上下游引航道在内的整个船闸水工建筑物范围内的资料。

基本资料是设计的根本依据，是设计成败、质量好坏的关键，国内外几乎所有失败的工程，绝大多数是因为未掌握设计的基本资料或掌握得不够完整所造成的，单纯因结构计算而失误者甚少。因此设计前充分收集和掌握工程的基本资料，是完成设计的基本保证。

不同的设计阶段规定了不同的设计任务和要求，为完成所规定的任务，需具备相应的可靠资料。

(一) 初步设计阶段须具备的基本资料

初步设计是整个设计阶段的关键，无论是分几个阶段设计，初步设计都是必不可少的。在初步设计阶段中，船闸的技术关键问题都应得到基本解决，工程的基本规模和投资额也应基本确定。初步设计不仅可进一步证实工程的可行性，更重要的是具体确定了工程主要结构的尺度和形式，初步设计一经批准，整个工程基本已成定局。船闸水工建筑物是船闸工程的主体，占总投资的80%以上，是工程成败的关键所在，因此船闸水工建筑物初步设计的质量好坏是很重要的。

保证初步设计的质量必须具备以下基本资料：

(1) 地形图。地形图应满足枢纽布置、船闸闸址选择的需要，一般包括陆上地形和水下河道地形两部分。当需要设置外停泊区(锚地)和前港时，还应有外停泊区和前港的水下地形图。

(2) 地质勘探报告。枢纽地质勘探报告应包括区域地质构造和地貌特征等地质资料，并有枢纽综合地质平面图和钻孔柱状图、船闸轴线的地质纵剖面和横剖面图。此外，还应有船闸建筑物基础地质的物理力学指标、地基承载能力、河床覆盖层的颗粒组成、岩石风化成度、持力层深度、地震烈度等。

(3) 水文、气象资料。设计船闸水工建筑物必须具备八个水位，即上、下游最高、最低通航水位，上、下游最高洪水位，检修水位及下游最低水位。还包括河流及船闸范围内泥沙淤积情况以及气温、水温、风向、风速等资料。

(4) 施工条件及施工设备等有关资料。

(二) 施工详图阶段需具备的资料

施工详图阶段是在初步设计已批准基础上进行的，是工程具体实现的阶段；本阶段旨在将各种结构或构件放大比尺绘制成图以供施工使用，并具体协调解决结构、构件、设备间的矛盾，因此施工图阶段所需的资料，是在已有资料的基础上，进一步补充和完善，以利于工程建设的实施，施工详图阶段需具备的资料为：

(1) 船闸范围内大比尺地形图。一般为1∶200～1∶2 000，便于进一步掌握工程范围内的详细地形。

(2) 加密地质纵横剖面图。进一步掌握水工建筑物地质情况，以利于仔细核实工程量和绘制施工图；在初步设计阶段取得的资料基础上，增加船闸左、右闸墙地质纵剖面图各1个，横剖面要达到上、下闸首各2个，闸室段至少有3个地质横剖面图。

(3) 水文、气象补充资料。

(4) 施工详图阶段的地质综合报告。

对于中、小型船闸，考虑到船闸规模和等级较小，承受的水头不大，且勘测设计力量和设备均较薄弱，如果有已建船闸的经验，所需资料可适当从简。

对于特大型工程、重要工程或条件较复杂的工程，也可采用初步设计、技术设计和施工详图三阶段。如葛洲坝水利枢纽船闸工程，工程规模较大，且地质条件较为复杂等，采用了三阶段设计。技术设计阶段是在已批准的初步设计的基础上，对一些关键技术进行深入的分析研究，因此技术设计阶段所需的资料，是在初步设计所需资料基础上，进一步补充和完善，除了两阶段施工详图所需资料外，对关键技术尚需提出专门的资料要求。

三、建筑物分缝

由于温度、收缩及地基的不均匀沉降，引起结构的变形超过了材料的极限拉伸值，就会导致建筑物出现裂缝。

结构构件裂缝的出现，对结构应力分布及整体稳定性极为不利，设置伸缩—沉降缝是减少结构变形并使其主要部位不产生严重裂缝的有效措施。但是，由于缝常常是漏水的通道，分缝愈多，则愈增加止水和构造上的困难，因此除设缝外，再配以构造上的措施，改善结构受力状况。一般在结构布置和外形上应注意以下方面：

(1) 结构外形力求简单和匀称，减少和尽量避免结构上的突变和弱点，以免出现过大的局部集中应力；

(2) 加强结构的薄弱环节，提高其抗拉性能；

(3) 在允许的范围内，让结构有较大的自由变形，以降低结构内力；

(4) 施工中采取措施，如合理选择材料、分段施工、加强养护、温度控制等。

伸缩—沉降缝一般布置在：

(1) 结构形式改变处，如闸首和闸室间、导墙与下闸首间；

(2) 结构形式虽相同，但其长度较大时，如闸室也需分段设置；

(3) 新旧建筑物之间；

(4) 地基性质变化处或有高程突变处。

伸缩—沉降缝的间距与地基条件、结构形式及尺寸、气候情况和施工条件等因素有关。如以前四川省建在坚实岩基上的船闸，闸首和闸室墙均采用浆砌条块石重力式结构，整个船闸均未设缝，但经使用后发现相隔 20～30 m 就出现一条裂缝，大多数是沿着灰缝开裂的，但也有部分将石料拉裂。这些裂缝大体均匀分布，这一事实说明砌石结构也需设缝，其裂缝间距正是温度缝所需的间距。

苏联、美国、德国等国建于岩基上的船闸，混凝土浇筑块体的伸缩—沉降缝间距多为 15 m 左右。在闸门、阀门井、锚固段或输水廊道弯曲段等特征部位，间距可以适当放大，但一般不超过 30 m。我国建于岩基上的船闸、船坞的混凝土及钢筋混凝土闸墙伸缩—沉降缝，取值大体也在 15 m 左右，使用情况基本良好。如葛洲坝 2 号船闸，闸室为分离式闸墙，采用混凝土重力式结构，处于砂岩地基上，其伸缩—沉降缝间距一般为 20 m(12.7～27.5 m)；西津船闸闸室为岩基上的少筋混凝土结构，伸缩—沉降缝的间距为 15 m。建于软基上的混凝土浇筑块或建于岩基上的浆砌体结构，从使用经验看，其伸缩—沉降缝间距可放大至 20 m。

伸缩—沉降缝的间距，除主要考虑温度和收缩应力的影响外，还需考虑施工浇筑能力以及浇筑块的长宽比不宜过大等因素，以期达到防止和限制开裂作用。根据国内外实践经验，伸缩—沉降缝一般取 15～20 m 为宜，建于岩基上的混凝土和钢筋混凝土船闸取小值，建于土基上的船闸可取大值。目前，我国《船闸水工建筑物设计规范(JTJ 307—2001)》建议闸室和导航墙伸缩—沉降缝的间距取 15～20 m。

伸缩—沉降缝的宽度，在温度变化和变位时，以建筑物相邻段不致产生相互挤压为度，并考虑填缝材料的性质。苏联船闸设计规范等文献提供了一个缝顶最小宽度的近似计算公式，即

$$\Delta L_{\min} = \Delta L + \Delta L_0 \tag{3-1}$$

式中：$\Delta L = \alpha \Delta T \times L$ 是混凝土膨胀的影响；

$\Delta L_0 = (y_1 - y_2)h/L$ 是不均匀沉降的影响；

α——混凝土的线膨胀系数，为 1.0×10^{-5}/℃；

L——缝的间距，m；

h——地基以上的块体高度，m；

y_1、y_2——块体两端沉降值，m；

ΔT——在计算期内结构物的平均温差，℃。

由于水上温度变幅比水下大，所以伸缩—沉降缝的宽度是由墙底或下游水位处的最小宽度递增至墙顶的最大宽度的。缝的总宽度是由混凝土温度变形及沉降变形两部分所需宽度构成，而其中温度变形是主要的。考虑到船闸结构的特点，既要两段间不相互影响，又要保证止水正常工作，因此岩基上缝宽一般取 15～25 mm，土基上缝宽一般取 20～30 mm。

伸缩—沉降缝宜做成垂直贯通的永久缝，缝内设置垂直和水平止水。止水材料可采用金属、橡胶或塑料等，重要的部位可采用两道止水，止水片每侧埋入长度可取 200～250 mm。止水铜片的厚度可采用 1.0～1.6 mm。

四、结构设计的内容

船闸水工建筑物，既包括有与大坝相同的挡水结构，又包括有与港口码头相同的非挡水结构。作为挡水结构的闸首、闸室，因作用其上的荷载在同一天里也要变化很多次，与一般大坝上荷载基本不变大不相同，因其受力状况不同而结构也不尽相同，可以说船闸结构是一种受力和计算情况均较复杂的水工结构。

为了掌握船闸水工结构的设计理论和计算方法，首先应清楚各结构的计算情况、受力状态并分析计算的内容。

(一) 计算情况

船闸一般要经历施工、完建、运用、检修等不同时期，而各时期船闸结构受力状态不尽相同，对各构件的要求又不尽一致，因此船闸结构计算需分时期进行，以保证船闸结构的安全。

1. 施工期(施工情况)

在施工过程中，虽然荷载在逐渐增加，但却不是最大荷载，一般不是控制情况。

但由于不同的施工程序和施工方法，产生的不同初始应力将影响结构的总应力，因此应按船闸建造、填土和地下水水位处于不利情况进行结构计算。对设有临时施工缝的整体式底板，则必须根据临时缝浇筑前和浇筑后的两种施工情况进行计算。

2. 完建期(完建情况)

船闸基本建造完成，墙后填土达到设计标高，船闸尚未放水，地下水水位与闸底底面齐平。由于无浮托力，墙身重量大，虽然合力偏心不大，但仍可能产生最大的地基反力，故需进行结构计算。

3. 运用期(运用情况)

船闸在运用过程中，可能会出现各种不同的水位组合，一般应考虑以下最不利的水位组合：

(1) 上游或墙前为上游最高通航水位，下游或墙后地下水位为最低水位或排水管水位。

对于分离式结构，虽然墙前水压力较大，闸墙有可能向填土方向变形，但由于墙后填土压力增大及地基不可能产生塑性变形及滑动，因此该情况对分离式结构不是控制情况，可以不进行计算。

对于整体式船闸结构，闸墙的内部和底板上部产生最大拉应力，因此需对这种情况进行计算。

对于墙后无填土时，不论是整体式还是分离式结构，均受此种情况控制。

(2) 下游或墙前为下游最低通航水位，上游或墙后地下水位为最高水位或排水管水位。

此工况下，对于分离式结构，前趾反力较大；对于整体式结构，其闸墙外部及底板下部产生最大拉应力。

根据京杭运河苏北段船闸设计的经验，在墙前后水位齐平，特别是在水位较高时齐平的情况下，由于浮托力大，重量减轻较多，因此虽然侧压力较其他情况为小，但相对来说所起的倾覆作用大，可能成为分离式闸墙的控制条件，设计中也应考虑，但水位不一定是最高水位，须经过试算确定。

(3) 当船闸与其他水工建筑物并列布置时，相邻建筑物进行检修的不利水位。

(4) 可能出现的最大水位差。

(5) 其他不利组合。

4. 检修期(检修情况)

船闸分部件检修、闸首局部检修和每隔 3～5 年一次的大修，检修时闸室全部抽干或闸首局部抽干，闸外水位应考虑可能出现的高水位或排水管水位(检修可预定在枯水期进行，检修水位可以控制在最低通航水位以上 1.0 m 左右)，此时墙前后水位差最大，侧压力和倾覆力矩也大，使基底前趾应力最大，常为设计的控制情况。

另外，与泄水闸并列且伸向下游的船闸，还需考虑泄水闸消力池抽干检修情况，此时墙外水位在消力池底板以下，这种情况往往是河侧闸墙的控制情况。

墙后水位的确定是与墙后有无排水设施有关，为减小墙后水压力，减小前趾反力，江苏省所建的大部分船闸，其墙后均设有排水。经多年运用，排水效果基本良好，因此在闸墙后加设排水是减小闸墙荷载的有效措施之一。

5. 特殊工况

特殊工况应考虑校核洪水、地震、排水管堵塞和止水破坏等情况。如处于枢纽挡水线上的船闸闸首或闸室，还需进行校核洪水情况的计算；处于地震区的船闸需进行地震情况的计算。

处于山区、丘陵地区河流上的船闸，具有坡陡比降大、洪水暴涨暴落、峰高时短、水位变幅较大、河道断面较小等特点，为适应以上特点和节省投资，船闸大多允许溢洪。如四川省、湖南省和广东省、广西壮族自治区等都有溢洪船闸，其中以四川省最为突出。四川省河道坡度一般都在 0.2‰～1‰，水位变幅 5～10 m，最大 20 m，每年多次洪峰，为多峰性河流，峰高量大历时短，一般洪峰 3～5 天。若全挡洪水，需增加坝高 5～10 m，加大了淹没和投资，而仅增加几天的通航期，是极不经济的，经过多年运转实践证明，山区船闸溢洪是可行的。

对于溢洪船闸，除按一般船闸所要求计算的情况外，溢洪情况是溢洪船闸所特有的情况，往往也是溢洪船闸的控制情况。根据四川省的设计经验，位于坝上游船闸的外闸墙和重力式内闸墙，一般都由溢洪情况控制。洪水期，船闸分担排洪任务，多数船闸是关闭上游闸门，打开下游闸门，让洪水翻过上闸门顶和闸室墙顶进入闸室，形成空间溢流状态，水流由下闸门口门处出流。此时闸室水流流态十分复杂，设计时一般需计算多种溢洪水位组合，寻求最不利的水位组合情况，然后根据水力学计算确定闸顶以上的水层厚度。

四川省是我国的内河水运大省之一，水运建设始于 20 世纪五六十年代。截至 2014 年底，四川省境内已建船闸达 124 座，在建 2 座，其中溢洪船闸 104 座，包括渠江上的 6 座Ⅳ级航船闸和其他各支小河流上的船闸。四川省溢洪船闸设计中采用以下两种计算水层厚度的方法：

（1）将平台顶溢洪水头按 80%计算，小清流河流滩船闸采用此方法。

（2）平台以上水深按临界水深计算，即

$$h = \sqrt[3]{2M^2 H_0} \tag{3-2}$$

式中：h——平台上折算水深，m；

M——宽顶堰流量系数，可取 0.32；

H_0——墙顶水深，可近似采用坝上游水位与平台高程之差，m。

四川省凉滩船闸设计时采用此方法。

分析溢洪情况的关键，是寻求最不利的水位组合和正确确定作用于船闸结构上的水头和压力。

溢洪时，计算墙后水压力，需根据墙顶盖面能否真正隔水而分为拉通和不拉通两种计算。所谓不拉通计算，即墙顶盖面能保证起到隔水作用，墙后的地下水位与墙顶平台上的水不相通，墙后仍按地下水位计算；而平台以上的水深则作为超载计算，如图 3-1 所示，墙后地下水位由排水管高程起算。相反，则为拉通计算，即平台以上水位与墙后水相通，闸墙承受较大的水压力。据比较，水位计算拉通与不拉通相比，闸墙的稳定安全系数要降低约 60%，因此设计时应慎重考虑。

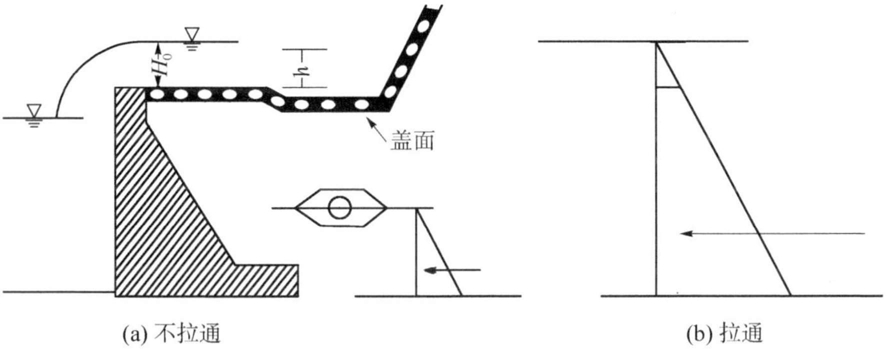

图 3-1　溢洪船闸水压力计算

广东、广西两省(区)也有溢洪船闸，但其纵坡较四川省要小，河流洪水也不像四川省呈多峰性，一般 1 年 1 峰，或多年 1 峰，因此船闸溢洪的概率较小。

（二）荷载组合

根据船闸各种计算情况的荷载性质，荷载组合可分为基本组合和特殊组合两种。并满足下列规定：

1. 基本组合应考虑下列情况的荷载：

(1) 基本组合①为相应于运用情况的荷载；

(2) 基本组合②为相应于施工情况、完建情况和检修情况的荷载。

2. 特殊组合应考虑下列情况的荷载：

(1) 特殊组合①为相应于校核洪水、排水管堵塞或止水破坏情况的荷载；

(2) 特殊组合②为相应于运用期和检修期地震情况的荷载。

3. 溢洪情况的荷载应列入基本组合①。

（三）计算内容

船闸结构设计时的计算，实质上是属于验算性质，先假定一个结构断面形式和尺度，然后进行分项验算。船闸结构一般需进行稳定性和强度两大类验算，稳定性验算中包括结构稳定性、地基稳定性和渗透稳定性验算。强度验算包括局部强度和整体强度验算、限裂验算等。

目前，我国规范要求船闸结构设计时应进行下列验算和计算：

(1) 结构整体抗滑、抗倾和抗浮稳定性验算；

(2) 地基承载力验算和地基沉降计算；

(3) 渗透稳定性验算；

(4) 结构各部位强度计算和限裂验算；

(5) 边坡整体稳定性验算；

(6) 其他验算或计算。

1. 抗滑稳定验算

主要验算结构沿基础面的抗滑条件。

(1) 岩基上船闸抗滑稳定应进行抗剪强度或抗剪断强度验算，采用抗剪强度计算船闸的抗滑稳定时，假设结构是自由搁置在地基上的，结构与地基间只计入摩擦力。其计算公式为：

$$K_c = \frac{f \times \sum V}{\sum H} \tag{3-3}$$

式中：K_c——抗剪计算的抗滑稳定安全系数，取值见表 3-2；

f——结构与地基接触面的抗剪摩擦系数；

$\sum V$——作用于结构上全部荷载对滑动面法向投影的总和，kN；

$\sum H$——作用于结构上全部荷载对滑动面切向投影的总和，kN。

船闸按抗剪断强度计算抗滑稳定，主要考虑到结构底部不是光滑地搁置在地基上，而是与基岩胶结在一起的。当结构受力后，一般在混凝土内部剪断，抗滑能力远较光滑平面摩擦力要大，因此采用抗剪断强度计算较为合理。其计算公式为：

$$K_c' = \frac{f' \sum V + c'A}{\sum H} \tag{3-4}$$

式中：K_c'——抗剪断计算的抗滑稳定安全系数，取值见表 3-2；

f'——结构与地基接触面的抗剪断摩擦系数；

$\sum V$——作用于结构上全部荷载对滑动面法向投影的总和，kN；

c'——结构与地基接触面的抗剪断黏聚力，kPa；

A——结构与地基的接触面积，m^2；

$\sum H$——作用于结构上全部荷载对滑动面切向投影的总和，kN。

罗马尼亚铁门水利枢纽，在平硐中进行的现场初步剪切试验表明，混凝土与岩石接触面上的黏聚力有着不固定性，与岩石类别和变形阶段有关，一般区分为屈服状态和塑性状态。在破坏前的阶段，剪切力 τ 随着位移 δ 的增加按曲线变化；破坏后的滑动阶段，位移逐渐增加，而剪切力 τ 几乎保持为一常数。在通常情况下，破坏时的 c_τ、φ_τ 值比滑动阶段的 c_t、φ_t 值要大。

据有关资料表明，按抗剪断设计的坝体，坝高在 70 m 以下时，断面较抗剪公式设计的为小；而当坝高大于 100 m 时，其黏聚力 c 值影响相对就小了。黏聚力随坝高增加而作用相对减小，这是符合库仑定律的。

鉴于船闸闸墙普遍较矮，一般船闸墙高都在 30 m 以下，因此计及黏聚力的作用是经济合理的。但是黏聚力 c 值的确定是一个比较困难的问题，原因是一般室内剪切试验所得的 c 值很小，而野外现场试验的 c 值在不同的工程不同的岩性中差别又很大，即使是同一种岩石由于所处位置不同，裂隙差异也各不相同，在实际工程中需进行多组试验方可取得可靠数据，而这对于一般工程是难以做到的，因此虽然船闸采用抗剪断公式较为合理，但由于限于具体条件，船闸采用抗剪断公式的较少，而抗剪公式由于简单方便，工程上应用较多。

（2）土基上的船闸，特别是处于黏性土地基上的船闸，由于黏性土一般内摩擦角较小，而黏聚力较大，抗滑稳定若不计黏聚力，将使结构断面设计得偏大。在过去的船闸设计中，江苏、山东、河北等省大多在设计时考虑了黏聚力的作用。如江苏省皂河船闸，地基为灰黄色软黏土，内摩擦角 $\varphi=3°$，黏聚力 $c=25$ kPa，在抗滑稳定安全系数计算中，摩擦力占 26.4%，而黏聚力占 73.6%，可见黏聚力的作用是主要的。

土基船闸结构抗滑稳定安全系数按公式（3－5）或（3－6）计算。黏土地基上的船闸，沿结构基底面的抗滑稳定安全系数宜按公式（3－6）计算。

$$K_c=\frac{f\sum V}{\sum H} \tag{3-5}$$

$$K_c=\frac{\tan\varphi_0\sum V+c_0A}{\sum H} \tag{3-6}$$

式中：K_c——土基抗滑稳定安全系数，取值见表 3－2；

f——抗滑摩擦系数，无资料时，按规范取值；

$\sum V$——作用于结构上全部荷载对滑动面法向投影的总和，kN；

$\sum H$——作用于结构上全部荷载对滑动面切向投影的总和，kN；

φ_0——结构与土基之间的内摩擦角，(°)；

c_0——结构与土基之间的黏聚力，kPa；

A——结构与地基的接触面积，m^2。

工程实践表明，对于黏性土地基摩擦试验获得的摩擦角与室内直剪试验得到的内摩擦角大致相等或比较接近，摩擦试验获得的黏聚力值约为室内直剪试验黏聚力的 0.25～0.5；对砂性土，室内直剪试验的内摩擦角与现场摩擦试验结果比较接近，但对粉砂，室内直剪试验的结果往往较大。我国船闸设计规范建议结构基底面与土基之间的内摩擦角 φ_0 值和黏聚力 c_0 值，可根据表 3-3 选取，并按公式(3-7)折算结构基底面与土基之间综合摩擦系数。当黏性土地基折算的综合摩擦系数大于 0.45 或砂性土地基折算的综合摩擦系数大于 0.5 时，采用的 φ_0 值和 c_0 值应进行综合论证。

$$f_0 = \frac{\tan\varphi_0 \sum V + c_0 A}{\sum V} \tag{3-7}$$

式中：f_0——结构基底面与土基之间的综合摩擦系数；

φ_0——结构与土基之间的摩擦角，(°)；

$\sum V$——作用于结构上全部荷载对滑动面法向投影的总和，kN；

c_0——结构与地基之间的黏聚力，kPa；

A——结构与地基的接触面积，m^2。

表 3-2 抗滑稳定安全系数 K_c

安全系数		K_c						K_c'
水工建筑物级别		1		2、3		4、5		
地基		岩基	土基	岩基	土基	岩基	土基	岩基
荷载组合	基本组合①	≥1.1	≥1.4	≥1.05	≥1.3	≥1.05	≥1.2	≥3.0
	基本组合②	≥1.05	≥1.3	≥1.0	≥1.2	≥1.0	≥1.1	≥2.5
	特殊组合①	≥1.05	≥1.3	≥1.0	≥1.2	≥1.0	≥1.1	≥2.5
	特殊组合②	≥1.0	≥1.2	≥1.0	≥1.1	≥1.0	≥1.05	≥2.3

表 3-3 土基的 c_0、φ_0 值

土质地基类别	φ_0(°)	c_0(kPa)
黏性土	0.90φ	$(0.20\sim0.30)c$
砂性土	$(0.85\sim0.90)\varphi$	0

注：① 表中 φ 为室内黏性土饱和快剪或砂性土饱和固结快剪试验测得的内摩擦角；c 为室内饱和固结快剪试验测得的黏聚力；

② 特别重要的大型船闸，采用的 φ_0 值和 c_0 值尚应经现场地基对混凝土板的抗滑强度试验论证。

(3) 当船闸结构基础嵌入基岩较深，基岩完整或对基岩进行固结灌浆处理，并对结构基础与基岩间进行接缝灌浆处理，进行抗滑稳定验算时，可以计入基岩的抗力。

(4) 当船闸基面以下有软弱夹层或缓倾角结构层面时，应验算闸墙带动部分地基或沿倾斜基面的抗滑稳定性，其抗滑安全系数计算公式为：

$$K_c = \frac{f(\sum V + \sum H\tan\alpha)}{\sum H - \sum V\tan\alpha} \tag{3-8}$$

式中：K_c——结构物沿软弱夹层或缓倾斜基面的抗滑稳定安全系数；

f——软弱夹层或倾角结构面的摩擦系数；

$\sum V$——作用于滑动面以上的垂直力总和，含软弱夹层以上的土层或岩层重力，kN；

$\sum H$——作用于滑动面以上的水平力总和，kN；

α——滑动面与水平面的夹角，(°)，有利于稳定的倾角为正，反之为负。

(5) 有些船闸工程采取了改善闸室墙抗滑稳定的工程措施，如：在两侧闸墙之间的闸底处设置横撑或底板；在闸墙基底设置齿墙；降低墙后地下水位和填土高度；基底更换摩擦系数较大的砂性土等。在闸底设置对顶撑梁或底板，是船闸结构所特有的形式，充分利用这种结构形式将大大减小闸墙的断面，可达到经济、可靠的目的。工程实践证明，利用撑梁的作用是可行的，利用连续式整块底板的作用就更为安全了。江苏省口岸船闸、皂河船闸、张家港船闸使用了几十年，运行情况良好。采用钢筋混凝土横撑或底板的分离式闸墙抗滑稳定，可计入横撑或底板的部分作用，在闸墙和横撑或底板的共同作用下，其安全系数应满足表 3－2 的要求。计算横撑及底板的对顶作用有以下几种方法：

(1) 闸室墙能独立稳定时，即 $K_c=1$，用配筋的纵横梁作抗滑的安全保证。江苏省刘老涧船闸采用此法。

(2) 闸室墙与横撑梁共同作用下，K_c 满足规范要求，横撑梁的轴向力为：

$$T = (K_c - K)\sum H \tag{3-9}$$

式中：K_c——抗滑稳定安全系数允许值；

K——闸墙实际抗滑安全系数；

$\sum H$——闸墙总水平力，kN。

考虑到实际荷载可能出现的偏心，横撑梁内需配构造钢筋。

(3) 横撑梁承担全部闸墙传来的水平力，横撑梁的安全系数按钢筋混凝土构件要求取值。考虑到闸墙沉降变位，不能保证横撑梁的轴心受力状态，可按偏心受压验算。例如江苏省口岸船闸的横撑梁承受了全部水平力，同时计及了横撑梁的不均匀沉降 10 mm。皂河船闸的横撑梁承受全部水平力，考虑不均匀沉降对横梁的影响，在梁内加设了钢筋。

实际上，根据结构要求，闸墙和横撑均具有一定的强度，为充分利用横撑梁的对顶作用，并保证横撑梁的正常工作，需要使闸墙和横撑梁共同作用下的抗滑稳定安全系数满足规范要求，因此横撑梁须按钢筋混凝土构件进行设计。对于具有整片底板的分离式闸墙，以检修情况为控制工况，其闸墙抗滑稳定可不进行计算，闸墙所承受的水平力，可全部由闸室整片底板承担，如江苏省张家港船闸。

计及底板和撑梁的对顶作用时，据初步计算，闸墙断面可减小 10%以上。葛洲坝 2 号船闸分离式闸墙有限元计算结果表明，在检修情况下底板与闸墙缝面上所承受的总压力占总水平力的 64%，抗滑安全系数由 0.63 提高到 1.25。

2. 抗倾稳定验算

抗倾稳定一般不是控制条件。但岩基上的船闸，闸墙和闸底分离时，或根本未设闸底板的情况下，需进行抗倾稳定验算。另外，对于以抗倾稳定为控制条件的衬砌式、混合式结构，或不控制三分点的导航、靠船结构，均需进行抗倾稳定验算。

抗倾稳定安全系数的计算公式为：

$$K_0 = \frac{M_R}{M_0} \tag{3-10}$$

式中：K_0——抗倾稳定安全系数，取值见表 3-4；

M_R——对计算截面前趾的稳定力矩之和，kN·m，其中包括浮托力产生的力矩；

M_0——对计算截面前趾的倾覆力矩之和，kN·m，其中包括渗透压力产生的力矩。

表 3-4　抗倾稳定安全系数 K_f

水工建筑物级别		1	2、3	4、5
荷载组合	基本组合①	≥1.6	≥1.5	≥1.4
	基本组合②	≥1.5	≥1.4	≥1.3
	特殊组合①	≥1.5	≥1.4	≥1.3
	特殊组合②	≥1.4	≥1.3	≥1.2

3. 抗浮稳定验算

对于轻型结构或分离式底板需进行抗浮稳定验算。

抗浮稳定安全系数的计算公式为：

$$K_f = \frac{V}{U} \tag{3-11}$$

式中：K_f——抗浮稳定安全系数，取值见表 3-5；

V——向下的垂直力总和，kN；

U——扬压力总和，kN。

在岩基上设置底板时，采用设锚筋的方法来保证抗浮稳定比较经济；在土基上则往往将底板与闸墙接缝处做成楔口，利用闸墙的重量以保证底板的稳定。

表 3-5　抗浮稳定安全系数 K_f

水工建筑物级别	安全系数
1、2	≥1.1
3、4、5	≥1.05

4. 地基应力计算

船闸结构一般是靠自身重量维持稳定的大体积混凝土或砌石结构，其高度一般不大，而断面的刚度较大，受力后地基反力和截面应力基本上按直线分布，通常可不必采用弹性理论的精确方法进行计算。

地基应力按偏心受压公式计算，计算公式如下：

$$\sigma_{\min}^{\max}=\frac{\sum V}{B}\left(1\pm\frac{6e}{B}\right) \tag{3-10}$$

其中
$$e=\frac{B}{2}-\xi$$

式中：$\sum V$——作用于结构上全部垂直力的总和，kN；

B——结构底部宽度，m；

e——结构底面合力作用点的偏心距，m；

ξ——合力作用点距前趾的距离，m。

土基上船闸结构的地基应力，按结构底面的等效面积中心受压公式进行计算。为保证闸墙止水的正常工作和防止出现过大的不均匀沉降，地基应力的分布应尽量均匀。土基上的闸首结构，应控制地基应力的不均匀性，其最大应力与最小应力值之比，砂性地基不应大于 5.0，黏性地基不应大于 3.0。土基上的分离式闸墙结构，地基不得出现拉应力。当地基不均匀沉降量较大时应适当控制地基最大应力与最小应力的比值。

在岩基上一般控制最小应力，不允许出现拉应力，我国大部分岩基上的船闸均按此控制。也有少数在水头较小、施工质量较可靠的情况下允许出现不大的拉应力，如四川省崇刊船闸出现 0.08 MPa 拉应力，湖南省少数船闸控制 0.05 MPa 拉应力。目前，现行《船闸水工建筑物设计规范》(JTJ 307—2001)规定岩基上分离式船闸结构地基反力的最小值 $\sigma_{\min}$ 应大于零。在施工期或检修期背水面可以出现不大于 0.1 MPa 的拉应力。美国陆军工程师兵团《工程师手册》中规定，对于所有正常运用的荷载，其合力作用点应位于闸底三分点以内；对检修情况，合力可以超过三分点外，但应在四分点内，且不能超过地基允许压应力。

5. 船闸结构强度验算

船闸结构的强度计算方法主要有两大类，将空间问题简化为平面的解析计算法和三维有限单元分析计算法，当前船闸结构计算分析仍以规范法为主，即通过假设和简化，将空间问题转化为平面问题，采用材料力学和结构力学的方法进行验算。但是在很多结构复杂的船闸结构中，平面框架计算方法难以反映截面突变、刚度变化等三维空间因素对结构力学性能的影响，无法准确描述关键部位的应力状态和变形情况。随着计算机科学技术的进步，有限元法作为一种有效的数值分析方法，广泛地应用于土木、机械等诸多领域，利用计算机来对船闸结构进行有限元分析已成为现代船闸结构设计的主流。

船闸的砌石结构不宜出现拉应力。大型船闸的混凝土结构挡水前沿不应出现拉应力，背水面可以出现不大于 0.05 MPa 的拉应力。

五、对建筑材料的要求

（一）结构材料

船闸结构所采用的材料主要是混凝土和砌石圬工，而混凝土和砌石圬工又主要依靠胶结材料将其胶结为整体。砌体强度与胶结材料的性能有关，因此合理地选择胶结材料，对于保证结构安全、节省水泥、降低工程造价，都有重要意义。

根据船闸结构类型、使用部位采用不同强度等级的水泥砂浆。一般当船闸承受的水头较高或采用拱形结构的砌体，要求强度较高，迎水面和溢流面等部位均应采用较高的强度等级，其他部位则可采用较低的强度等级。

《船闸水工建筑物设计规范》(JTJ 307—2001)规定船闸混凝土结构除应满足强度和限裂要求外，尚应根据所在部位的工作条件、地区气候和环境等情况满足下列要求：

(1) 船闸混凝土结构的混凝土强度等级不宜低于 C20，砌石结构和填心的石材强度等级不应低于 MU30，水泥砂浆强度等级不应低于 M10。

(2) 混凝土结构的抗渗和抗冻等要求，应按现行行业标准《水工混凝土结构设计规范》(SL 191—2008)的有关规定执行。

(3) 对有抗冲刷或抗磨等耐久性要求的船闸结构材料应进行专门研究。

(4) 船闸结构的混凝土材料和构造、结构计算应按现行行业标准《水工混凝土结构设计规范》(SL 191—2008)的有关规定执行。

（二）回填料

墙后回填料的技术性能，对作用于墙上的荷载、墙身沉降、排水条件及结构应力应变关系极大。如采用粗粒料和砂性土回填，能减小墙后土压力，降低墙后地下水位，在填筑后沉降能较迅速地达到稳定，减少闸墙的负摩擦力等。而采用黏性土回填，由于低的抗剪强度将导致大的土压力，且沉降缓慢，在含水量增加时，黏性土还可能有膨胀的趋势，对闸墙产生较大的土压力，以致可能导致墙身的倾斜和破坏。

另外，回填土的密实程度也直接影响着土的固结度、抗渗、抗剪和抗压强度等性能，而密实度大的土料各种性能均较好。

《船闸水工建筑物设计规范》(JTJ 307—2001)规定砌体石材应采用质地均匀、无裂纹、无风化的石块，且质量不宜小于 30 kg。船闸结构的回填料宜采用粗砂、中砂或其他粗粒料，也可根据实际情况，因地制宜，经技术经济比较后采用其他填料。

实践证明，船闸墙后采用粗粒料回填较为有利。

第二节　地　基

船闸地基设计应根据工程地质条件、建筑物结构形式、材料和施工条件等因素进行。船闸应修建在具有足够强度和稳定性的地基上，其地基设计主要包括地基承载力、地基稳定、地基沉降和地基处理等。为妥善进行地基设计工作，对地基中存在有影响船闸建筑物安全的断层、软弱夹层、倾斜岩面、岩溶、滑坡体、被掩埋的古河道、古冲沟等，均需勘察清楚。

地基设计所需的主要资料有：

(1) 由建筑物的大小和类别所决定的一定深度内地层情况的详细描述；

(2) 基岩顶面的埋深和岩石的性质，诸如岩性、走向、倾角、节理间距和层理面、断层的存在和风化程度等；

(3) 土壤和岩石的物理力学性质，诸如渗透性、压缩性和抗剪强度等；

(4) 地下水部位和深度，有无承压水等。

土基的抗剪强度指标可根据地质条件和工程实际情况选用快剪、固结快剪、十字板剪或有效剪测定。

过去船闸设计采用较多的是快剪，快剪试验方法比较简单，需时较少，试验成果容易取得，但其主要缺点在于试验过程中试样将会产生不同程度的排水固结，而这种排水固结程度受到土性、仪器以及人为因素影响较大，试验成果可靠度低，有时甚至可能出现与实际土层情况不符的试验结果，其试验成果显得分散，难以使用。固结快剪是在垂直压力下固结后再进行剪切的，试验条件明确，成果分散性小，易于使用。但由于船闸地基一般为天然地基，差异性较大，具体运用时视地基性质及在建筑物作用下的固结条件，采用快剪或采用固结快剪。一般砂性土采用快剪其结果接近于固结快剪，而黏性土宜进行固结快剪、无侧限抗压强度或三轴剪切试验，不宜采用直剪快剪试验方法。

岩基的抗剪摩擦系数、抗剪断摩擦系数、抗剪断黏聚力的取值，一般也须经试验确定。抗剪断摩擦系数、抗剪摩黏聚力值应根据野外试验和室内试验的峰值的小值的平均值，或参照类似工程，经地质、试验及设计人员共同分析研究确定。抗剪摩擦系数值须根据野外试验的屈服极限值(塑性破坏型)或比例极限值(脆性破坏型)以及室内试验成果,并由地质、试验及设计人员共同商定。

土基和岩基的抗剪强度指标是设计结构物安全的关键数据,必须采取认真慎重的态度加以对待。在有些船闸的设计中,因具体条件限制或因重视程度不够,有的根本未进行试验,仅参考有关工程或书籍,由于大多数是中小型工程,闸墙较矮,影响不明显。对于墙高在 15 m 以上的船闸结构,不论是土基还是岩基,若无条件进行室外试验,其室内试验必须进行,并参照类似工程的数据选用。

船闸地基需具有足够的强度和稳定性,主要表现在地基有足够的基础埋置深度、容许的沉降量和防止破坏的安全度。基础合适的埋置深度,须考虑土的冻结深度、季节性冻土的体积变化影响及排除持力层土壤被水流的掏挖等。容许沉降量,是为了防止由于地基不均匀沉降而引起上部结构开裂和倾斜过大。防止破坏的安全度是涉及基础的破坏类型和持力层的承载力破坏。当天然地基不能满足强度和稳定要求时,则应根据具体情况进行专门的地基处理。

关于地基的土质分类可参照有关规范和标准确定。

一、地基承载力验算

基础承载力破坏通常表现为支承基础的土体产生剪切破坏,一般有三种破坏模式,即整体剪切破坏、局部剪切破坏和刺入剪切破坏。而在特定的几何形状和荷载条件下,地基的破坏模式又取决于土体的相对压缩性。如果土体是不能压缩的,并有一定的抗剪强度,它将产生整体剪切破坏;如果具有一定强度的土体是高压缩性的,则将产生刺入剪切破坏。另外,与基础的埋入深度也有关系。虽然对破坏模式之间的差别比较清楚,但是目前仍不能用准确的方法来确定各种基础破坏模式和其相应的承载能力,因此地基承载力的计算,也只能对比不可压缩土的整体剪切破坏模式从理论上预估其极限荷载。而对于可压缩的土,实践中还相当普遍地采用刚—塑体的现有解答,并附以对压缩性影响所做的修正。

地基承载力不仅与作用力的合力偏心距有关,而且与合力的倾斜率、地基形状有关。据有关试验资料表明,在砾砂地基上,在中心竖直荷载作用下地基破坏荷载为 1 940 kN;在竖直荷载偏心为基础边长的 1/6 时,其破坏荷载为 1 291 kN;荷载中心作用与垂线倾斜 20°时,破坏荷载为 1 101 kN;当荷载既偏心又倾斜时,其破坏荷载仅为 776 kN。可见,荷载倾斜对地基承载力影响较大。船闸结构由于承受土压力、水压力、系船力、靠船力等较大水平荷载的作用,在基底面的合力,绝大多数为偏心倾斜荷载,因此,计算地基承载力时,必须计入合力的偏心距和倾斜率的影响。

基底面合力的倾斜率计算公式为:

$$\tan\alpha = \frac{\sum H}{\sum V} \tag{3-13}$$

式中：α——基底面以上合力作用线与垂线间的夹角，(°)；

$\sum H$——作用于基底面以上的水平力总和，kN；

$\sum V$——作用于基底面以上的垂直力总和，kN。

当作用于基础底面的合力为偏心时，应根据偏心距将基础底面积或宽度换算为中心受荷的有效面积或有效宽度。当基础面形状为矩形、条形以外的其他形状时，可按下列原则化为相当矩形：

（1）基础底面的重心不变；

（2）两个主轴的方向不变；

（3）面积相等；

（4）长宽比大致一样。

矩形基础的有效面积、有效宽度和有效长度可按下列公式计算：

$$\left.\begin{aligned} A_e &= B_{re} L_{re} \\ B_{re} &= B_{rl} - 2e_B \\ L_{re} &= L_{rl} - 2e_L \end{aligned}\right\} \tag{3-14}$$

式中：A_e——基础的有效面积，m^2；

B_{re}——基础的有效宽度，m；

L_{re}——基础的有效长度，m；

B_{rl}——为矩形基础底面处的实际受压宽度；应根据基底合力作用点到基础前趾的距离，按现行行业标准《重力式码头设计与施工规范》(JTS 167—2—2009)的有关规定确定，m；

L_{rl}——为矩形基础底面处的实际受压长度；应根据基底合力作用点到基础前趾的距离，按现行行业标准《重力式码头设计与施工规范》(JTS 167—2—2009)的有关规定确定，m；

e_B——矩形基础结构底面处的合力在 B_{rl} 方向上的偏心距，m；

e_L——矩形基础结构底面处的合力在 L_{rl} 方向上的偏心距，m。

条形基础底面，当实际受压长度 L_{rl} 与实际受压宽度 B_{rl} 之比不小于 10 时，条形基础底面处的有效受压宽度应按下式计算：

$$B_e = B_l - 2e \tag{3-15}$$

式中：B_e——条形基础底面处的有效受压宽度，m；

B_l——为条形基础底面实际受压宽度，按现行行业标准《重力式码头设计与施

工规范》(JTS 167—2—2009)的有关规定确定,m;

e——为条形基础底面合力作用点的偏心距,按现行行业标准《重力式码头设计与施工规范》(JTS 167—2—2009)的有关规定确定,m。

验算地基承载力,一般采用查表法或计算法,对于重要建筑物还应进行野外荷载试验。查表法是建立在一定试验基础上的,能同时满足地基稳定和变形的条件,而且计算方法简便,其表已列于《船闸水工建筑物设计规范》(JTJ 307—2001)的附录D中。

计算法是建立在一定理论基础上的,它考虑了基础形状、埋置深度、荷载偏心和倾斜、基底和地面倾斜、土的压缩性及成层土等因素,适用面广,特别适用于水工建筑物地基。计算法是按极限承载力公式进行计算的,目前主要有四种极限承载力公式,这些公式都是采用假定的滑动面方法,并根据塑性体的静力平衡条件分别计算,是黏聚力 c、超载 q 和填土容重 γ 等所构成的承载力总和。

四种极限承载力公式为:迈耶霍夫法、太沙基法、魏西克法和汉森法。但由于四种方法对基底面的粗糙程度和滑动面大小、形状等作了不同的假定,致使所求得的承载力值有明显的差别,其中,按迈耶霍夫法计算的极限承载力值最大,太沙基法和魏西克法所得的结果次之,汉森法所得的结果最小。

迈耶霍夫法由于考虑了基础两侧的超载土的抗剪强度的影响,在理论上较为合理,但计算时必须通过试算和作图,较为复杂。太沙基法仅适用于中心荷载,对船闸地基不太适用。对于局部剪切破坏的情况,太沙基法建议用降低强度指标的办法加以修正。汉森法对中心荷载的极限承载力计算公式进行了修正,使其适用于中心倾斜荷载,并对强度指标相差不太悬殊的成层土提出了近似的计算方法,而对于水工建筑物常遇到的压缩性大的软土地基以及强度相差悬殊的成层土可能产生的局部剪切破坏的极限承载力尚未能提出计算公式,因而汉森法的应用受到了限制。魏西克法,是在前述方法的基础上,对中心荷载的极限承载力进行了更为全面的修正,使其适用于中心倾斜荷载,另外提出了用刚度指标判别地基的破坏形式,还引入了压缩影响系数,以考虑局部剪切破坏对地基承载力的影响,并对双层地基各种情况承载力的计算提出了较为合理的计算方法。因此,用魏西克法计算水工建筑物地基极限承载力是比较合适的。江苏省在设计船闸和水闸地基时,常用塑性开展法验算地基的稳定性,经数十年的实践考验,也是一种简单可行的方法。

(一) 计算法 I(魏西克法)

1. 地基极限承载力

可按式(3-16)计算,即

$$q_0 = cN_c s_c d_c i_c g_c b_c \xi_c + qN_q s_q d_q i_q g_q b_q \xi_q + \frac{1}{2}\gamma D N_r s_r d_r i_r g_r b_r \xi_r \tag{3-16}$$

式中：　c——地基土的黏聚力，kPa；

q——基础两侧土的超载，kPa，$q=\gamma \cdot D$；

D——基础的埋置深度，m；

γ——土的容重，水下用浮容重，kN/m^3；

N_c、N_q、N_r——承载力系数；

s_c、s_q、s_r——基础形状系数；

d_c、d_q、d_r——基础深度系数；

i_c、i_q、i_r——荷载倾斜系数；

g_c、g_q、g_r——地面倾斜系数；

b_c、b_q、b_r——基底倾斜系数；

ξ_c、ξ_q、ξ_r——压缩影响系数。

表 3-6　承载力系数 N_c、N_q、N_r

φ(°)	N_c	N_q	N_r	φ(°)	N_c	N_q	N_r
0	5.14	1.00	0.00	26	22.25	11.85	12.54
1	5.38	1.09	0.07	27	23.94	13.20	14.47
2	5.63	1.20	0.15	28	25.80	14.72	16.72
3	5.90	1.31	0.24	29	27.86	16.44	19.34
4	6.19	1.43	0.34	30	30.14	18.40	22.40
5	6.49	1.57	0.45	31	32.67	20.63	25.90
6	6.81	1.72	0.57	32	35.49	23.18	30.22
7	7.10	1.89	0.71	33	38.64	26.09	35.19
8	7.53	2.06	0.86	34	42.16	29.44	41.06
9	7.92	2.25	1.03	35	46.12	33.30	48.03
10	8.35	2.47	1.22	36	50.59	37.75	56.31
11	8.80	2.71	1.44	37	55.63	42.92	66.19
12	9.28	2.97	1.69	38	61.35	48.93	78.03
13	9.81	3.26	1.97	39	67.87	55.96	92.25
14	10.37	3.59	2.29	40	75.31	64.20	109.41
15	10.98	3.94	2.65	41	83.86	73.90	130.22
16	11.63	4.34	3.06	42	93.71	85.38	155.55
17	12.34	4.77	3.53	43	105.11	99.02	186.54

续表

φ(°)	N_c	N_q	N_r	φ(°)	N_c	N_q	N_r
18	13.10	5.26	4.07	44	118.37	115.31	224.64
19	13.93	5.80	4.68	45	133.88	134.88	271.76
20	14.83	6.40	5.39	46	152.10	158.51	330.35
21	15.82	7.07	6.20	47	173.62	187.21	403.67
22	16.88	7.82	7.13	48	199.26	222.31	496.01
23	18.05	8.66	8.20	49	229.93	265.51	613.16
24	19.32	9.60	9.44	50	266.89	319.07	762.89
25	20.72	10.66	10.88				

2. 浅基础的承载力系数

计算公式为：

$$N_c = (N_q - 1)\cot\varphi \tag{3-17}$$

$$N_q = e^{\pi tg\varphi}\tan^2(45° + \varphi/2) \tag{3-18}$$

$$N_r = 2(N_q + 1)\tan\varphi \tag{3-19}$$

式中：φ——地基土的内摩擦角，(°)；

N_c，N_q，N_r 值可通过查表 3-6 获得。

当基础放在 $\varphi=0°$的倾斜地面上时，其 N_r 的计算式为：

$$N_r = -2\sin\beta \tag{3-20}$$

式中：β——地面与水平面的夹角，应满足 $\beta<45°$和 $\beta<\varphi$ 的条件。

3. 基础形状系数

视土的内摩擦角 φ 和基础的形状而定，可按表 3-7 取值。

表 3-7　基础形状系数

基础形状	S_c	S_q	S_r
条形	1.0	1.0	1.0
长方形	$1+\left(\frac{B}{L}\right)\left(\frac{N_q}{N_c}\right)$	$1+\left(\frac{B}{L}\right)\tan\varphi$	$1-0.4\left(\frac{B}{L}\right)$
圆形、方形	$1+\left(\frac{N_q}{N_c}\right)$	$1+\tan\varphi$	0.6

注：B 为基础宽度，m；L 为基础长度，m。

4. 深度系数

计算公式为：

$$d_q=\begin{cases}1+2\tan\varphi(1-\sin\varphi)^2(D/B) & D\leqslant B\\1+2\tan\varphi(1-\sin\varphi)^2\arctan(D/B) & D>B\end{cases}\tag{3-21}$$

$$d_c=\begin{cases}1+0.4(D/B) & (\varphi=0^\circ)\quad D\leqslant B\\1+0.4\arctan(D/B) & (\varphi=0^\circ)\quad D>B\\d_q-\dfrac{1-d_q}{N_c\tan\varphi} & (\varphi=0^\circ)\end{cases}\tag{3-22}$$

$$d_r=1\tag{3-23}$$

在浅基础设计时，可不计深度系数修正。

5. 荷载倾斜系数

首先应满足下述条件

$$H_{\max}\leqslant c_aA'+V\tan\delta\tag{3-24}$$

式中：$H_{\max}$——作用在基础底面上的最大水平分力，kN；

A'——基础底面的有效面积，m^2；

V——作用于基础底面上的垂直分力，kN；

c_a——基础底面与土之间的黏聚力，其值等于不排水剪强度，kPa；

δ——基础底面与土体之间的摩擦角，(°)。

在满足上述条件情况下按下式计算：

$$i_q=\left(1-\frac{H}{V+cB'L'\cot\varphi}\right)^m\tag{3-25}$$

$$i_c=\begin{cases}1-\dfrac{mH}{B'L'cN_c} & (\varphi=0^\circ)\\i_q-\dfrac{1-i_q}{N_c\tan\varphi} & (\varphi>0^\circ)\end{cases}\tag{3-26}$$

$$i_r=\left(1-\frac{H}{V+cB'L'\cot\varphi}\right)^{m+1}\tag{3-27}$$

式中：B'——为基础的有效宽度，$B'=B-2e_B$，m；

L'——为基础的有效长度，$L'=L-2e_L$，m；

H——作用于基底上的水平分力，kN；

V——作用于基底上的垂直分力，kN；

m——系数。

系数 m 的计算方法如下：

当荷载在短边方向倾斜时 $m_B = \frac{2+B/L}{1+B/L}$

当荷载在长边方向倾斜时 $m_L = \frac{2+L/B}{1+L/B}$

对条形基础 $m=2$

若荷载在任意方向倾斜时，则按式(3-28)计算，即

$$m_R = m_L \cos^2\theta_R + m_B \sin^2\theta_R \tag{3-28}$$

式中：θ_R——荷载在任意方向的倾斜角，(°)。

6. 地面倾斜系数计算公式为：

$$g_q = g_r = (1-\tan\beta)^2 \tag{3-29}$$

$$g_c = \begin{cases} 1-\left(\dfrac{2\beta}{2+\pi}\right) & (\varphi = 0°) \\ g_q - \left(\dfrac{1-g_q}{N_c \tan\varphi}\right) & (\varphi > 0°) \end{cases} \tag{3-30}$$

式中：β 为地面与水平面的夹角，应满足 $\beta<45°$ 的条件。

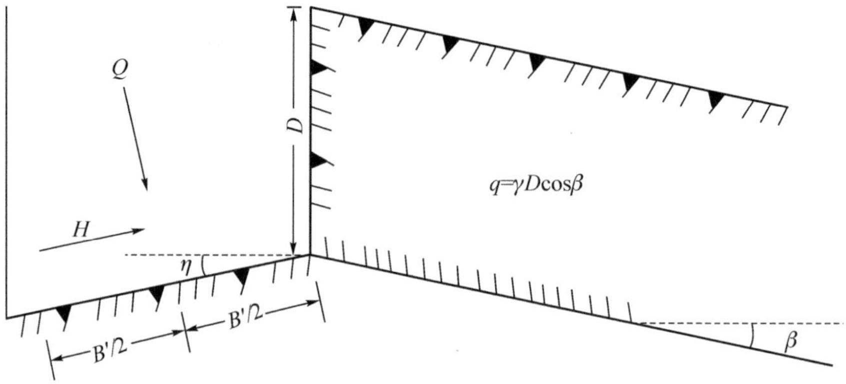

图 3-2 基础底面和地面倾斜情况

7. 基底倾斜系数

计算公式为：

$$b_q = b_r = (1-\eta \cdot \tan\varphi)^2 \tag{3-31}$$

$$b_c = \begin{cases} 1-\left(\dfrac{2\eta}{2+\pi}\right) & (\varphi = 0°) \\ b_q - \left(\dfrac{1-b_c}{N_c \tan\varphi}\right) & (\varphi > 0°) \end{cases} \tag{3-32}$$

式中：η 为基底与水平面的倾角，应满足 $\eta<45°$ 的条件，并使 $\eta<\varphi$。

8. 土的刚度指标

当土的刚度指标 I_r 大于土的临界刚度 $[I_r]_{cr}$ 时，土的压缩性影响系数 $\xi_q=\xi_c=\xi_r=1$，即可不考虑土的压缩性影响，刚度 I_r 的计算公式为：

$$I_r = \frac{E}{2(1+\mu)(c+q\tan\varphi)} \tag{3-33}$$

式中：E——土的变形模量，MPa；

μ——土的泊松比；

c——土的黏聚力，MPa；

q——基底下 $B/2$ 深度处的单位面积土重，MPa。

临界刚度 $[I_r]_{cr}$ 的计算式为：

$$[I_r]_{cr} = \frac{1}{2}e^{[(3.3-0.45B/L)\cot(45°-\varphi/2)]} \tag{3-34}$$

临界刚度 $[I_r]_{cr}$ 也可查表 3-8。

表 3-8　临界刚度指标 $[I_r]_{cr}$

φ(°)	$B/L=0$	$B/L=1$	φ(°)	$B/L=0$	$B/L=1$
0	13	8	30	152	70
5	18	11	35	283	120
10	25	15	40	592	225
15	37	20	45	1 442	486
20	55	30	50	4 330	1 258
25	89	44			

当 $I_r<[I_r]_{cr}$ 时，土的压缩性影响系数 ξ_c，ξ_q，ξ_r 的计算公式为：

$$\xi_q = \xi_r = e^{\{[(-4.4+0.6B/L)\tan\varphi]+[(3.07\sin\varphi)(\lg 2Ir)/(1+\sin\varphi)]\}} \tag{3-35}$$

$$\xi_c = \xi_q - \frac{1-\xi_q}{N_c\tan\varphi} \tag{3-36}$$

当 $\varphi=0$ 时

$$\xi_c = 0.32 + 0.12B/L + 0.6\lg I_r \tag{3-37}$$

压缩系数也可查表 3-9、表 3-10。

表 3-9 压缩影响系数 ξ_q

I_r	1	2.5	5	10	25	50	100	250	500
$B/L=1$ 方形									
0	1.000	1.000	1.000	1.039	1.000	1.000	1.000	1.000	1.000
5	0.772	0.852	0.917	0.985	1.090	1.000	1.000	1.000	1.000
10	0.587	0.703	0.906	0.924	1.107	1.000	1.000	1.000	1.000
15	0.437	0.562	0.679	0.821	1.056	1.000	1.000	1.000	1.000
20	0.317	0.433	0.548	0.694	0.948	1.199	1.000	1.000	1.000
25	0.224	0.322	0.423	0.557	0.801	1.054	1.000	1.000	1.000
30	0.152	0.228	0.310	0.422	0.634	0.863	1.175	1.000	1.000
35	0.098	0.153	0.214	0.300	0.468	0.655	0.918	1.433	1.000
40	0.059	0.096	0.137	0.197	0.317	0.456	0.654	1.055	1.000
45	0.033	0.054	0.080	0.117	0.194	0.284	0.417	0.692	1.015
50	0.016	0.027	0.041	0.061	0.104	0.155	0.231	0.393	0.587
$B/L=0$ 条形									
0	1.000	1.000	1.000	1.000	1.000	1.000	1.000	1.000	1.000
5	0.733	0.808	0.870	0.937	1.034	1.000	1.000	1.000	1.000
10	0.528	0.632	0.725	0.831	0.996	1.142	1.000	1.000	1.000
15	0.372	0.478	0.578	0.699	0.899	1.087	1.000	1.000	1.000
20	0.255	0.348	0.441	0.568	0.762	0.964	1.220	1.000	1.000
25	0.169	0.243	0.320	0.421	0.605	0.796	1.048	1.000	1.000
30	0.107	0.161	0.219	0.299	0.449	0.610	0.831	1.248	1.000
35	0.064	0.100	0.141	0.197	0.307	0.431	0.603	0.941	1.318
40	0.036	0.058	0.083	0.114	0.192	0.275	0.395	0.638	0.916
45	0.018	0.030	0.044	0.064	0.107	0.156	0.229	0.380	0.557
50	0.008	0.013	0.020	0.030	0.051	0.076	0.113	0.192	0.287

表 3-10 压缩影响系数 ξ_c ($\varphi=0°$)

I_r	1	2.5	5	10	25	50	100	250
1	0.440	0.679	0.859	1.039	1.000	1.000	1.000	1.000
0	0.320	0.559	0.739	0.919	1.157	1.000	1.000	1.000

9. 地基极限承载力

若受力层由多层土组成，各层土的抗剪强度相差不大，可用土层厚度加权平均抗剪强度计算的指标和平均容重代入公式(3－16)，计算地基极限承载力的垂直分力。

加权平均时，受力层的最大深度 $Z_{\max}$(m)可按式(3－38)估算，即

$$Z_{\max} = \lambda B_e \qquad (3-38)$$

式中：λ——系数，根据假定的平均内摩擦角 $\bar{\varphi}$ 和合力倾斜率 $\tan\alpha$ 查表 3－11。

表 3－11　系数 λ 取值

$\tan\alpha$	$\bar{\varphi}$		
	≤20°	21°～35°	36°～45°
≤0.20	0.6	1.2	2.0
0.21～0.30	0.4	0.9	1.6
0.31～0.40	0.2	0.6	1.2

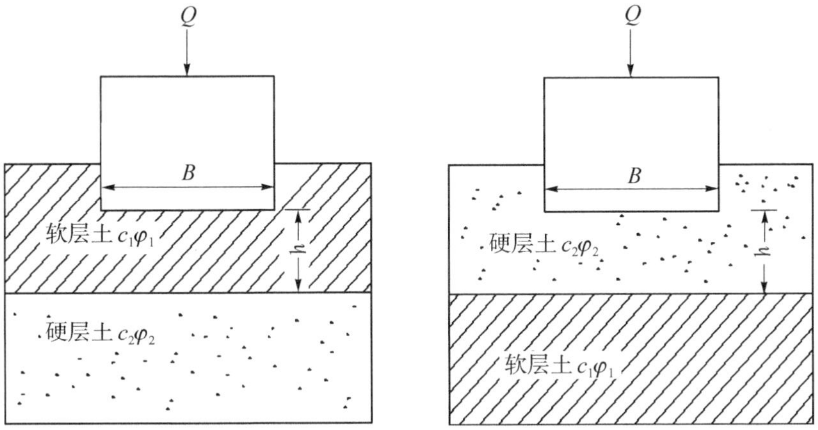

图 3－3　双层土情况

当受力层由两层土组成时(见图 3－3)，可按下列不同情况计算：

(1) 对于采用不排水剪强度情况，地基的极限承载力计算公式为：

$$q_0 = c_1 N_m + T \qquad (3-39)$$

式中：q_0——地基的极限承载力，kPa；

q——基础两侧土的超载，kPa；

N_m——考虑成层土影响的修正承载力系数；

c_1——上层土(持力层)的不排水剪强度指标，kPa。

当 $c_1 < c_2$(c_2 为下层土的不排水剪强度指标)时，N_m 按式(3－40)计算，即

$$N_m=\frac{kN_c^*(N_c^*+\beta-1)[(k+1)N_c^{*2}+(1+k\beta)N_c^*+\beta-1]}{[k(k+1)N_c^*+k+\beta-1][(N_c^*+\beta)N_c^*+\beta-1]-(kN_c^*+\beta-1)(N_c^*+1)} \tag{3-40}$$

式中：$k=c_2/c_1$；

$\beta=BL/2(B+L)H$——基脚的刺入指标；

$N_c^*=s_cN_c$——经过形状系数 s_c 修正后的承载力系数。

N_m 亦可查表 3-12。

当 $c_1>c_2$（即第一层土较坚硬）时，N_m 按式(3-41)计算，即

$$N_m=\frac{1}{\beta}+ks_cN_c \tag{3-41}$$

(2) 当上层为有限厚度的砂土层，下层为具有 c、φ 的软土层时，极限承载力的计算公式为：

$$q_0=q_0''/\left\{1-2(H/B)\tan\varphi(1+\sin\varphi)\mathrm{e}^{\left[-\left(\frac{\pi}{4}-\frac{\varphi}{2}\right)\tan\varphi\right]}\right\} \tag{3-42}$$

式中：H——上层（持力层）土层的厚度，m；

B——基础底宽，m；

φ——上层土的内摩擦角，(°)；

q_0''——假设将基底放在软土层（即下层）上时的虚拟极限承载力，kPa。

当 $H/B>3.5$ 时，下层土的影响可以忽略不计。

(3) 当上层为强度高的硬黏土层（抗剪强度指标为 c_1、φ_1），而下层为强度低的软黏土层（抗剪强度指标为 c_2、φ_2）时，极限承载力的计算公式为：

$$q_0=[q_0''+(1/k_1)c_1\cot\varphi]\mathrm{e}^{(2(1+B/L))k_1\tan\varphi_1(H/B))}-(1/k)c_1\cot\varphi_1 \tag{3-43}$$

式中：$k_1=(1-\sin^2\varphi_1)/(1+\sin^2\varphi_2)$；其余符号同前。

当上层为无黏性土（$c_1=0$），而 $25°<\varphi_1<50°$ 时，上式可简化为：

$$q_0=q_0''\mathrm{e}^{\{0.67+[1+(B/L)](H/B)\}} \tag{3-44}$$

(4) 下层土对承载力有无影响，可用临界深度 H_{cr} 判别

$$H_{cr}=1.5B\frac{\ln(q_0'/q_0'')}{1+(B/L)} \tag{3-45}$$

式中：H_{cr}——临界深度，m；

q_0'——将基础放在上层为无限体时的极限承载力，kPa；其余符号同前。

当实际上层土深度 h（基础底面至第二层土顶面距离）小于临界深度时，则下层土对承载力有影响，须按双层土承载力公式计算；当 $h>H_{cr}$ 时，则下层土对承载力无

影响，可按均质土计算极限承载力。

10. 地基承载力的安全系数

计算公式为：

$$K \geqslant \frac{F_k}{V_d} \tag{3-46}$$

式中：K——地基承载力的安全系数，应取 2.0～3.0，1 级建筑物取 3.0；2～5 级建筑物，以黏性土为主的地基取高值，以砂性土为主的地基取低值；

F_k——地基极限承载力的竖向分力，kN；

V_d——作用于结构底面或基础底面上的竖向合力，kN。

表 3-12　修正的承载力系数 N_m（$c_1 < c_2$）

长方形基脚（$L/B \leqslant 5$）							
c_2/c_1	B/h						
	2	4	6	8	10	20	∞
1.00	5.14	5.14	5.14	5.14	5.14	5.14	5.14
1.50	5.14	5.31	5.45	5.59	5.70	6.14	7.71
2.00	5.14	5.43	5.69	5.92	6.13	6.95	10.28
3.00	5.14	5.59	6.00	6.38	6.74	8.16	15.42
4.00	5.14	5.69	6.21	6.69	7.14	9.02	20.56
5.00	5.14	5.76	6.25	6.9	7.42	9.66	26.70
10.00	5.14	5.93	6.69	7.43	8.14	11.40	51.40
∞	5.14	5.14	7.14	8.14	9.14	14.14	∞
方形或圆形基脚（$L/B=1$）							
c_2/c_1	B/h						
	4	8	12	16	20	40	∞
1.00	6.17	6.17	6.17	6.17	6.17	6.17	6.17
1.50	6.17	6.34	6.49	6.63	6.76	7.25	9.26
2.00	6.17	6.46	6.73	6.98	7.20	8.10	12.34
3.00	6.17	6.63	7.05	7.45	7.82	9.36	18.51
4.00	6.17	6.73	7.26	7.75	8.23	10.24	24.65
5.00	6.17	6.80	7.40	7.97	8.51	10.86	30.85
10.00	6.17	6.96	7.74	8.49	9.22	12.58	61.70
∞	6.17	7.17	8.17	9.17	10.17	15.17	∞

（二）计算法Ⅱ（塑性展开区法）

用塑性展开区法验算地基稳定，一般以基础边缘垂线下深度为 1/3 基础宽度处作为塑性开展区的控制点。当塑性开展区控制点处的 φ_k 值、c_k 值均小于地基土体的 φ、c 值时，地基的承载力即可满足设计要求。φ_k、c_k 的计算公式为：

$$\left.\begin{aligned}\varphi_k &= \arcsin\frac{\sqrt{\left(\frac{\sigma_y-\sigma_x}{2}\right)^2+\tau_{xy}^2}}{\frac{\sigma_y+\sigma_x}{2}+\frac{c}{\tan\varphi}}\\ c_k &= \frac{\sqrt{\left(\frac{\sigma_y-\sigma_x}{2}\right)^2+\tau_{xy}^2}-\left(\frac{\sigma_y+\sigma_x}{2}\right)\sin\varphi}{\cos\varphi}\end{aligned}\right\} \tag{3-47}$$

式中：φ_k——地基内某点在计算荷载作用下达到极限平衡时必须的最小内摩擦角，(°)；

c_k——地基内某点在计算荷载作用下达到极限平衡时必须的最小黏聚力，kPa；

σ_y——地基内某点在计算荷载作用下的垂直正应力，kPa；

σ_x——地基内某点在计算荷载作用下的水平正应力，kPa；

τ_{xy}——地基内某点在计算荷载作用下相应于 σ_x、σ_y 的剪应力，kPa。

基础边缘垂线下深度为 1/3 基础宽度处在各种荷载作用下的应力系数列于下页表 3-13。

（三）计算法Ⅲ（规范推荐方法）

1. 矩形基础，当内摩擦角 $\varphi>0°$，合力作用线和垂线间的夹角 $\delta<\varphi$ 时，地基极限承载力的竖向分力计算公式如下：

$$F_k=\begin{cases}A_e\left[\frac{1}{2}\gamma B_{re}N_{rB}S_{rB}+q_kN_{qB}S_{qB}+cN_{cB}S_{cB}\right]\\ A_e\left[\frac{1}{2}\gamma L_{re}N_{rL}S_{rL}+q_kN_{qL}S_{qL}+cN_{cL}S_{cL}\right]\end{cases} \tag{3-48}$$

式中：F_k——地基极限承载力的竖直分力，kN；

A_e——基础有效面积，m^2；

γ——基础面以下土的重度，水下用浮重度，kN/m^3；

B_{re}——基础有效宽度，m；

L_{re}——基础有效长度，m；

q_k——基础面以上的边载，kPa；

c——土体的黏聚力，kPa；

N_{rB}、N_{qB}、N_{cB}——计算平行短边破坏时，地基处于极限平衡状态下的承载力系数；

表 3-13　基础边缘垂线下 $B/3$ 处的应力系数

荷载分布图		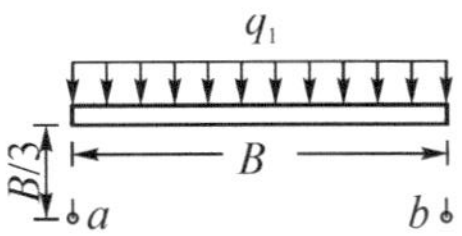		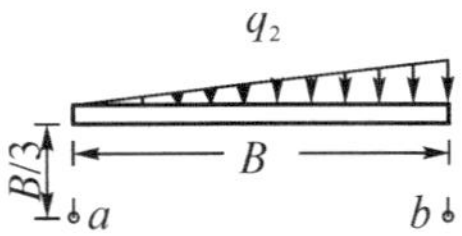		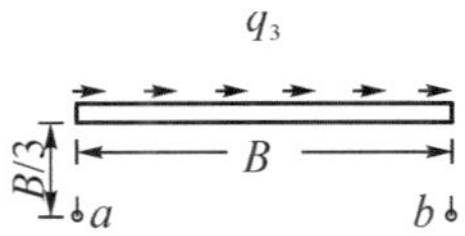		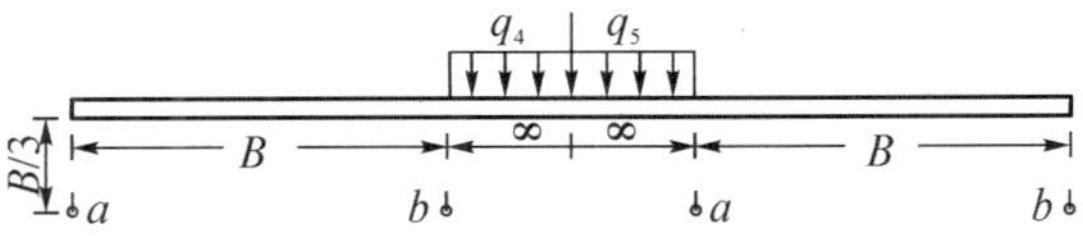			
应力计算式		$\sigma_y = K_y q_1$ $\sigma_x = K_x q_1$ $\tau_{xy} = K_r q_1$		$\sigma_y = K_y q_2$ $\sigma_x = K_x q_2$ $\tau_{xy} = K_r q_2$		$\sigma_y = K_y q_3$ $\sigma_x = K_x q_3$ $\tau_{xy} = K_r q_3$		$\sigma_y = K_y q_4$ $\sigma_x = K_x q_4$ $\tau_{xy} = K_r q_4$		$\sigma_y = K_y q_5$ $\sigma_x = K_x q_5$ $\tau_{xy} = K_r q_5$	
计算点		a	b	a	b	a	b	a	b	a	b
应力系数	K_y	+0.493	+0.493	+0.095	+0.389	−0.286	+0.286	+0.007	+0.500	+0.500	+0.007
	K_x	+0.302	+0.302	+0.148	+0.155	−0.499	+0.499	+0.197	+0.500	+0.500	+0.197
	K_r	+0.283	−0.283	+0.100	−0.186	−0.301	−0.301	+0.032	+0.318	−0.318	−0.032

N_{rL}、N_{qL}、N_{cL}——计算平行长边破坏时，地基处于极限平衡状态下的承载力系数；

S_{rB}、S_{qB}、S_{cB}——计算平行短边破坏时，与基础形状有关的形态系数；

S_{rL}、S_{qL}、S_{cL}——计算平行长边破坏时，与基础形状有关的形态系数。

上式中等号右边中括号内的三项计算结果，均应采用上、下两式各项对应比较的最小值。

(1) 承载力系数　承载力系数可以采用查表的方法或通过公式计算获得。

① 承载力安全系数 N_c 的计算公式：

$$N_c = \tan\varphi\left\{e^{\pi\tan\varphi}\tan^2\left(45^\circ+\frac{\varphi}{2}\right)\frac{1+\sin\varphi\sin(2\alpha-\varphi)}{1+\sin\varphi}e^{-(\frac{\pi}{2}+\varphi-2\alpha)\tan\varphi}-1\right\} \tag{3-49}$$

$$\tan\left(\alpha-\frac{\varphi}{2}\right)=\frac{\sqrt{1-(\tan\delta\cot\varphi)^2}-\tan\delta}{1+\dfrac{\tan\delta}{\sin\varphi}} \tag{3-50}$$

式中：N_c——承载力系数，计算平行短边破坏时，为 N_{cB}；计算平行长边破坏时，为 N_{cL}；

φ——内摩擦角，(°)；

α——基础以下土体达到极限平衡时，滑动土体起点处的滑动面与基础底面的夹角，(°)；

δ——计算平行短边破坏时，合力作用线在平行于长边的垂直面上的投影与垂线间的夹角；计算平行长边破坏时，合力作用线在平行于短边的垂面上的投影与垂线的夹角，(°)；

e——自然对数底。

② 承载力安全系数 N_q 的计算公式：

$$N_q = N_c\tan\varphi+1 \tag{3-51}$$

式中：N_q——承载力系数，计算平行短边破坏时，为 N_{qB}；计算平行长边破坏时，为 N_{qL}；

φ——内摩擦角，(°)；

N_c——承载力系数，计算平行短边破坏时，为 N_{cB}；计算平行长边破坏时，为 N_{cL}。

③ 承载力安全系数 N_r 的计算公式：

$$N_r = 1.25\{(N_q+0.28+\tan\delta)\tan[\varphi-0.72\delta(0.9455+0.55\tan\delta)]\}\times\left[1+\frac{1}{\sqrt{1+0.8[\tan\varphi-0.7(1-\tan\delta)]+\lambda(\tan\varphi-\tan\delta)}}\right] \tag{3-52}$$

式中：N_r——承载力系数，计算平行短边破坏时，为 N_{rB}；计算平行长边破坏时，

为 N_{rL}；

φ——内摩擦角，(°)；

N_q——承载力系数，计算平行短边破坏时，为 N_{qB}；计算平行长边破坏时，为 N_{qL}；

δ——计算平行短边破坏时，合力作用线在平行于长边的垂面上的投影与垂线间的夹角；计算平行长边破坏时，合力作用线在平行于短边的垂面上的投影与垂线的夹角，(°)；

λ——承载力因子，应按不同破坏方向分别计算。当平行短边破坏时，计算公式为：

$$\lambda = \frac{\gamma B_{re}}{c + q_k \tan\varphi} \tag{3-53}$$

当平行长边破坏时，计算公式为：

$$\lambda = \frac{\gamma L_{re}}{c + q_k \tan\varphi} \tag{3-54}$$

(2) 基础形状系数可按下列公式计算：

$$S_{rB} = 1 - \frac{B_{re}}{3L_{re}} \tag{3-55}$$

$$S_{rL} = 1 - \frac{B_{re}}{3L_{re}} \tag{3-56}$$

$$S_{qB} = 1 + \frac{B_{re}}{L_{re}}\sin\varphi \tag{3-57}$$

$$S_{qL} = 1 + \frac{L_{re}}{B_{re}}\sin\varphi \tag{3-58}$$

$$S_{cB} = 1 + \frac{B_{re}}{L_{re}}\sin\varphi \frac{N_q}{N_q - 1} \tag{3-59}$$

$$S_{cL} = 1 + \frac{L_{re}}{B_{re}}\sin\varphi \frac{N_q}{N_q - 1} \tag{3-60}$$

式中：S_{rB}、S_{qB}、S_{cB}——计算平行短边破坏时，与基础形状有关的形态系数；

S_{rL}、S_{qL}、S_{cL}——计算平行长边破坏时，与基础形状有关的形态系数；

φ——内摩擦角，(°)；

N_q——承载力系数，计算平行短边破坏时，为 N_{qB}；计算平行长边破坏时，为 N_{qL}；

B_{re}——基础有效宽度，m；

L_{re}——基础有效长度，m。

2. 矩形基础，当 $\varphi=0°$时，地基极限承载力的竖向分力计算公式如下：

$$F_k=\begin{cases}A_e[(\pi+2)S_u(1+S_{cB}+d_{cB}-i_{cB})+q_k]\\A_e[(\pi+2)S_u(1+S_{cL}+d_{cL}-i_{cL})+q_k]\end{cases}\tag{3-61}$$

式中：F_k——地基极限承载力的竖向分力，kN；

A_e——基础有效面积，m^2；

S_{cB}、S_{cL}——与基础形状有关的形状系数，分别为计算平行短边和计算平行长边破坏的形状系数；

d_{cB}、d_{cL}——与基础深度有关的深度系数，分别为计算平行短边和计算平行长边破坏的深度系数；

i_{cB}、i_{cL}——与合力倾斜有关的倾斜系数，分别为计算平行短边和计算平行长边破坏的倾斜系数；

S_u——地基土体的不排水抗剪强度，kPa；

q_k——基础底面以上的边荷载，kPa。

(1) 深度系数可按下列公式计算：

$$d_{cB}=0.4\frac{D}{B_{re}}\tag{3-62}$$

$$d_{cL}=0.4\frac{D}{L_{re}}\tag{3-63}$$

式中：d_{cB}、d_{cL}——与基础深度有关的深度系数，分别为计算平行短边和计算平行长边破坏的深度系数；

D——基础埋深，m；

B_{re}——基础有效宽度，m；

L_{re}——基础有效长度，m。

(2) 倾斜系数可按下列公式计算：

$$i_{cB}=0.5-0.5\sqrt{1-\frac{H_B}{A_eS_u}}\tag{3-64}$$

$$i_{cL}=0.5-0.5\sqrt{1-\frac{H_L}{A_eS_u}}\tag{3-65}$$

式中：i_{cB}、i_{cL}——与合力倾斜有关的倾斜系数，分别为计算平行短边和计算平行长边破坏的倾斜系数；

S_u——地基土体的不排水抗剪强度，kPa；

A_e——基础有效面积，m^2；

H_B——作用于基础底面上平行于基础短边的水平合力，kN；

H_L——作用于基础底面上平行于基础长边的水平合力，kN。

(3) 形状系数可按下列公式计算：

$$S_{cB}=0.2i_{cB}\frac{B_{re}}{L_{re}} \tag{3-66}$$

$$S_{cL}=0.2i_{cL}\frac{L_{re}}{B_{re}} \tag{3-67}$$

式中：S_{cB}、S_{cL}——与基础形状有关的形状系数，分别为计算平行短边和计算平行长边破坏的形状系数；

i_{cB}、i_{cL}——与合力倾斜有关的倾斜系数，分别为计算平行短边和计算平行长边破坏的倾斜系数；

B_{re}——基础有效宽度，m；

L_{re}——基础有效长度，m。

3. 条形基础地基承载力计算

(1) 当内摩擦角 $\varphi>0°$，合力作用线和垂线间的夹角 $\delta<\varphi$ 时，地基承载力的计算公式如下：

$$F_k=B_e\left(\frac{1}{2}\gamma B_e N_{rB}+cN_{cB}+q_k N_{qB}\right) \tag{3-68}$$

式中：F_k——地基极限承载力的竖向分力，kN；

B_e——基础有效宽度，m；

γ——土体的重度，kN/m^3；

N_{rB}——承载力系数，采用公式(3-53)计算 λ 时，用条形基础的有效受压宽度代替矩形基础有效宽度；

γ——土体的重度，kN/m^3；

N_{cB}、N_{qB}——承载力系数；

c——土体的黏聚力，kPa；

q_k——基础底面以上的边荷载，kPa。

(2) 当内摩擦角 $\varphi=0°$时，地基极限承载力的计算公式如下：

$$F_k=B_e[(\pi+2)S_u(1+d_{cB}-i_{cB})+q_k] \tag{3-69}$$

式中：F_k——地基极限承载力的竖向分力，kN；

B_e——基础有效宽度，m；

S_u——地基土体的不排水抗剪强度，kPa；

q_k——基础底面以上的边荷载，kPa。

d_{cB}——与埋深有关的深度系数，采用公式(3-62)计算时，用条形基础的有效宽度代替矩形基础有效宽度；

i_{cB}——与合力倾斜有关的倾斜系数，采用公式(3-64)计算时，用条形基础的单位长度与有效宽度的乘积代替有效面积 A_e。

二、土坡和地基的稳定性验算

欠压密、正常压密和压密比小于4的黏性土，土坡和条形基础的地基稳定验算，可按平面问题采用圆弧滑动面计算，计算简图如图3-4所示；当有软弱夹层或倾斜岩面等情况时，应采用非圆弧滑动面计算。

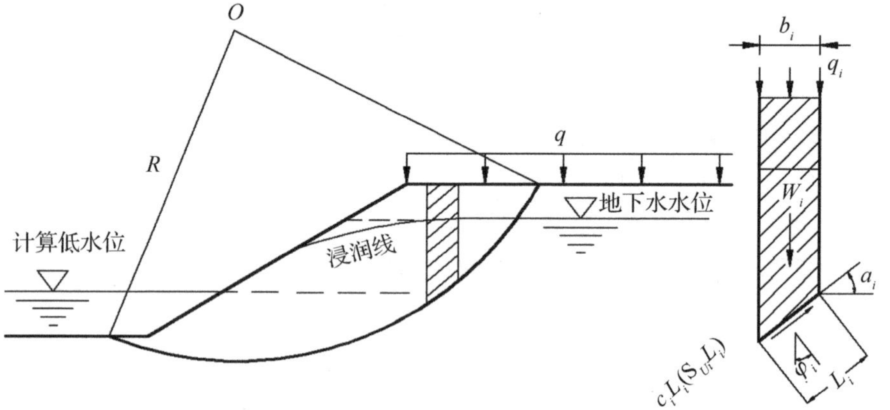

图3-4　圆弧滑动稳定计算示意图

O-圆弧滑动面圆心；R-圆弧滑动面半径；q-顶面上作用的荷载

土坡和地基稳定计算可用总应力法和有效应力法，最小安全系数可按下列方法求得。

1. 圆弧滑动面总应力法的安全系数计算公式如下：

$$K=\frac{M_R}{M_S}=\frac{\sum c_iL_i+\sum(q_ib_i+W_i)\cos\alpha_i\tan\varphi_i}{\sum(q_ib_i+W_i)\sin\alpha_i} \tag{3-70}$$

式中：K——安全系数；

M_R——抗滑力矩，kN·m/m；

M_S——滑动力矩，kN·m/m；

c_i——第 i 个土条滑动面上土的黏聚力，kPa；

L_i——第 i 个土条的弧长，m；

q_i——第 i 个土条顶面上作用的荷载，kN/m^2；

b_i——第 i 个土条的宽度，m；

α_i——第 i 个土条弧线中点切线与水平线的夹角，(°)；

φ_i——第 i 个土条滑动面上土的内摩擦角，(°)；

W_i——第 i 个土条的重度，kN/m；设计低水位以下用浮容重计算，设计低水位以上、浸润线以下用饱和重度计算。

2. 采用十字板剪切强度或其他总强度，抗滑稳定安全系数可按下式计算：

$$K=\frac{M_R}{M_S}=\frac{\sum S_{Ui}L_i}{\sum(q_ib_i+W_i)\sin\alpha_i} \tag{3-71}$$

式中：K——安全系数；

M_R——抗滑力矩，kN·m/m；

M_S——滑动力矩，kN·m/m；

S_{Ui}——第 i 个土条滑弧面上的十字板剪切强度或其他总强度，kPa；

L_i——第 i 个土条的弧长，m；

q_i——第 i 个土条顶面上作用的荷载，kN/m^2；

b_i——第 i 个土条的宽度，m；

α_i——第 i 个土条弧线中点切线与水平线的夹角，(°)；

W_i——第 i 个土条的重度，kN/m；设计低水位以下用浮容重计算，设计低水位以上、浸润线以下用饱和重度计算。

3. 圆弧滑动面有效应力法抗滑稳定安全系数可按下式计算：

$$K=\frac{M_R}{M_S}=\frac{\dfrac{\sum\left[c'_ib_i+(q_ib_i+W_i-u_ib_i)\right]\tan\varphi'_i}{\cos\alpha_i+\dfrac{\sin\alpha_i\tan\varphi'_i}{K}}}{\sum(q_ib_i+W_i)\sin\alpha_i} \tag{3-72}$$

式中：K——安全系数；

M_R——抗滑力矩，kN·m/m；

M_S——滑动力矩，kN·m/m；

c'_i——第 i 个土条滑动面上的有效黏聚力，kPa；

u_i——第 i 个土条滑动面上的孔隙水压力，kPa；

q_i——第 i 个土条顶面上作用的荷载，kN/m^2；

b_i——第 i 个土条的宽度，m；

α_i——第 i 个土条弧线中点切线与水平线的夹角，(°)；

φ'_i——第 i 个土条滑动面上有效内摩擦角，(°)；

W_i——第 i 个土条的重度，kN/m；设计低水位以下用浮容重计算，设计低水位以上、浸润线以下用饱和重度计算。

4. 计算土坡和地基稳定安全系数不应小于表 3-14 中规定的数值，当土坡和地基土体中有渗流时，应考虑渗流对稳定的影响。

表 3-14　抗滑稳定安全系数

抗剪强度指标	安全系数 K
固结快剪	1.1～1.3
有效剪	1.3～1.5
十字板剪	1.1～1.3
快剪	1.0～1.2

注：① 建筑物等级高的取高值，建筑物等级低的取低值；
② 荷载为基本组合取高值，荷载为特殊组合取低值；
③ 施工期的稳定安全系数宜取低值；打桩前岸坡的稳定安全系数宜取高值。

三、地基沉降计算

船闸工程的地基容许最大沉降量和沉降差，应以保证工程中水工建筑物安全和正常使用为原则，其值可以根据工程具体情况研究确定。船闸工程中地基最终沉降可按下式计算：

$$S_{\infty} = m_S \sum \frac{e_{1i} - e_{2i}}{1 + e_{1i}} h_i \tag{3-73}$$

式中：S_{∞}——地基土体的最终沉降量，m；

m_S——经验修正系数，按地区经验选用；

e_{1i}、e_{2i}——分别为第 i 层土所受平均自重压力（σ_{ci}）和平均最终压力（$\sigma_{ci}+\sigma_{zi}$）压缩稳定时的孔隙比；σ_{ci} 为第 i 层顶面与底面的地基自重压力的平均值，σ_{zi} 为第 i 层顶面与底面的地基垂直附加应力平均值，kPa；

h_i——第 i 层土体厚度，m。

船闸水工建筑物地基为岩石、碎石土、密实砂土和第四纪晚更新世及以前形成的黏性土，可不进行沉降计算。

不包括软土的黏性土地基，当基地压力小于或接近船闸闸基未开挖前作用于该基底面上土体的自重压力时，土体的压缩曲线宜采用 $e-p$ 回弹再压缩曲线；软土地基土的压缩曲线宜用 $e-p$ 曲线；大型船闸工程，土体压缩曲线宜采用 $e-lgp$ 曲线。

地基土压缩层的计算深度 Z_n 宜按下式计算：

$$\sigma_z = 0.2\sigma_c \tag{3-74}$$

式中：σ_z——深度 Z_n 处地基垂直附加应力，kPa；

σ_c——深度 Z_n 处地基自重压应力，kPa。

当确定后的计算深度以下有软土层时，尚应继续计算。

基底水平荷载和基底各种垂直荷载引起的垂直附加应力，可按下列公式计算，沉降计算尚应考虑边载引起的附加应力。

（1）矩形面上均布垂直荷载作用下角点下的垂直附加应力可按公式（3-75）计算，图3-5为计算简图。

$$\sigma_z = K_c \sigma_0 \tag{3-75}$$

式中：σ_z——地基内角点下的垂直附加应力，kPa；

K_c——垂直附加应力系数，可参照相关规范取值；

σ_0——基底均布垂直荷载，kPa。

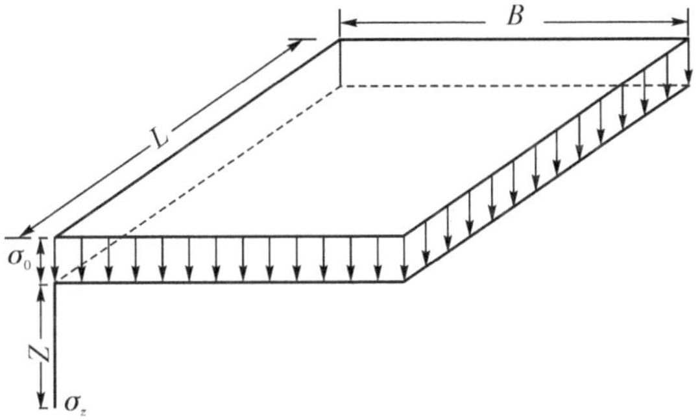

图3-5　矩形面上均布垂直荷载作用下角点下的垂直附加应力计算简图

B-基础宽度；L-基础长度；Z-基础以下计算点深度

（2）矩形面上三角形分布垂直荷载作用下角点下的垂直附加应力可按公式（3-76）计算，图3-6为计算简图。

$$\sigma_z = K'_i \sigma_0 \tag{3-76}$$

式中：σ_z——地基内角点下的垂直附加应力，kPa；

K'_i——垂直附加应力系数，可参照相关规范取值；

σ_0——基底三角形分布垂直荷载，kPa。

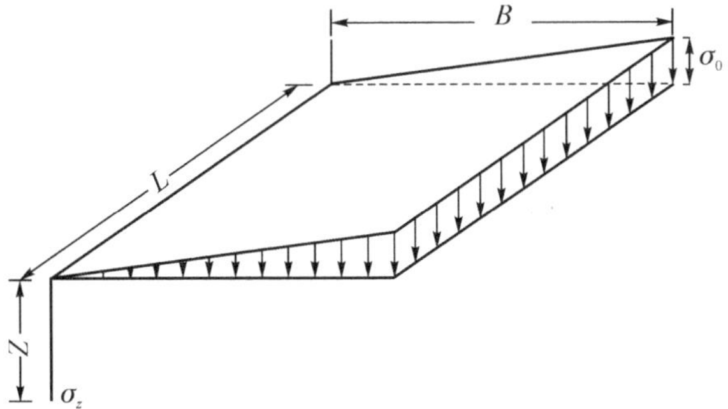

图3-6　矩形面上三角形分布垂直荷载作用下角点下的垂直附加应力计算简图

B-基础宽度；L-基础长度；Z-基础以下计算点深度

(3) 矩形面上均布水平荷载作用下角点下的垂直附加应力可按公式(3－77)计算，图3－7为计算简图。

$$\sigma_z = \mp K'_i \tau \begin{pmatrix} A\text{点下} \\ C\text{点下} \end{pmatrix} \tag{3-77}$$

式中：σ_z——地基内角点下的垂直附加应力，kPa；

K'_h——垂直附加应力系数，可参照相关规范取值；

τ——基底均布水平荷载，kPa。

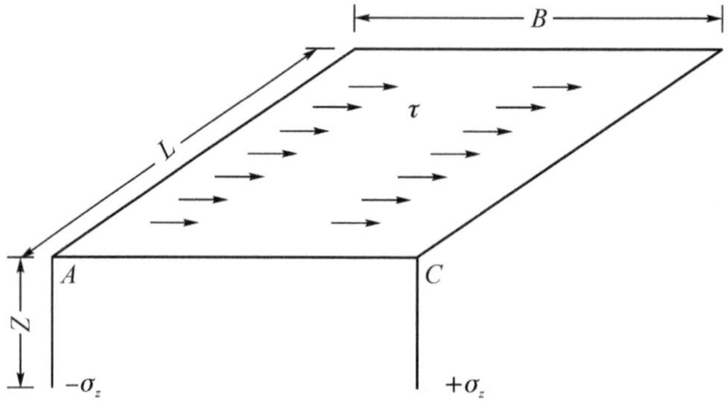

图3－7 矩形面上均布水平荷载作用下角点下的垂直附加应力计算简图

B－基础宽度；L－基础长度；Z－基础以下计算点深度

(4) 条形面上均布垂直荷载作用下的垂直附加应力可按公式(3－78)计算，图3－8为计算简图。

$$\sigma_z = K_s \sigma_0 \tag{3-78}$$

式中：σ_z——地基内某一点的垂直附加应力，kPa；

K_i——垂直附加应力系数，可参照相关规范取值；

σ_0——基底均布垂直荷载，kPa。

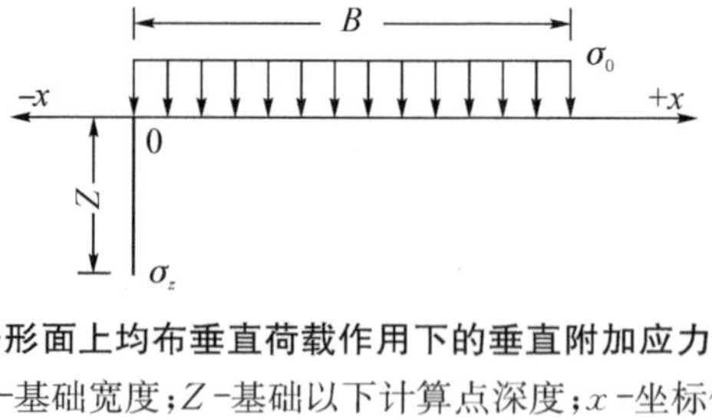

图3－8 条形面上均布垂直荷载作用下的垂直附加应力计算示意图

B－基础宽度；Z－基础以下计算点深度；x－坐标值

(5) 条形面上三角形分布垂直荷载作用下的垂直附加应力可按公式(3－79)计算，图3－9为计算简图。

$$\sigma_z = K_t \sigma_0 \tag{3-79}$$

式中：σ_z——地基内某一点的垂直附加应力，kPa；
K_t——垂直附加应力系数，可参照相关规范取值；
σ_0——基底三角形分布垂直荷载，kPa。

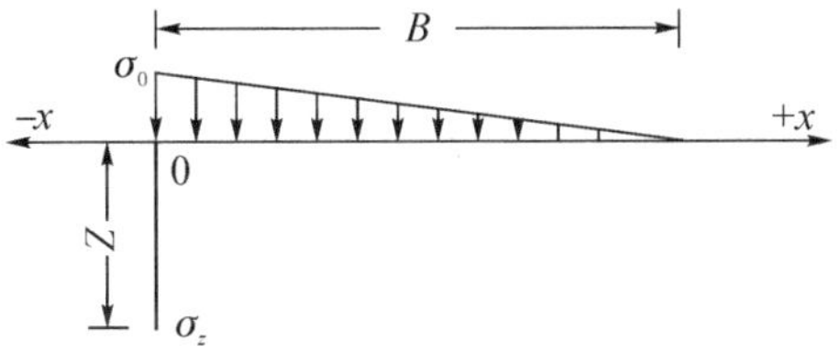

图 3-9　条形面上三角形分布垂直荷载作用下的垂直附加应力计算简图

B-基础宽度；Z-基础以下计算点深度；x-坐标值

（6）条形面上均布水平荷载作用下的垂直附加应力可按公式（3-80）计算，图 3-10 为计算简图。

$$\sigma_z = K_h \tau \tag{3-80}$$

式中：σ_z——地基内某一点的垂直附加应力，kPa；
K_h——垂直附加应力系数，可参照相关规范取值；
τ——基底均布水平荷载，kPa。

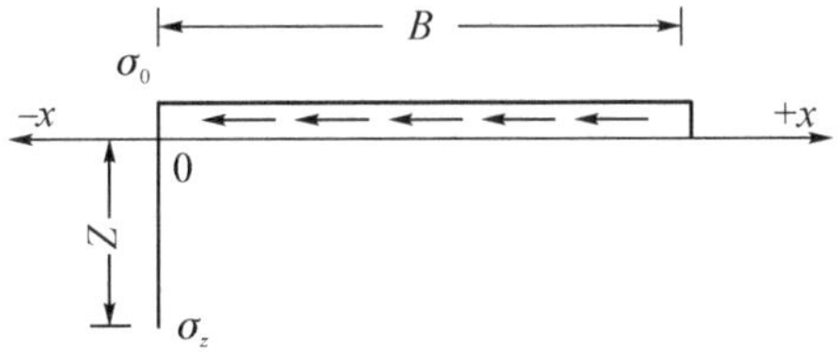

图 3-10　条形面上均布水平荷载作用下的垂直附加应力计算简图

B-基础宽度；Z-基础以下计算点深度；x-坐标值

（7）条形面上梯形分布垂直荷载作用下的垂直附加应力可按公式（3-81）计算，图 3-11 为计算简图。

$$\sigma_z = K_q q \tag{3-81}$$

式中：σ_z——地基内某一点的垂直附加应力，kPa；
K_q——垂直附加应力系数，可参照相关规范取值；
q——基底梯形分布垂直荷载，kPa。

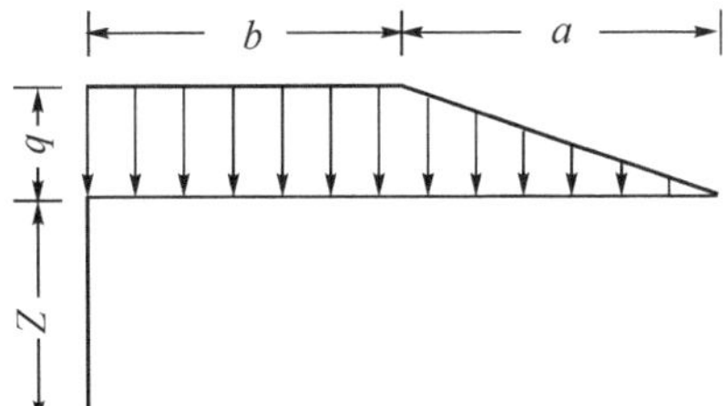

图 3-11　条形面上梯形分布垂直荷载作用下的垂直附加应力计算简图

a-三角形荷载分布长度；b-均布荷载长度；Z-基础以下计算点深度

四、地基处理

船闸水工建筑物的地基处理设计，应具有下列工程地质和水文资料：

(1) 软基处理应具有土层的分布、厚度、层面状态、有机质含量、主要物理力学指标及地下水埋深、补给关系、水化学成分和渗透系数等资料；

(2) 岩基处理应具有基岩形态、埋深、节理裂隙和断层发育情况、岩石抗压强度及岩溶溶洞和地下暗河的沟通情况等资料。

地基处理应满足下列要求：

(1) 建筑物对地基承载能力和整体稳定的要求；

(2) 建筑物对沉降和不均匀沉降的要求；

(3) 渗透稳定要求；

(4) 在建筑物和地下水长期作用下，不发生地基强度降低，影响正常使用的要求。

在地基处理时，可综合考虑基础与其上部结构之间的相互关系，必要时可调整上部结构，使上部结构与其基础的工作条件相协调。例如扩大闸墙底部尺寸，对横向接缝进行灌浆或调整分块、分缝位置等。

(一) 岩基处理

岩石地基应根据岩石不同地质问题，采用不同的方法进行处理。

节理裂隙发育的岩基宜采用固结灌浆方法处理，灌浆孔的间距一般为 3～4 m，通常布置成梅花形或方格状，孔深一般为 5～8 m。灌浆压力在无混凝土盖重时，一般为 0.2～0.4 MPa，有盖重时为 0.4～0.7 MPa。对于缓倾角层面发育的基岩，其灌浆压力须进行试验确定。

岩基内分布有软弱夹层或泥化夹层时，应根据其性质、埋深及对建筑物的影响程度分别进行处理。当埋深较浅时应予全部清除；当埋深较深、具有支撑作用时可部分保留或全部保留，但应采取防止强度降低的工程措施。

断层破碎带，可根据断层破碎带的规模大小、发育程度，采用开挖清除、压力灌浆和填塞混凝土等方法处理。断层的处理通常以开挖为主，开挖深度，须深入胶结良好的地段，深度至少等于破碎带宽度的 1.0～1.5 倍。若采用混凝土回填，必要时还须铺设钢筋。

岩溶发育区的地基可根据岩溶发育程度、埋深、连通情况和水文地质条件等分别采用压力灌浆、填塞和开挖清除等方法处理。对地基稳定有影响的溶洞和溶沟等，可根据其位置、大小、埋深和水文地质条件分别采取压力灌浆、挖填、横梁跨越、打桩等处理方法。对岩溶水须采取妥善的疏导措施。采用传统的石拱跨越处理溶洞地基，实践证明效果良好，但溶洞底层还是免不了有渗水现象，溶洞仍可能继续扩大，因此对于大型工程还是采用压力灌浆等其他方法处理为好。

风化岩可根据风化程度、分布和埋深等条件进行处理。对全风化和强风化岩宜全部开挖清除。弱风化和微风化岩可根据建筑物的重要性和对地基的要求进行处理。

（二）软弱地基的处理

土基应根据土层分布、土质和使用要求，选用垫层、桩基、排水预压加固、粉煤灰碎石桩、水泥搅拌桩、压力灌浆、高压喷射注浆、振冲和强夯等处理方法。地基处理后，其强度增长应通过试验并结合经验确定。

当地基容许承载力和稳定性不能满足设计要求时，地基处理可采用机械夯实、换土垫层、砂桩、桩基等方法。

机械夯（压）实法一般用于处理由建筑垃圾或工业废料组成的杂填土。

换土垫层法一般用于软弱地基的浅层处理，垫层材料可采用中砂、粗砂、角（圆）砾、碎（卵）石、矿渣、灰土、黏性土及其他性能稳定、无侵蚀性的材料。换填厚度一般不大于 4 m。

砂桩加固法一般用于处理松散的杂填土地基。砂桩间距宜通过试验确定。江苏省泗阳船闸上游主导航墙下有一层 2～3 m 厚的软黏土，贯入击数为 2～6 击，设计重力式结构要求地基承载力为 0.2 MPa，采用砂桩加固，砂桩直径为 0.125 m，砂桩长 4.0 m，中距 0.75 m，工程完成后静载试验的单位荷载为 0.216 MPa，达到设计要求，建成后至今使用良好。

对地基承载力和稳定要求较高的建筑物，宜采用桩基加固的方法，桩尖应打入压缩性较低的土层中。桩基础有爆扩桩、混凝土灌注桩和钢筋混凝土预制桩。灌注桩和预制桩可用于各种土壤。江苏省谏壁船闸在软黏土滑坡地段上建造的闸室墙，仅将滑坍土体清除至建筑物底标高处，采用直径为 0.35 m，长 9.5 m 的冲孔灌注桩，桩的中心距为 1.3 m，穿越残留滑坡体，支承在坚硬的黏土层上。

砂井法是处理软土地基的常用方法，这种方法有比较明显的效果，既较好地加固了地基，又避免了对土质过分的扰动，比较经济合理。砂井的间距主要取决于所要求的固结时间，一般为 2～3 m，对灵敏度高的软土宜取大值。砂井直径视具体施工机具而定，水下一般用 30～40 cm，陆上可用 30 cm，井径比不能大于 10。砂井长度主要取决于土层情况，软土层不厚时，砂井可打穿整个软土层，软土层较厚时，砂井长度可根据稳定或沉降要求确定。在砂井地基面上应铺设排水砂垫层以连通各砂井。砂垫层厚度陆上不小于 0.5 m，水下不小于 1.0 m。理论和实践证明，减小砂井间距比增加砂井直径效果更好。

轻型井点适用于降低孔隙水压力，提高土坡和地基的稳定性。井点可布置成环形或线形，当要求降深不超过 4～5 m 时可采用一级井点，超过则采用多级。井点间距一般由试验确定。黏土中一般采用水冲法设井点，选用大型真空泵。在井点的运用过程中，应对地基或边坡的沉降、水平位移、抽水量和各土层的零压线进行观测。

江苏省施桥船闸处于淤积地带，地基土质较差，其特点是渗水和流沙大，泉眼多，因此基础处理成为工程关键。上闸首施工中出现流沙，为保证闸首基底地基，加强明沟排水，并即时封堵泉眼、降低地下水位，采用了环形井点法施工，共打井点 156 个，包围面积 1 441 m^2，通过高压真空泵将地下水抽出，保证了地基基础的安全施工。

振动水冲法是用高压水通过产生水平振动力的振冲器的中空轴，从底端射出，并使两者共同作用贯入土层，成孔后注入石料（或煤矸石等），制成直径 80～100 cm 左右的碎石桩柱，由桩柱体和土体共同组成的复合地基，可以大大提高地基承载力，减少地基沉降。具体如下：

(1) 松砂性土加固后，标准贯入击数值一般可提高 1 倍以上，最大相对密度值可达 90%，地基承载力一般超过 0.3 MPa；

(2) 砂土地基加固后，可达到抗 7～9 度以上地震；

(3) 对于软黏土加固已超过加固软黏土的下限强度值 0.02 MPa 的界线，加固后地基较天然地基的容许承载力一般可提高 1 倍以上。在软黏土中制成的碎石桩柱，其单桩的容许承载力一般可达 120～160 kN。天津长芦盐场地基是强度为 0.016 MPa 的淤泥质黏土，经振动水冲法加固后，地基承载力为 0.027 MPa。

振动水冲法具有操作方便、机具简单、不需要三大材料等优点，一般可降低造价 50%左右，效果可靠，加固后立即可以使用。

第三节　防渗和排水

船闸防渗与排水设施应根据工程地质条件、水文地质条件、水头、结构形式和船闸在枢纽中的位置等因素，综合考虑选用下列形式：

(1) 防渗墙、板桩、帷幕、高压喷灌、齿墙、铺盖、止水、防渗土工布和劈裂灌浆等防渗设施；

(2) 排水管、排水盲沟、排水廊道、明沟、减压井和反滤层等排水设施。

船闸防渗设计应考虑渗流的空间性。挡水线闸首的侧向防渗设施与纵向基底防渗设施相适应。当闸室布置在挡水线下游时，墙后填土应设置排水设施；当闸室布置在挡水线上游时，墙后排水设施的设置应经过论证确定。当闸室结构基础透水时，应沿闸室纵向和横向设置防渗设施。

一、防渗和排水设施的布置

船闸防渗和排水设施的布置，一般需根据船闸所处地基条件、作用水头大小、船闸的结构形式及船闸在枢纽中所处的位置以及渗流方向等因素综合考虑确定。其中地基条件是主要因素。

（一）砂土类地基

当船闸处于砂土类地基上时，闸首底部的纵向防渗，一般首先考虑在闸首前河底处设置铺盖，如江苏省宝应船闸，盐邵船闸均设置了钢筋混凝土铺盖。若铺盖尚不能满足防渗要求或不经济时，可在闸首底板上游端加一道板桩，如江苏省淮安船闸。若为细砂地基，有时还需要在底板的下游端增加一道板桩，以保证地基渗流的稳定，如江苏省的淮阴船闸。也有在闸首的四周设置封闭式板桩，以保证正、反向地基渗流的稳定性，如江苏省的施桥船闸。

对于分离式的闸室墙底的横向渗流（垂直于船闸轴线），一般都在闸室内侧底板下渗流出口处设置一道板桩，如江苏省的五里窑船闸，或在闸室墙的内外侧各设一道板桩，如江苏省的施桥船闸。

在渗流出口处的闸墙底部设置齿墙，也有利于防渗和防止管涌。

（二）黏土类地基

当船闸处于黏性土地基上时，闸首底部的纵向防渗，一般只设铺盖而不必设板桩，如江苏省皂河船闸和刘老涧船闸。也可在闸底设较深的齿墙，对防渗和结构抗滑均有利，如江苏省的邵伯船闸。

（三）多层土地基

（1）当上部砂层较厚，而下部黏土层较薄时，应按砂土地基进行防渗布置。当上层砂层较薄时，可采用板桩截断水流，板桩须深入不透水层 0.5～1.0 m。

（2）当上部黏土层较厚，不会被下层砂层中承压水顶起时，可以按黏土地基布置防渗。当黏土层较薄时，可以在渗流出口处设置排水孔或排水井，如江苏省泗阳船闸在底板上设永久排水孔，在墙后回填土中设排水井。

（3）在黏土层中夹有较薄的砂层时，可用板桩截断砂层，或在底板下设排水井直通砂层，也可两种措施综合采用。

（四）岩石地基

当船闸水头较大时，在挡水线的闸首底部设置帷幕灌浆，如湖北省葛洲坝船闸、湖南省双牌船闸，水头均在 20 m 以上。当闸首上游岩溶发育时，也有设置钢筋混凝土铺盖的，如广东省青霜船闸，也有采用地基处理后设置黏土铺盖的，如广东省黄燕船闸。建于岩基上的闸墙，一般多设有深 0.5 m 左右的齿墙嵌入新鲜岩层内。

为防止闸首两侧回填土内产生集中渗流，闸墩背面不宜设向填土侧的倒坡，水下部分沿墙高不宜设有突出部分。当闸首为挡水线的一部分时，在闸首两侧回填土内或上游侧宜设置黏土防渗墙，必要时尚应设置刺墙等防渗设施，使绕过闸首两侧的渗流途径不小于闸首底部的渗径长度。四川省的船闸设计中，对于土岸情况，其上游段岸墙长度一般不小于 3 倍水头。对于岩岸，当水头不大且岩石新鲜，可只设刺墙插入新鲜岩层 0.5 m 以上。对于软弱易风化的岩岸，除设刺墙外，上游岸墙长度不小于2倍水头。江苏省京杭大运河船闸设计中，考虑到渗流的空间性，要求侧向渗径长度为水头的6～6.5倍。

为减小墙后水压力和地基渗透力，船闸一般布置在下游，并在闸室墙后回填土中设置排水，排水设施的起始点位置应满足防渗要求，宜布置在闸室的起点附近，出口高程可根据检修要求确定。以前规范中出水口高程取高于下游最低通航水位0.5～1.0 m，但有些船闸需要在高水位期安排检修，为降低墙后地下水位，需调整出水口高程，如江苏省刘老涧、谏壁船闸，墙后排水管出口高程低于下游最低通航水位，其出口的平面位置设在检修船闸时所筑的围堰范围内，这样可以保证在船闸检修时期，墙后地下水位有较大的降低。在闸室墙后填土中的排水管及排水盲沟，距闸墙背的距离宜取2～3 m。当在闸墙内设置排水设施时，可采用排水廊道；为检测排水管的效果，排水设施应设检查井，其间距宜取25～50 m；排水管及明沟的纵坡宜取1∶200～1∶500。高水头船闸或双向水头的船闸，必要时可设置上下两层排水设施。双向水头船闸的排水设施出口处应设有可控制的阀门，防止高水流入墙后；墙后排水设施可采用工程塑料、铸铁和混凝土等材料的排水管。

二、防渗、排水的设计与构造

岩基上的闸首和闸室等挡水结构，应根据防渗需要，设置防渗帷幕和排水设施，并符合下列要求：

(1) 位于枢纽挡水线上的闸首或闸室，防渗帷幕设计应满足下列要求：① 减少基础渗流和绕结构渗流；② 防止在软弱夹层、断层破碎带、岩石裂缝充填物和抗水性能差的岩层中产生管涌；③ 具有连续性和耐久性；④ 防渗帷幕的设计参照现行行业的标准《混凝土重力坝设计规范》(SL 319—2018)的有关规定执行。

(2) 闸首和闸室等挡水结构的排水设施设计应满足下列要求：① 在良好闸基的帷幕下游设置排水设施，排除渗水，降低闸基渗透压力；② 防止在地质条件较复杂的岩基上因设置排水而产生管涌；③ 排水设施的设计参照现行行业的标准《混凝土重力坝设计规范》(SL 319—2018)的有关规定执行。

1. 防渗铺盖

防渗铺盖设置在船闸上闸首外上游河底部，其主要作用是延长渗径长度以减小结构所受的渗透压力。防渗铺盖的长度是根据地基特性以及其他防渗设施情况确定的。一般采用水头的2～3倍，或地下轮廓线水平投影长度的25%～40%。防渗铺盖有柔性和刚性的两种，柔性铺盖主要采用黏土或壤土铺筑，刚性铺盖则采用混凝土或钢筋混凝土制成。

黏土铺盖适用于砂性土地基，混凝土铺盖适用于透水性较小的地基。铺盖材料的渗透系数与地基土的渗透系数之比宜小于1%。黏土铺盖的厚度，上游端采用0.5～1.0 m，向下游逐渐加厚。黏土铺盖与闸首底板接触面宜做成斜面，并设止水，必要时也可将铺盖和底板均加深形成齿墙。为保护黏土铺盖，在铺盖层上设置反滤层及块石护面，如图 3－12 所示。

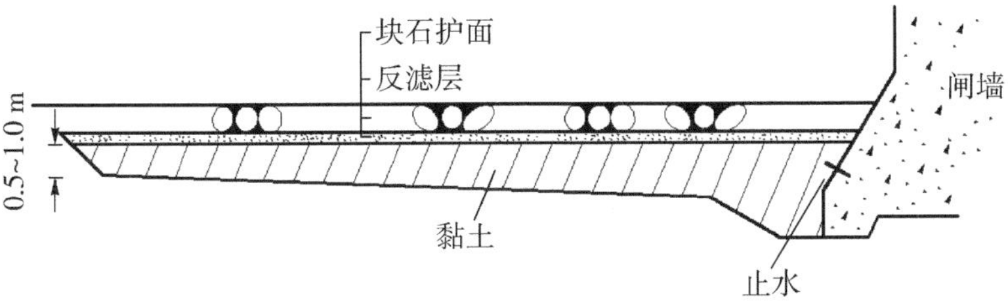

图 3－12 黏土铺盖

钢筋混凝土铺盖厚度约为 30～50 cm，必要时应验算抗浮稳定，其表面可涂防水材料。为适应地基沉降，铺盖应纵、横分块，缝距可取 10～20 m，缝内应设置止水，对于土质较好时，其边长不超过 15～20 m，中等土质时为 10～15 m，土质较差时为 8～12 m，如图 3－13 所示。

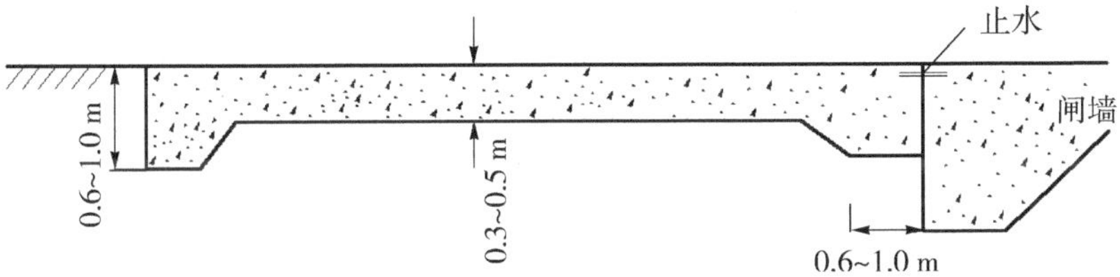

图 3－13 混凝土铺盖

2. 反滤层

反滤层可采用分层反滤层、混合反滤层或土工织物反滤层。反滤层的主要作用是增加地基的抗渗能力和防止产生渗透变形，防止土体颗粒被渗流所带走，通常设置在渗流逸出处。反滤层一般是由 3～4 层不同粒径、经过选择的砂石料铺设而成的，反滤层设计应满足下列要求：

(1) 保证被保护土的稳定性；

(2) 保证反滤层滤料的透水性；

(3) 被保护土与反滤层滤料的颗粒级配曲线大致平行。

分层反滤层的级配可按下列公式确定：

$$\frac{D_{15}}{d_{15}} = 5 \sim 40 \tag{3-82}$$

$$\frac{D_{15}}{d_{85}} \leqslant 5 \tag{3-83}$$

$$\frac{D_{50}}{d_{50}} \leqslant 25 \tag{3-84}$$

式中：D_{15}、D_{50}——反滤层滤料颗粒级配曲线上小于含量15%、50%的粒径，mm；

d_{15}、d_{50}、d_{85}——被保护土料颗粒级配曲线上小于含量15%、50%、85%的粒径，mm。

分层反滤层的每层厚度不宜小于0.15 m，反滤层的铺设长度应使其末端的渗流坡降小于地基在无反滤层时的允许坡降。

混合反滤层的厚度不宜小于0.6 m。土工织物反滤层的设计应按现行行业标准《水运工程土工合成材料应用技术规程》(JTJ 239—2005)的有关规定执行。

反滤层的构造如图3-14所示。

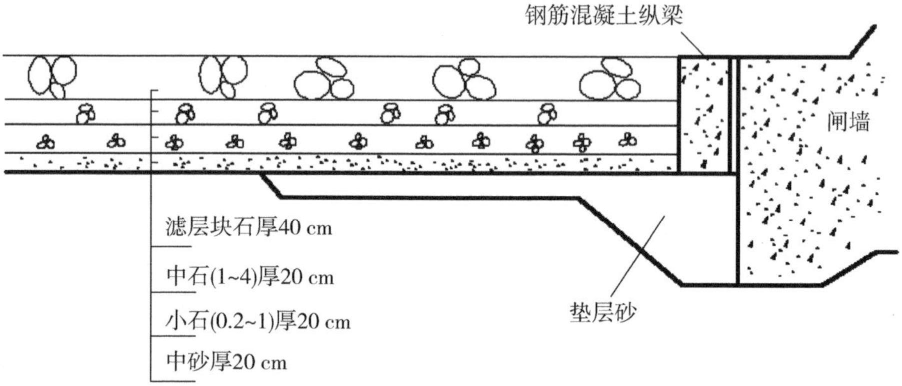

图3-14 反滤层构造

3. 防渗刺墙

防渗刺墙可用混凝土、黏土或土工织物等材料。刺墙与边墩间应设止水。刺墙长度可取水头的1～3倍或嵌如岩层0.5～1.0 m。刺墙顶应高于侧向渗流面，墙底最低处与边墩高程应相等，其厚度应根据防渗要求和受力情况确定。

4. 混凝土防渗墙

混凝土应有足够的抗渗性和耐久性，可在混凝土防渗墙内掺入黏土、粉煤灰或其他外加剂。

混凝土防渗墙顶应做成光滑的楔型，并插入上部结构一定深度。

5. 齿墙

岩基上齿墙较浅，一般嵌入新鲜岩层0.5～1.0 m，在软基上，闸墙底板下多设齿墙，齿墙深度一般不宜大于2.0 m。底宽不小于0.5 m。

6. 砂砾石地基防渗

砂砾石地基防渗设施的形式应根据地质、水头和结构等条件，通过技术经济比较确定。防渗设施可采用截水槽、防渗墙、帷幕等垂直防渗设施和水平防渗铺盖。

7. 防渗板桩

防渗板桩可采用钢筋混凝土板桩，其厚度一般为 15～30 cm，入土深度不小于 2.5 m，桩尖应埋入不透水层一定深度。也可采用木板桩，其厚度为 12～15 cm。当需要设两道板桩时，其间距应大于两道板桩长度之和的 1.5 倍，但当两道板桩长度相差较大时，也可采用其和的一半。

8. 排水暗管

墙后填土中的排水暗管，一般采用预制混凝土管，管径大小与填土性质、排水量大小有关。江苏省船闸多采用直径为 30 cm 的预制混凝土管，管壁厚 5 cm，管的下半部开有直径ϕ=10 mm 的小孔或采用透水混凝土管，小孔总面积约为排水管表面面积的 1%～3%，管外做反滤层，如图 3－15 所示。

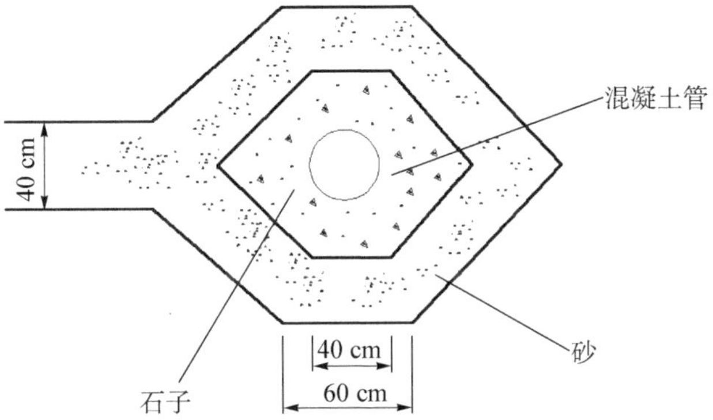

图 3－15　排水暗管构造

9. 止水

伸缩—沉降缝中的止水，应能保证相邻建筑物间发生变位时仍能满足使用要求。因此，要求止水材料要与混凝土能结合良好、不透水、耐腐蚀、耐久性强、能适应变位、施工方便等。一般采用一道止水，重要部位可采用两道止水。

过去，水工建筑物的止水一般采用铜片、不锈钢片或橡胶片等，随着塑料工业的发展，在一些国家中，已广泛采用聚氯乙烯止水片（聚乙烯比聚氯乙烯止水片性能更好）代替铜片及其他材料。如美国 1940 年就开始采用塑料来防止接缝漏水，日本 1958 年开始采用，1963 年已用于 100 m 高的风屋重力坝、186 m 高的里部第四拱坝等水利工程中。塑料止水具有质地轻软、便于施工和运输、有弹性、可随着混凝土膨胀收缩、易于加工成各种形状、适应工程需要且价格便宜等优点。塑料止水的关键问题是止水片的寿命。塑料止水的寿命主要表现为抗拉强度和伸长率的下降。对于水工建筑物所用的止水片的作用，主要须适应结构物的位移，抗拉强度一般是可以满足的，关键在于满足伸长率的要求。伸长率因使用范围不同而异，一般认为

50%～100%是安全的。浙江省七里垅船闸已采用塑料止水，经十多年的使用尚未发现问题，因此塑料止水片用于中小型船闸或大型船闸的第二道止水是合适和经济的。紫铜片由于价格较高，一般用于大型船闸。其厚度视水头大小而定，一般为1.0～1.6 mm，每段埋入混凝土的长度一般为 20～25 cm，紫铜片做成可伸缩的“—^—”形。塑料止水片按其基本形状，可分为平板形、伸缩形、锯齿形和十字板形等，可根据接缝位置和要求而选择。试验和实践证明，中间有空心孔的止水片性能较好。

三、渗流计算

船闸承受水头作用后，在船闸地基里和两侧回填土中就产生了渗透水流，由于两者的相互影响，船闸的渗流具有空间性，特别是闸室为透水闸底时，其闸首渗流的空间性就更为显著了，设计计算时应考虑这一影响。由于空间渗流计算较为复杂，一般船闸设计往往将空间问题简化为平面问题进行渗流计算，对大型和重要的船闸，宜进行空间渗流的试验研究。为确保建筑物的安全，在船闸接岸的上游处设有刺墙或岸墙，使绕过两侧闸墙的各个可能的渗流途径都不小于闸底部的渗径长度，达到侧向防渗设施与底部防渗设施相互适应的要求。

船闸的渗透计算，首先要确定渗流最大水头，闸首和闸室的渗流计算水头，应分别按最不利的水位组合确定。对于纵向(顺水流方向)闸底的渗透计算，其水头由上、下游水位确定；对于横向(垂直于轴线方向)的渗透计算，则需根据墙前和墙后的地下水位确定。墙后的地下水位又决定于闸室与挡水线的相对位置。当闸室处于挡水线下游，而闸首未设防渗和排水设施，墙后回填土中未设置排水管时，墙后地下水水位的纵向分布简化为上、下游水位的直线连线分布。当闸室处于挡水线下游，而墙后回填土的渗透系数与挡水线上土的渗透系数不同时，参照土的浸润线计算拟定墙后水位。当闸室处于挡水线下游，而墙后回填土中设有排水管时，根据填料性质和排水管布置综合分析确定地下水水位高程。当回填透水性材料时，地下水水位取排水管的中心高程。当下游水位超过排水管高程时，地下水水位以下游水位计。当闸室处于挡水线下游，闸墙附近有池塘、沼泽时，需考虑其对地下水水位的影响。当船闸闸室处于挡水线上游时，在墙后填土密实度较小的情况下，其地下水位应为上游水位，此时设置排水已无作用。因此，规范规定当闸室处于挡水线上游、墙后无排水管时，墙后水位应按上游水位确定。丘陵地区的溢洪船闸，根据闸室墙后回填土顶面防渗盖面的可靠程度来确定墙后地下水位，当溢洪船闸墙后回填土顶面设有可靠的防渗盖面时，可不考虑顶部溢洪对地下水水位的影响；当闸墙后回填土顶面未设可靠的防渗盖面时，应以闸顶溢流水位作为溢洪时的地下水水位。水位确定后，渗透水头也就确定了。

关于渗透计算，早在 20 世纪 50 年代我国船闸建设中就已采用了直线法(即渗径系数法)进行土基上的渗透稳定计算,船闸经过数十年的运转,未发生水毁事故,实践证明该计算法是简便可行的。

直线法是将船闸的地下防渗轮廓线,化引为水平的计算轮廓线,即将板桩、齿墙等垂直的地下轮廓线按比例化引为水平长度而展开,然后绘制渗压力图形,从而可以求出各相应段的渗透压力值,如图 3-16 所示。

直线法计算渗透稳定按下列公式计算,即

$$L \geqslant cH \tag{3-85}$$

$$L = \sum L_h + m\sum L_V \tag{3-86}$$

式中:L——地下轮廓线的化引总长度,m;

L_h——地下轮廓线水平段长度,m;

L_V——地下轮廓线垂直段长度,m;

m——垂直段换算为水平段长度的换算系数,对于多板桩(相邻板桩水平间距应大于其总长的 1.5 倍)$m=2.0$,对于齿墙、单板桩 $m=1.5$,对于墙身垂直段,取小于等于 $m=1.0$;

H——渗透水头(计算水头),m;

c——渗径系数,在出口处设有反滤层时,其渗径系数可按表 3-15 采用。

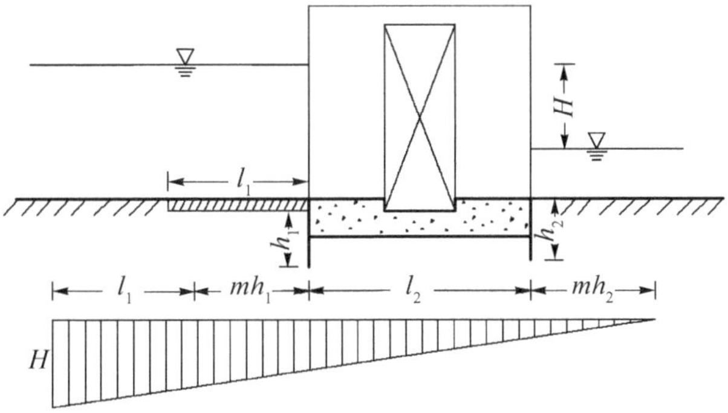

图 3-16　直线法计算渗透压力

表 3-15　渗径系数

土体种类	渗径系数 c
粉砂	9～13
细砂	7～9
中砂和粗砂	6～7
亚黏土和亚砂土	5～6
黏土	3～4

美国1973年出版的《小坝设计》一书中，关于渗流稳定计算，提出采用莱茵法，其计算公式为：

$$L=\frac{1}{3}\sum L_h+\sum L_V\geqslant c'H \tag{3-87}$$

式中：L——地下轮廓线的化引总长度，m；

L_h——地下轮廓线水平段长度，m；

L_V——地下轮廓线垂直段长度，m；

H——渗透水头（计算水头），m；

c'——渗径系数。

并根据200余座坝的试验数据，提出了不同土体的c'值，见表3-16。

表3-16　各类土体渗径系数

土体种类	渗径系数 c'	土体种类	渗径系数 c'
极细砂或粉砂	8.5	粗砾包括大卵石	3.0
细砂	7.0	弧石混大卵石	2.5
中砂	6.0	松软黏土	3.0
粗砂	5.0	中密黏土	2.0
粗砾石	4.0	密实黏土	1.8
中砾石	3.5	极密实黏土或不透水层	1.6

根据分析计算，莱茵法较直线法要求更长的渗径。

由于直线法简便可行，因此《船闸水工建筑物设计规范》(JTJ 307—2001)仍推荐采用于设计中。但对于水头较高或重要的船闸，宜同时采用阻力系数法、空间渗流计算法和三维电模拟试验法等进行分析研究。阻力系数法建立在理论基础上，具有较高的精度，能适应较复杂的地下轮廓线，阻力系数法主要是将复杂的地下轮廓分解成几个独立的基本段，而这些基本段的渗流是有理论解的，然后再连接起来，求得整个地基的渗流及各点的渗压值。

阻力系数法进行渗流计算主要要包括以下内容：

(一) 地基分段

将船闸闸首和闸室的地基沿渗流流程划分为6～7段，如图3-17。根据通过板桩角点和尖点的等水头线，地基分段可归纳为三种基本形式，即进出口段、内部垂直段和水平段，如图3-18所示。

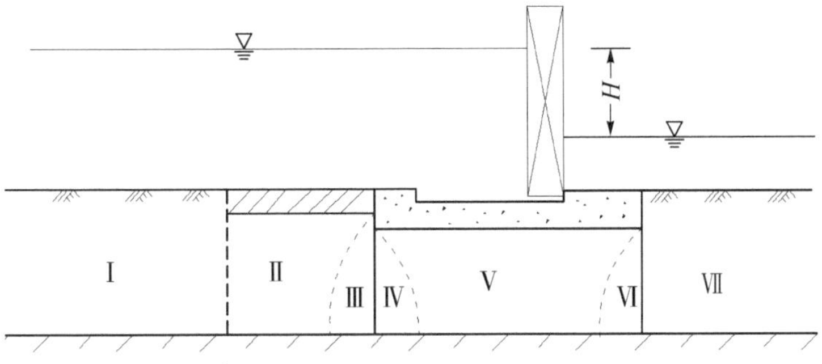

图 3-17　地基断面分段图

H-上下游水位差

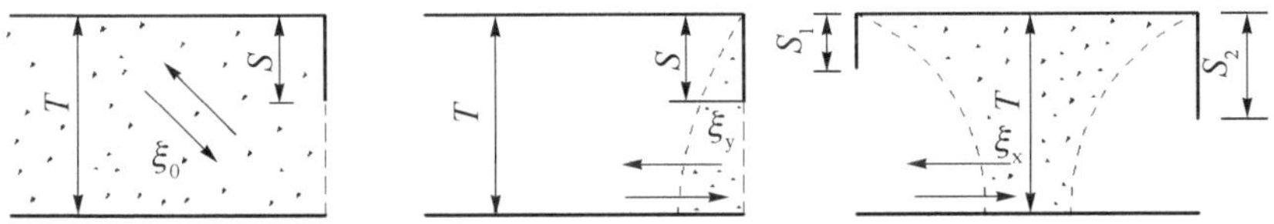

(a) 进出口段　　(b) 内部垂直段　　(c) 水平段

图 3-18　基本分段形式图

T-地基计算深度；S-垂直防渗设施的深度；S_1、S_2-计算段两端垂直防渗设施的深度；ξ_0-进出口段的阻力系数；ξ_y-内部垂直段的阻力系数；ξ_x-水平段的阻力系数

（二）计算地基的有效深度

地基的有效深度是指渗透计算的影响深度，也就是计算深度，若地基内的透水层深度小于有效深度，也就是小于计算深度，则按地基的实际透水层深度进行计算；若实际透水层深度大于计算深度，则取计算深度进行计算。

地基有效深度按式(3-88)计算，即

$$\left.\begin{aligned}&当\frac{L_0}{S_0}\geqslant 5时 \quad T_e=0.5L_0\\&当\frac{L_0}{S_0}<5时 \quad T_e=\frac{5L_0}{1.6\dfrac{L_0}{S_0}+2}\end{aligned}\right\} \tag{3-88}$$

式中：T_e——地基有效深度，由地下轮廓线的最高点向下算起，m；

L_0——地下轮廓的水平投影长度，m；

S_0——地下轮廓的垂直投影长度，m。

（三）计算各段的阻力系数

1. 进出口段的阻力系数

按式(3－89)计算，即

$$\xi_0 = 1.5\left(\frac{S}{T}\right)^{3/2} + 0.441 \tag{3-89}$$

式中：ξ_0——进出口段的阻力系数；

S——垂直防渗设施的深度，m；

T——地基计算深度，m。

2. 内部垂直段阻力系数

按式(3－90)计算，即

$$\xi_y = 1.466\lg\left[\cot\left(1-\frac{S}{T}\right)\frac{\pi}{4}\right] \tag{3-90}$$

式中：ξ_y——内部垂直段的阻力系数；

S——垂直防渗设施的深度，m；

T——地基计算深度，m。

3. 水平段阻力系数

按式(3－91)计算，即

$$\xi_x = \frac{L}{T} - 0.7\left(\frac{S_1}{T} + \frac{S_2}{T}\right) \tag{3-91}$$

式中：ξ_x——水平段的阻力系数；

T——地基计算深度，m；

S_1、S_2——计算段两端垂直防渗设施的深度，m；

L——计算段水平投影长度，m。

（四）计算渗透流量

计算渗透流量时，地基的渗透化引流量按式(3－92)计算，即

$$\frac{q}{K} = \frac{1}{\sum\xi_i}H \tag{3-92}$$

式中：q/K——地基的渗透化引流量，m^3/s；q 为渗透流量，K 为地基土体的渗透系数；

$\sum\xi_i$——各段阻力系数之和；

H——渗透水头，m。

（五）计算各段的水头损失

根据各段阻力系数，计算各段的水头损失，并依此绘制地基渗透压力图。

各段水头损失按式(3－93)计算，即

$$\left.\begin{aligned} h_1 &= \xi_1 \frac{q}{K} = \frac{\xi_1}{\sum_{i=1}^{n}\xi_i}H \\ h_2 &= \xi_2 \frac{q}{K} = \frac{\xi_2}{\sum_{i=1}^{n}\xi_i}H \\ &\vdots \end{aligned}\right\} \tag{3-93}$$

式中：h_i——各分段水头损失值，m；

ξ_i——各分段的阻力系数；

H——渗透水头，m；

n——总分段数。

以直线相连接各分段计算点的水头值，得出渗透压力图形，如图 3－19 所示。

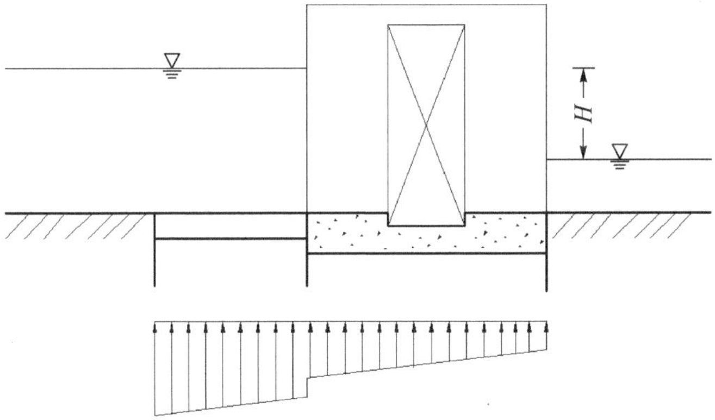

图 3－19　阻力系数法计算渗透压力

（六）对进出口处水头损失和渗压力图进行修正

1. 当进出口段板桩较短，需进行局部水头损失的修正。进出口的实际水头损失可按式(3－94)和(3－95)修正：

$$h'_0 = \beta h_0 \tag{3-94}$$

$$\beta = 1.21 - \frac{1}{\left[12\left(\frac{T'}{T}\right)^2 + 2\right]\left(\frac{S'}{T} + 0.059\right)} \tag{3-95}$$

式中：h'_0——修正后的进出口处水头损失，m；

β——阻力修正系数；

h_0——未经修正的进出口处水头损失，m；

T——进出口段地基深度，取大值一侧，m；

T'——进出口段另一端的地基深度，m；

S'——底板埋深与板桩入土深度之和，m。

（1）当 $\beta \geqslant 1.0$ 时，可不进行修正。

（2）当 $\beta \leqslant 1.0$ 时，可按式（3－96）进行修正。进出口处水头损失的减少值可按下式计算：

$$\Delta h=(1-\beta)h_0 \tag{3-96}$$

式中：Δh——修改后的水头损失减少值，m；

β——阻力修正系数；

h——未经修正的进出口处水头损失，m。

（3）进出口附近水力坡降呈陡变形式的长度，如图 3－20 所示，可近似按下式计算：

$$a=\frac{\Delta h}{q/K}T \tag{3-97}$$

式中：a——水力坡度呈陡变形式的长度，m；

Δh——修改后的水头损失减少值，m；

q——渗透流量，m^3/s；

K——地基土体的渗透系数；

T——进出口段地基深度，取大值一侧，m。

（4）修正后的水力坡线可以从直线水力坡线的 D 点向上游截取 a 得 C 点，并连接 ACB 得出。

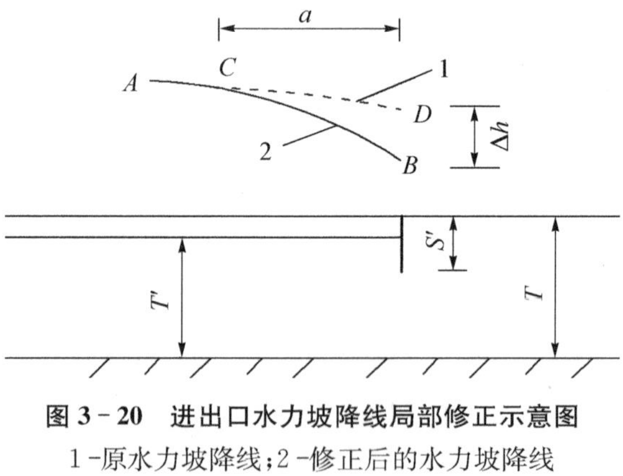

图 3－20　进出口水力坡降线局部修正示意图

1－原水力坡降线；2－修正后的水力坡降线

a－水力坡降呈陡变形式的长度；Δh－修正后的水头损失减少值

2. 进出口段齿墙不规则部位，应对与进出口板桩相邻水平段 l 的水头损失及渗透压力图形进行修正，见图 3－21。

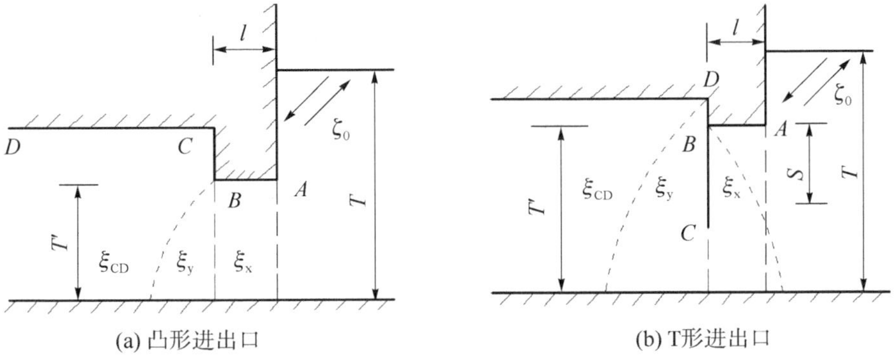

图 3－21　具有短齿墙的进出口段示意图

l-齿墙宽度；T-进出口段地基深度，取大值一侧；T'-进出口段另一端的地基埋深；
S-出口段的垂直长度；ξ_{CD}、ξ_y、ξ_x -各段的阻力系数

（1）当 $\Delta h \leqslant h_x$ 时，水平段水头损失修正值可按下式计算：

$$h'_x = h_x + \Delta h \tag{3-98}$$

式中：h'_x——修正后的水平段的水头损失值，m；

h_x——水平段的水头损失值，m；

Δh——修正后的水头损失减少值，m。

（2）当 $h_x < \Delta h \leqslant h_x + h_y$ 时，可按下列公式修正：

$$h'_x = 2h_x \tag{3-99}$$

$$h'_y = h_y + \Delta h - h_x \tag{3-100}$$

式中：h'_x——修正后的水平段的水头损失值，m；

h_x——水平段的水头损失值，m；

h'_y——修正后的内部垂直段水头损失值，m；

h_y——内部垂直段的水头损失值，m；

Δh——修正后的水头损失减少值，m。

（3）当 $h_x + h_y < \Delta h$ 时，可按下列公式修正：

$$h'_x = 2h_x \tag{3-101}$$

$$h'_y = 2h_y \tag{3-102}$$

$$h'_{CD} = h_{CD} + \Delta h - (h_x + h_y) \tag{3-103}$$

式中：h'_x——修正后的水平段的水头损失值，m；

h_x——水平段的水头损失值，m；

h'_y——修正后的内部垂直段水头损失值,m;

h_y——内部垂直段的水头损失值,m;

h'_{CD}——修正后的 CD 段水头损失值,m;

h_{CD}——CD 段的水头损失值,m;

Δh——修正后的水头损失减少值,m。

根据各计算点修正后的水头值,连线得出渗透压力图形。

(七) 计算出口坡降

出口段渗流的平均坡降可按公式(3-104)计算,并应小于在渗透水流作用下,按地基土体平衡条件所求得的出口段容许渗流坡降,其值见表3-17。

$$J_f = \frac{h_f}{S} \tag{3-104}$$

式中:J_f——出口段渗流的平均坡降,m;

h_f——出口段的水头损失,m;

S——出口段的垂直长度,m。

表3-17　水平段和出口段容许渗透坡降

土体类别	容许渗透坡降值/m	
	水平段	出口段
粉砂	0.05～0.07	0.25～0.30
细砂	0.07～0.10	0.30～0.35
中砂	0.10～0.13	0.35～0.40
粗砂	0.13～0.17	0.40～0.45
中砾、细砾	0.17～0.22	0.45～0.50
粗砾夹卵石	0.22～0.28	0.50～0.55
亚砂土	0.15～0.25	0.40～0.50
亚黏土	0.25～0.35	0.50～0.60
软土	0.30～0.40	0.60～0.70
老黏性土	0.40～0.50	0.70～0.80

注:① 当渗流出口处设反滤层时,表中数值可增大30%;
② 表中列出的数值是防止出现流土破坏地基土的容许渗透坡降值;
③ 建筑物级别较高时取小值。

(八) 地基土体"整体"渗流稳定性

验算地基土体"整体"渗流稳定性时,在渗透水流作用下,地基土的平均渗透坡降按公式(3-105)计算,地基土的平均渗透坡降应小于水平段容许渗透坡降。

$$J = \frac{H}{\sum \xi_i T} \tag{3-105}$$

式中：J——平均渗透坡降，m；

H——渗透水头，m；

ξ_i——各分段的阻力系数；

T——进出口段地基深度，取大值一侧，m。

第四节　荷　载

在进行船闸水工建筑物设计时，需根据建筑物在施工、完建、运用及检修等不同时期所承受的全部荷载，并按各种可能的最不利荷载组合进行计算。

一、荷载种类

作用于船闸水工建筑物上的荷载包括：

(1) 建筑物自重力、水重力；

(2) 建筑物内部或上部填料重力；

(3) 闸门、阀门、启闭机械及其他设备的重力；

(4) 土压力；

(5) 静水压力；

(6) 扬压力，包括浮托力及渗透力；

(7) 船舶荷载，包括船舶的撞击力和船舶的系缆力；

(8) 活荷载；

(9) 波浪力；

(10) 水流力；

(11) 地震力；

(12) 其他。

二、荷载计算

1. 建筑物的荷载

建筑物自重、内部和上部填料重量及水重，可根据其尺寸和材料重度计算。对于一般工程材料的重度可参照表 3－18 选用；对于重要工程，材料重度应通过试验确定。

表 3－18　常用材料重度表

材料名称		重度(kN/m^3)	备注
混凝土	素混凝土	23.0～24.0	
	钢筋混凝土	24.0～25.0	
	沥青混凝土	21.0～23.0	
	无砂大孔混凝土	16.0～19.0	
	钢丝网水泥	25.0～26.0	
	水泥砂浆	20.0	

续表

材料名称			重度(kN/m³)	备注
浆砌石料	花岗岩		26.0～27.0	
	石灰岩		24.5～25.5	
	砂岩		22.0～23.0	
浆砌块石	花岗岩		23.0～24.0	
	石灰岩		22.0～23.0	
	砂岩		20.0～21.0	
干砌块石	花岗岩		21.0～22.0	
	石灰岩		20.0～21.0	
	砂岩		19.0～20.0	
浆砌砖	浆砌普通砖		18.0	
	浆砌机制砖		19.0	
	浆砌水泥空心砖		9.8	
回填土	黏土	干,松	13.3	
		干,压实	16.0	
		湿,压实	18.0	
		很湿,压实	20.0	
	砂土	干,松	12.2	
		干,压实	16.0	
		湿,压实	18.0	
		很湿,压实	20.0	
	细砂	水上	18.0	
		水下	9.0	
	粗砂	水上	18.0	
		水下	9.0	
	中砂	水上	18.0	
		水下	9.5	
	卵石	干	16.0～18.0	
	黏土夹卵石	松,干	17.0～18.0	
	砂土夹卵石	干,压实	15.0～17.0	
		湿	18.9～19.2	

续表

材料名称			重度(kN/m³)	备注
金属	铸铁		72.5	
	锻铁		77.5	
	钢		78.5	
	紫铜、青铜		85.0	
木材	红松、东北松、泡杉		5.0～6.0	重度随湿度不同而异
	西北云杉、冷杉、鱼鳞松、杉木		4.5～5.5	
	落叶杉、铁杉、赤杉、云南杉、槐木		6.0～7.0	
	柏木、马尾松		6.5～7.5	

2. 闸门、阀门及启闭机械的重量

闸门、阀门、启闭机械及其他设备的重力应通过计算确定，初步估算时，可按现行行业标准《船闸闸阀门设计规范》(JTJ 308—2003)和《船闸启闭机设计规范》(JTJ 309—2005)的有关规定执行。

3. 土压力

土压力的强度及其分布状态与墙身变位、回填土性质及地基条件等有关。最基本的土压力状态区分为主动极限平衡状态和被动极限平衡状态。在两个极限平衡状态中间的无数个弹性平衡状态中，墙体没有位移的静止状态，也是一个明显的特征状态。用主动、静止、被动三种状态，基本上可以反映墙与回填土的相互作用情况。

(1) 土压力状态判断。计算土压力，首先要判断土压力所处的状态。根据地基性质、结构类型和回填土性质等因素，基本可以分为以下三种情况：

① 土基上的重力式、扶壁式、悬臂式等结构，墙后填土应按主动土压力计算；

② 土基上设斜桩和带横撑的直桩基础上或岩基上的重力式、扶壁式、悬臂式和混合式等结构，以及整体式结构，由于墙身变位受到限制，主动极限平衡状态一般难以发生，因此墙后填土应按静止土压力计算；

③ 墙高大于 15 m 的整体式和悬臂式钢筋混凝土结构，由观测表明，结构上部产生大于静止土压力的附加土压力，因此应对附加土压力的影响进行分析研究。

(2) 主动土压力计算。船闸闸墙一般较矮、刚度大而可以转动、墙背粗糙，采用库仑理论计算主动土压力较为合适，这已被国内外许多试验、计算和观测所证实，如图 3－22 所示。

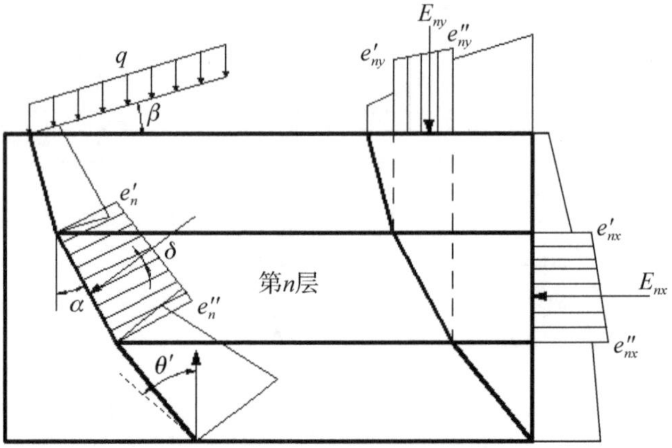

图 3-22 主动土压力计算

对无黏性多层土或折线墙背：

当$-15° \leqslant \alpha \leqslant \theta'$时，第二破裂面与垂线的夹角为：

$$\theta' = \frac{1}{2}(90° - \varphi) - \frac{1}{2}(\varepsilon - \beta) \tag{3-106}$$

式中：系数$\varepsilon = \arcsin\dfrac{\sin\beta}{\sin\varphi}$。

第 n 层土压力合力为：

$$E_n = \frac{1}{2}(e'_n + e''_n)\frac{h_n}{\cos\alpha} \tag{3-107}$$

其水平分土压力为：

$$E_{nx} = \frac{1}{2}(e'_{nx} + e''_{nx})h_n \tag{3-108}$$

其垂直分土压力为：

$$E_{ny} = \frac{1}{2}(e'_{ny} + e''_{ny})h_n\tan\alpha \tag{3-109}$$

作用于墙背上第 n 层上、下端处单位面积土压力强度为：

$$e'_n = (K_q q + \sum_{i=1}^{n-1}\gamma_i h_i)K_a\cos\alpha \tag{3-110}$$

$$e''_n = (K_q q + \sum_{i=1}^{n}\gamma_i h_i)K_a\cos\alpha \tag{3-111}$$

第 n 层上、下端处单位面积土压力的水平分力强度为：

$$e'_{nx}=(K_q q+\sum_{i=1}^{n-1}\gamma_i h_i)K_a\cos(\alpha+\delta) \tag{3-112}$$

$$e''_{nx}=(K_q q+\sum_{i=1}^{n}\gamma_i h_i)K_a\cos(\alpha+\delta) \tag{3-113}$$

第 n 层上、下端处单位面积土压力的垂直分力强度为：

$$e'_{ny}=(K_q q+\sum_{i=1}^{n-1}\gamma_i h_i)K_a\sin(\alpha+\delta)/\tan\alpha \tag{3-114}$$

$$e''_{ny}=(K_q q+\sum_{i=1}^{n}\gamma_i h_i)K_a\sin(\alpha+\delta)/\tan\alpha \tag{3-115}$$

以上式中：地面荷载力系数 $K_q=\dfrac{\cos\alpha}{\cos(\alpha-\beta)}$；

第 i 层主动土压力系数 $K_a=\dfrac{\cos^2(\varphi_i-\alpha)}{\cos^2\alpha\cos(\alpha+\delta)\left[1+\sqrt{\dfrac{\sin(\varphi_i+\delta)\sin(\varphi_i-\beta)}{\cos(\alpha+\delta)\cos(\alpha-\beta)}}\right]^2}$；

q——地面均布荷载，kPa；

h_i——第 i 层土层厚度，m；

α——折线墙背与铅垂线的夹角，仰角为正，俯角为负，(°)；

γ_i——第 i 层土的容重，水下取浮容重，kN/m^3；

φ_i——第 i 层土的内摩擦角，(°)；

δ——土与墙背间的摩擦角，(°)；

β——地面与水平面的夹角，(°)，在水平面以上为正，在水平面以下为负，同时使 $|\beta|\leqslant\varphi_i$。

由于 δ 对土压力的数值和作用方向影响较大，因此设计时尤应慎重。试验和观测表明，当回填土不密实，在发生沉降过程中产生土体与墙背的摩擦而形成有向下的动向力，因此 δ 值取否与取值大小均取决于墙背型式、粗糙程度以及回填土的性质等，一般仰斜的混凝土或砌体墙背采用 $(1/2\sim2/3)\varphi$（φ 为回填土的内摩擦角），阶梯型墙背取 $(2/3\sim1)\varphi$；垂直的混凝土或砌体墙背取 $(1/3\sim1/2)\varphi$；俯斜的混凝土或砌体墙背取 $(0\sim1/3)\varphi$。苏联米哈依诺夫教授提出要考虑地下水位对 δ 值的影响，一般在地下水位以上的砂性回填土，取 $\delta=1/2\varphi$；地下水位以下的饱和砂，取 $0<\delta<1/2\varphi$；当墙背盖以沥青防水层时，取 $\delta=0$。虽然不少观测资料证明，土与墙背的摩擦力确实存在，国外也普遍倾向考虑 δ 值，但为确保安全计，通常仅在增大土压力而有利于建筑物的稳定和强度时，才计及 δ 值。

对无黏性土，当地面为水平面，墙背与垂直线夹角大于等于 45 度减 $\varphi/2$（即：$\beta=0°$，$\alpha\geqslant45°-\varphi/2$），或墙身为 L 型结构时，主动土压力可按朗肯公式计算，并计入墙背与垂直面间的土体重量，如图 3-23 所示。墙背水平向主动土压力系数可按下式近似计算：

$$K_{ax}=\tan^2\left(45^\circ-\frac{\varphi}{2}\right) \tag{3-116}$$

式中：K_{ax}——墙背水平向主动土压力系数；

φ——土的内摩擦角，(°)。

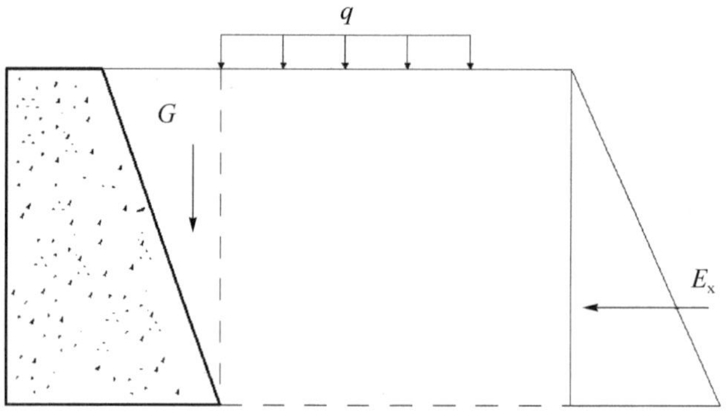

图 3-23 主动土压力计算(朗肯法)

G-墙背与垂直面间的土体重量，E_x-水平土压力，q-地面上的均布荷载

由于船闸墙后填土表面形状、墙身倾角等形式不同，为便于计算，列出几种主动土压力简化计算图式，供设计时参考。

① $\alpha=0,\beta=0$

$$e'_x=qK'_{ax};e''_x=(q+\gamma H)K'_{ax};K'_{ax}=\tan^2\left(45^\circ-\frac{\varphi}{2}\right)$$

$$E_{ax}=\frac{1}{2}(e'_x+e''_x)H;E_{ay}=E_{ax}\tan\delta$$

δ为填料与墙背的摩擦角，以下均同。

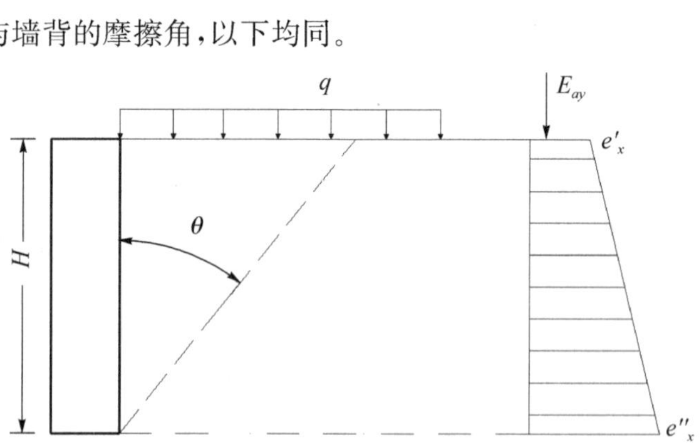

图 3-24 第一种简化计算图式

② $-15^\circ \leqslant \alpha < \left(45^\circ - \frac{\varphi}{2}\right), \beta = 0$

$$e'_x = qK_{ax}, e''_x = (q+\gamma H)K_{ax}, e'_y = qK_{ay}, e''_y = (q+\gamma H)K_{ay}$$

$$K_{ax} = K_a \cdot \cos(\alpha+\delta), K_{ay} = K_a \cdot \sin(\alpha+\delta)/\tan\alpha$$

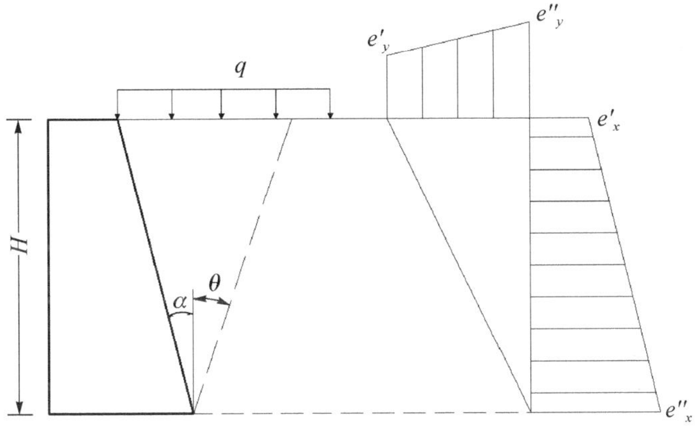

图 3-25　第二种简化计算图式

③ $\alpha > \left(45^\circ - \frac{\varphi}{2}\right), \beta = 0$

$$e'_x = qK'_{ax}, e''_x = (q+\gamma H)K'_{ax}, K'_{ax} = \tan^2\left(45^\circ - \frac{\varphi}{2}\right)$$

G—土体 OAB 的重量。

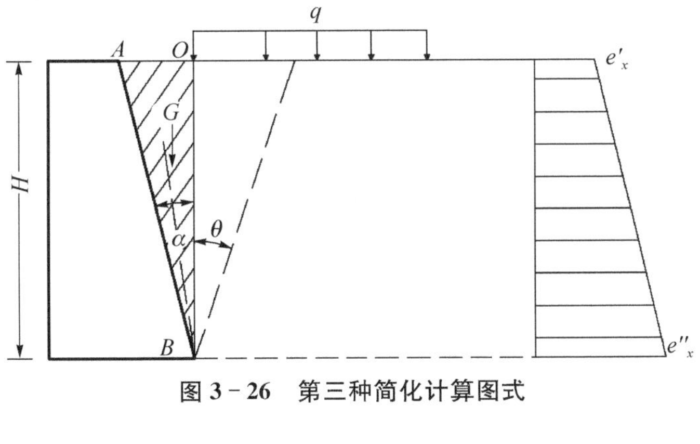

图 3-26　第三种简化计算图式

④ $\alpha \geqslant \theta', \left(\theta' = 45^\circ - \frac{\varphi}{2}\right)$

$$e_x = \gamma H K'_{ax}, K'_{ax} = \tan^2\left(45^\circ - \frac{\varphi}{2}\right)$$

G—土体 $OABC$ 的重量。

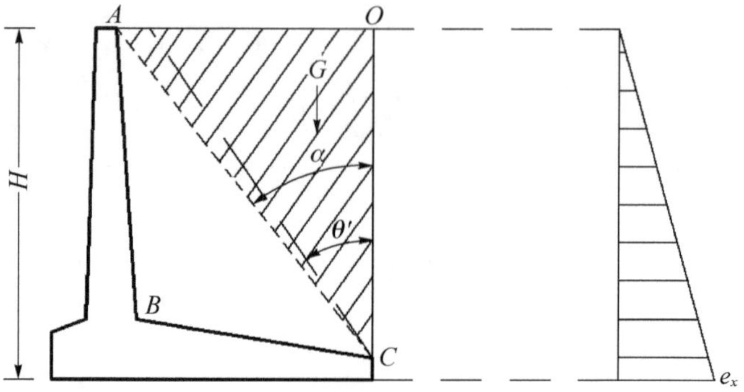

图 3-27 第四种简化计算图式

⑤ $\alpha < \left(45° - \frac{\varphi}{2}\right), \delta = \varphi$

$$e_x = \gamma H K_{ax}, e_y = \gamma H K_{ay}, K_{ax} = K_a \cdot \cos(\alpha + \delta)$$

$$K_{ay} = K_a \cdot \sin(\alpha + \delta)/\tan\alpha$$

G—土体 ABC 的重量。

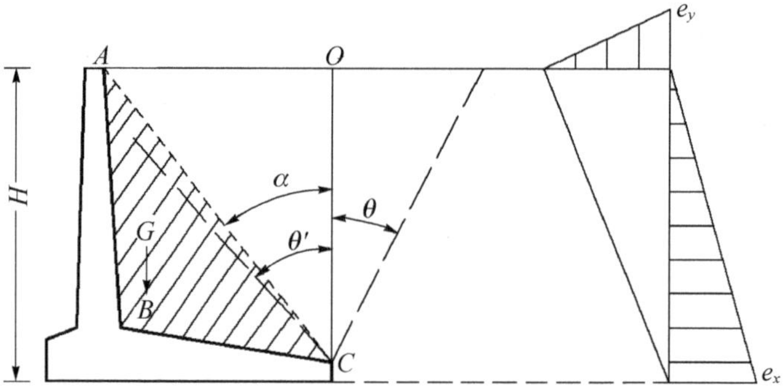

图 3-28 第五种简化计算图式

⑥ 折线填土面，$-15° \leqslant \alpha < \left(45° - \frac{\varphi}{2}\right)$

$$e_{ax} = qK_{ax}, e_{cx} = (q + \gamma h_{ac})K_{ax}, e_{dx} = \gamma h_{bd}K_{ax}, e_{fx} = \gamma h_{bf}K_{ax}$$

$$e_{ay} = qK_{ay}, e_{cy} = (q + \gamma h_{ac})K_{ay}, e_{dy} = \gamma h_{bd}K_{ay}, e_{fy} = \gamma h_{bf}K_{ay}$$

$$K_{ax} = K_a \cdot \cos(\alpha + \delta), K_{ay} = K_a \cdot \sin(\alpha + \delta)/\tan\alpha$$

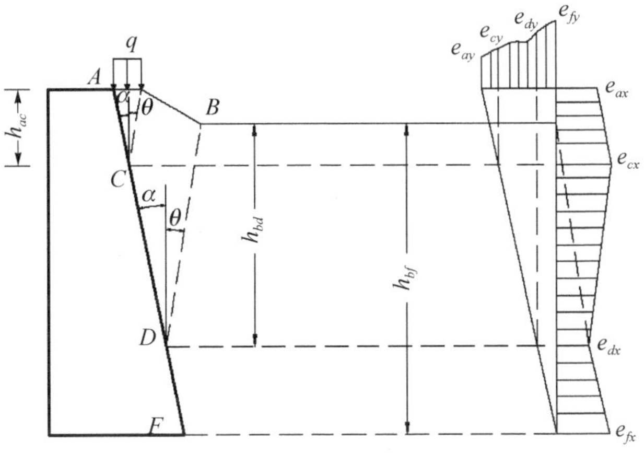

图 3－29　第六种简化计算图式

⑦ 折线填土面，$-15° \leqslant \alpha < \left(45° - \frac{\varphi}{2}\right)$

$$e_{ax} = qK_{ax}, e_{bx} = (q + \gamma h_{ab})K_{ax}, e_{cx} = \gamma h_{oc}K_{ax}, e_{dx} = \gamma h_{od}K_{ax}$$

$$e_{ay} = qK_{ay}, e_{by} = (q + \gamma h_{ab})K_{ay}, e_{cy} = \gamma h_{oc}K_{ay}, e_{dy} = \gamma h_{od}K_{ay}$$

$$K_{ax} = K_a \cdot \cos(\alpha + \delta), K_{ay} = K_a \cdot \sin(\alpha + \delta)/\tan\alpha$$

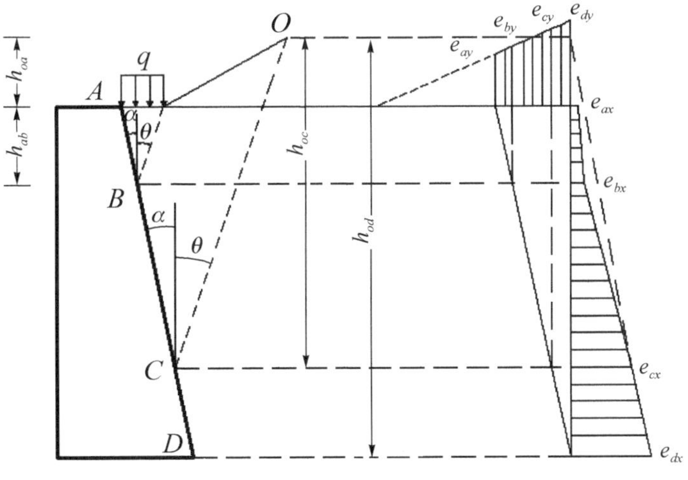

图 3－30　第七种简化计算图式

⑧ $q_x = qK_{ax}, q_y = qK_{ay}, K_{ax} = K_a \cdot \cos(\alpha+\delta), K_{ay} = K_a \cdot \sin(\alpha+\delta)/\tan\alpha$

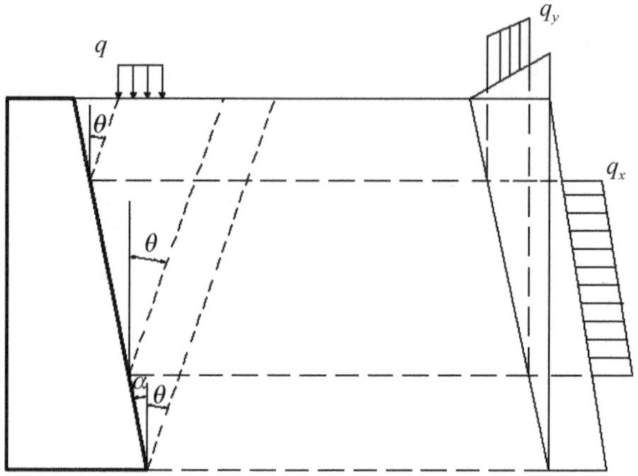

图 3-31　第八种简化计算图式

国内外观测资料表明，一般闸墙由于受回填土和地基的作用，墙身往往向填土方向倾斜而不是向前倾。但由于土体也有向后的位移场，而墙相对于回填土而言仍是前倾的，因此作用于墙上的土压力仍为主动土压力。

主动土压力的分布图形，根据土压力试验研究和原型观测，当墙体只有水平位移的情况下，主动土压力强度分布图形有时不是三角形，而是靠近底部土压力强度减小。只有当墙体发生绕前趾转动时，或是既有平移又有下沉时，土压力强度才接近于直线分布。我国的船闸闸墙位移大多属于或向前转动、或既有平移又有下沉的情况，因此土压力强度按直线分布的计算方法是合适的。

黏性土的黏聚力与土体湿度及其天然构造的完整性有关，土体的天然构造愈被破坏，则黏聚力愈小，因此室内试验所得的黏聚力不能代表真正的黏聚力，故黏性土的土压力理论在实际运用上有困难。此外，船闸墙后回填土内的水位较高，浸水后黏土膨胀和蠕变性将有可能增加墙上的土压力，因此，黏性土的黏聚力值能降低土压力的可靠性是无保障的，在设计时应尽量选用砂性土回填。

当采用黏性土回填时，黏性土主动土压力计算根据经验可选用下列计算方法：

① 当地面为水平时，在垂直墙背或计算垂面上可按公式(3-117)和公式(3-118)计算土压力强度。

$$e_{aH} = \left(q + \sum_{i=1}^{n} \gamma_i h_i\right) K_a - 2c\sqrt{K_a} \tag{3-117}$$

$$K_a = \tan^2\left(45° - \frac{\varphi}{2}\right) \tag{3-118}$$

式中：e_{aH}——主动土压力强度，当 e_{aH} 小于等于 0 时，取 0，kPa；

q——地面均布荷载,kPa;

γ_i——第 i 层土的重度,水下取浮重度,kN/m^3;

h_i——第 i 层土的厚度,m;

K_a——第 n 层土主动土压力系数;

φ——第 n 层土的内摩擦角,(°);

c——第 n 层土的黏聚力,kPa。

② 黏性土的主动土压力,可按楔体极限平衡图解法确定;当有经验时,也可采用等代内摩擦角,按无黏性土计算。土质较差或回填不密实的黏性土,可不计黏聚力。

(3) 静止土压力计算。静止土压力通常是指墙体没有位移时的土压力,一般是墙身刚度较大和地基不发生沉降的情况。

对于变位受一定限制的闸墙,特别是修建在岩石地基上的闸墙和整体式闸墙,其墙后土压力往往不可能达到主动平衡状态[即墙身位移大于(1/1 000~1/2 000)h 范围,h 为墙高],一般处于静止状态,其土压力值较主动状态大,这已被国内外的试验和观测所证明。红星船厂坞式闸墙的实测资料:墙后土压力是主动土压力的 1.23 倍;丹江口水利枢纽接岸坝体土压力实测资料:砂砾石料的土压力比主动土压力大 60%~100%。

根据国外试验资料,静止土压力系数值相对变化不大,对于砂性土一般为 0.4~0.5,对于黏性土为 0.6~0.67,比主动极限平衡状态大 30%~40%。

丹麦科学技术研究院的《基础工程实用规范》中规定:如挡土墙或其他结构必须认为是不能移动的,则假定作用其上的静止土压力系数,可按式(3-119)计算,即

$$k_0 = 1 - \sin\varphi \tag{3-119}$$

式中:φ——土体三轴试验测定的摩擦角,(°)。

若假定土的应力应变为弹性时,可根据广义的虎克定律计算静止土压力系数

$$k_0 = \frac{\mu}{1-\mu} \tag{3-120}$$

式中:μ——土的泊松比。

由于实测的 μ 值往往因施加循环荷载而不稳定,因此取值较困难,故该公式运用不普遍。

在船闸设计中,少数船闸按静止土压力设计,采用较主动土压力值大 25%的系数。

实测和试验均表明,静止土压力系数与回填土的压实方式有关,因土的竖向受压必然导致横向静止土压力的增加,而竖向荷载取消后,横向荷载也不会立即取消,所以采用机械压实时应取大值,人工回填及夯实则取小值。为方便设计,静止土压

力系数可采用主动土压力系数乘以扩大系数，即

$$k_0 = k_k k_a \tag{3-121}$$

式中：k_k——扩大系数，取 1.25～1.50；

k_a——主动土压力系数。

我国现行船闸规范中，对静止土压力系数，建议按主动土压力系数的 1.25～1.5 倍选取。

(4) 被动土压力及附加土压力。被动极限位移值大于主动极限位移值 10 倍以上，虽然还不能对闸墙位移提出限制值，但墙身发生墙高 1/100 以上的位移是不允许的，这样会使止水拉裂，结构破坏。因此事实上的被动极限状态在船闸结构中是极少发生的。一般情况下船闸设计不用被动土压力，而对属于被动区的土体，仍按静止土压力计。

当闸墙高度超过 25 m，且为钢筋混凝土坞式或悬臂式结构时，在闸墙上部会有大于静止土压力的附加土压力产生。美国艾伦港船闸闸墙挡土高度 18.7 m，实测资料证明，气温的季节性变化和闸室内灌水都能造成土压力的增加，反算结果，土压力系数由墙根处的 0.33 上升到近回填表面处的 1.1～1.2。实测值也表明，温度季节性变化所引起的土压力增加比闸室灌水后墙后土压力大 1 倍。苏联伏特金船闸坞式闸墙高 28 m，在闸室高水位时，墙顶向填土方向位移 8 mm，这个挠曲造成土压力比闸室低水位时增加 18%～20%，而气温所引起的位移达 40 mm。冬季向闸室、夏季向填土方向的变位不断地周期变化，加重了闸墙的负担，甚至会使钢筋混凝土出现裂缝。由于闸墙向填土方向的变位，致使作用在闸墙上的土压力增加，最大可达一般主动土压力的 2～3 倍。

但是，目前采用的许多计算附加土压力的方法都带有很大的假定性，有待于进一步深入研究。

鉴于目前船闸闸墙多为砌石或大体积混凝土结构，断面刚度较大，且闸墙高度较矮，因此温度对闸墙的影响不很突出。

4. 静水压力

作用于船闸建筑物表面的静水压力，应根据不同的水位组合情况进行计算。水的重度取 10 kN/m^3，高含沙量河流应根据实际情况确定。

5. 扬压力(包括浮托力和渗透压力)

作用于船闸建筑物基础底面的浮托力，应按低水一侧的水位计算。

土基上的渗透压力计算，基础底面高水一侧取全水头 H，低水一侧取零，其间可根据渗透轮廓直线或折线相连。

岩基上建筑物底面承受的渗透压力分布比较复杂，它与岩石特性、裂隙程度、节理分布及施工条件等因素有关，岩石本身可以认为是不透水的或透水性很微弱的物

质，而墙底基础的渗透主要是通过岩石裂隙、节理及层面夹泥等充填物和岩基面与墙基之间脱开处的渗透作用而产生。

岩基上的渗透压力计算，可参照现行行业标准《混凝土重力坝设计规范》(SL 319—2018)的有关规定计算。对未设帷幕和排水的船闸，单位长度上的总渗透压力可按下式计算：

$$V_s = \frac{1}{2}\alpha\gamma HB \qquad (3-121)$$

式中：V_s——单位长度上的总渗透压力，kN/m；

α——渗压折减系数；

γ——水的重度，kN/m^3；

H——计算面到水面的深度，m；

B——结构截面宽度，m。

渗透压力是在水头作用下产生的，不同的水头，其渗透梯度不同，而不同的岩石和建筑材料也将影响渗透梯度。观测资料表明，基岩中渗透压力线的变化，往往不是一条直线，而是曲线，事实上许多实测渗透压力值也往往比按直线计算的小。

为便于计算和比较符合实际，将曲线或折线变化的渗透压力图，折算为相应的直线变化图形，即将渗透水头乘以折减系数，使其按直线变化的三角形面积与曲线面积相等。

世界上一些主要国家采用的折减系数如下：

苏联第聂伯水电站	$\alpha = 0.5$
瑞典	$\alpha = 0.5 \sim 0.75$
美国	$\alpha = 0.2 \sim 0.6$
法国	$\alpha = 0.66 \sim 0.9$
意大利	$\alpha = 0.66 \sim 1.0$
瑞士	$\alpha = 0.66 \sim 1.0$
法国	$\alpha = 0.25 \sim 0.6$
日本	$\alpha = 0.333$

另外，从国外一些大坝的观测资料可以明显看出，一般除上游、下游两边缘点的实测数据较精确且接近于计算值外，在两点间的整个建筑物宽度范围内，实测值的变化是很大的，往往比计算图中的数值要小得多，更不是按一条直线变化，这主要表明渗透压力是通过裂隙间的渗透水流而形成的，当建筑物与地基胶结较好时，渗透阻力大，其水头损失也大，渗透压力就会相应减小。

我国船闸在设计和建设中，绝大多数是未设帷幕和排水的，而渗透压力计算采用了 $\alpha<1$。多年的运用实践证明是安全可靠的。其中主要原因是已建船闸多为中

低水头，在水头较低的情况下，扬压力相对于混凝土的容许拉应力或黏着力是很小的，因此足以保证安全。

总结国内外的经验，岩基上的渗压折减系数应根据以下因素综合考虑选用：

(1) 基岩节理裂隙不发育，地质条件良好时，可取较小值，相反则取较大值；

(2) 闸墙承受的水头较高时，取较大值；

(3) 建筑物级别较高时，取较大值；

(4) 建筑物材料为混凝土时，可取较小值，浆砌块石取较大值；

(5) 施工质量及地基处理较好时，取较小值。

闸墙水平计算截面的扬压力，当计算面位于低水位以下时，渗透压力可按上面所述方法计算，其单位长度上的浮托力应按下式计算：

$$V_F = \gamma HB \tag{3-122}$$

式中：V_F——单位长度上的浮托力，kN/m；

γ——水的重度，kN/m^3；

H——计算面到水面的深度，m；

B——结构截面宽度，m。

闸墙背后填土时，作用于墙背的水压力可按静水压力计算。作用于衬砌式闸墙背后的水压力可按静水压力乘以渗压折减系数计算。在校核船闸结构水平截面强度时，需计入作用在墙体内部的扬压力，当墙内设有排水管或隔水层时，需计入水头损失。

6. 船舶荷载

(1) 船舶撞击力。船闸闸墙一般不设防撞设施，因此一般的能量公式尚不适用，故仍采用经验公式计算船舶的撞击力。

过去船闸设计采用苏联原有的经验公式计算。经国外组织进行的实测资料表明，实际撞击力较该公式计算值大 0.8 倍，国内某些船闸也出现了导航墙及靠船码头撞毁事故，都说明该公式计算值偏小。

我国船闸设计规范中船舶撞击力可按式(3-123)计算，即

$$P_c = 0.9k\sqrt[3]{W^2} \tag{3-123}$$

式中：P_c——船舶撞击力，kN；

W——船队(船只)排水量，t；

k——系数。闸室取 1.0；引航道中导航建筑物的直线段取 1.67，曲线段取 2.0。

船舶撞击力的作用方向可按垂直于建筑物表面考虑。连续闸墙及导航墙顶端最不利撞击情况，其分布长度可按下列公式计算：

$$L_y = \frac{2}{3}y \tag{3-124}$$

$$2b < L_y < L_d \tag{3-125}$$

式中：L_y——沿墙长度方向的分布长度，m；

y——撞击点至计算截面的高度，m；

b——计算截面处墙的厚度，m；

L_d——墙的分块长度，m。

虽然船舶撞击力是作用在船闸结构上的主要荷载之一，但对于整体式结构，由于力的扩散作用，该力将分布在一定的长度范围内，因此单位长度上的力往往不大，对结构物影响较小。只有为独立建筑物或为轻型结构时，如墩柱式或框架式等，其影响较大，往往成为不可忽视的荷载。

(2) 船舶系缆力。船舶系缆力可按下表 3－19 取值。

表 3－19　内河货船和驳船系缆力

船舶载重吨 DWT(t)	系缆力值(kN)
DWT≤100	30
100<DWT≤500	50
500<DWT≤1 000	100
1 000<DWT≤2 000	150
2 000<DWT≤3 000	200
3 000<DWT≤5 000	250

7. 闸面荷载

船闸闸墙顶面平台上，平时仅有少数行人或工作人员通行，闸面荷载是较小的。但考虑到船闸检修期间堆放少量材料或使用轻便机械的要求，闸面活荷载一般取为 2～5 kPa；当闸面通行汽车、堆存货物或施工期作为堆存材料和堆存预制构件之用时，则须根据具体情况确定闸面荷载。如湖南省艳州船闸闸面荷载取 15 kPa (15 kN/m^2)，青山船闸取 10 kPa(10 kN/m^2)。

8. 波浪压力

承受风浪作用的建筑物在计算波浪压力时，波浪要素可根据建筑物所在位置的吹程、风速和地形等条件，按现行行业标准《内河航道与港口水文规范》(JTJ 214—2000)的有关规定估算。

引航道中的护坡，还需考虑船行波的作用。

9. 水流力

船闸的导航墩、导航框架等在流水中承受的水流力，最主要部分是相应于构件形状对水流的阻力部分，阻力系数由试验确定，一般水流力按式(3－126)计算，即

$$F = k\frac{\gamma v^2}{2g}A \tag{3-126}$$

式中：F——水流力，kN；

v——计算流速，采用建筑物使用期内，在其所处范围内可能出现的最大平均流速，m/s；

k——水流力系数，与结构的断面形状等因素有关；

γ——水的重度，kN/m^3；

g——重力加速度，取为 9.81 m/s^2；

A——结构在与流向垂直的平面上的投影面积，m^2。

水流力作用方向与水流方向相同，合力作用点在水面以下 1/3 水深处。

10. 地震力

地震作用力可根据《水运工程抗震规范》(JTS 146—2012)的有关规定计算。

三、荷载组合

船闸所承受的荷载，根据不同的计算情况，分别组合为基本组合和特殊组合。基本组合由基本荷载所组成，特殊组合除相应的基本荷载外，还要包括一种或几种特殊荷载，荷载组合见表 3-20。

表 3-20 荷载组合

<table>
<tr><th>荷载组合</th><th colspan="2">计算情况</th><th>自重</th><th>设备重</th><th>土压力</th><th>水压力</th><th>扬压力</th><th>船舶荷载</th><th>水流力</th><th>波浪力</th><th>活荷载</th><th>地震力</th></tr>
<tr><td rowspan="4">基本组合</td><td colspan="2">运行情况</td><td>√</td><td>√</td><td>√</td><td>√</td><td>√</td><td>√</td><td>√</td><td>√</td><td>√</td><td>—</td></tr>
<tr><td colspan="2">检修情况</td><td>√</td><td>√</td><td>√</td><td>√</td><td>√</td><td>—</td><td>—</td><td>—</td><td>√</td><td>—</td></tr>
<tr><td colspan="2">施工情况</td><td>√</td><td>—</td><td>√</td><td>—</td><td>—</td><td>—</td><td>—</td><td>—</td><td>√</td><td>—</td></tr>
<tr><td colspan="2">完建情况</td><td>√</td><td>√</td><td>√</td><td>—</td><td>√</td><td>—</td><td>—</td><td>—</td><td>—</td><td>—</td></tr>
<tr><td rowspan="4">特殊组合</td><td colspan="2">校核洪水位</td><td>√</td><td>√</td><td>√</td><td>√</td><td>√</td><td>—</td><td>√</td><td>√</td><td>√</td><td>—</td></tr>
<tr><td colspan="2">排水管堵塞，止水局部破坏</td><td>√</td><td>√</td><td>√</td><td>√</td><td>√</td><td>√</td><td>—</td><td>—</td><td>√</td><td>—</td></tr>
<tr><td rowspan="2">地震情况</td><td>运用情况＋地震</td><td>√</td><td>√</td><td>√</td><td>√</td><td>√</td><td>√</td><td>—</td><td>—</td><td>√</td><td>√</td></tr>
<tr><td>检修情况＋地震</td><td>√</td><td>√</td><td>√</td><td>√</td><td>√</td><td>—</td><td>—</td><td></td><td>√</td><td></td></tr>
</table>

第五节 闸室结构

船闸闸室有斜坡式和直立式两种。斜坡式闸室具有结构简单、造价低的优点，但使用不方便，且耗水量大，目前已很少采用。

直立式闸室结构由闸墙和底板组成。按其受力状态可分为整体式结构和分离式结构两大类。两侧闸墙和底板浇筑在一起的为整体式结构，如图 3－32 所示；闸墙和底板分别设置的为分离式结构，如图 3－33～图 3－34 所示。

分离式闸墙类型较多，常见的有重力式、悬臂式、衬砌式等。

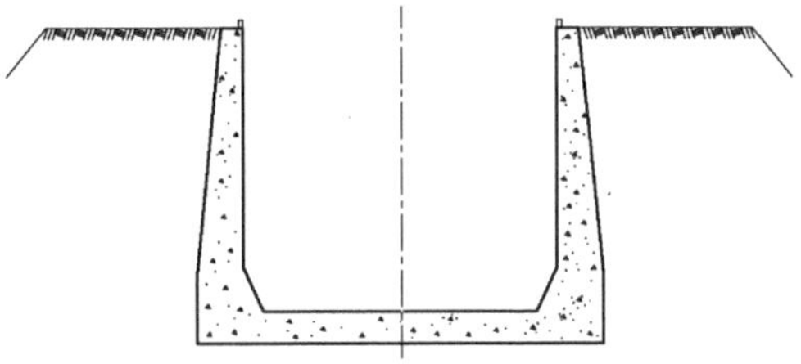

图 3－32　整体式闸室结构

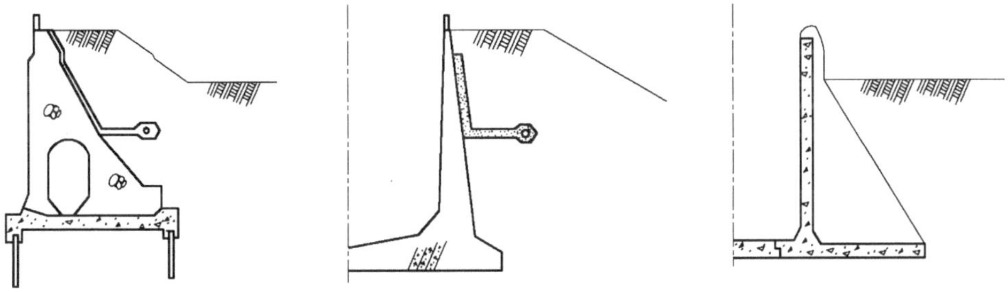

(a) 重力式　　(b) 悬臂式　　(c) 扶壁式

图 3－33　土基上闸室结构形式

土基上分离式闸室结构的闸墙，可分为重力式、悬臂式、扶壁式、板桩和地下连续墙等形式。闸室宜采用带有横撑的透水闸底，当地基为粉砂、细砂等对渗透和变形比较敏感的土质时，可采用不透水的双铰式底板。

岩基上分离式闸室结构的闸墙，可分为重力式、衬砌式和混合式。当岩基坚硬、完整，闸底不设输水廊道时，可不设底板，并应直接由岩石开挖形成闸墙面；当岩基不耐冲刷或闸底需设输水廊道时，应设置底板，底板宜采用双铰式。如图 3－34 所示。

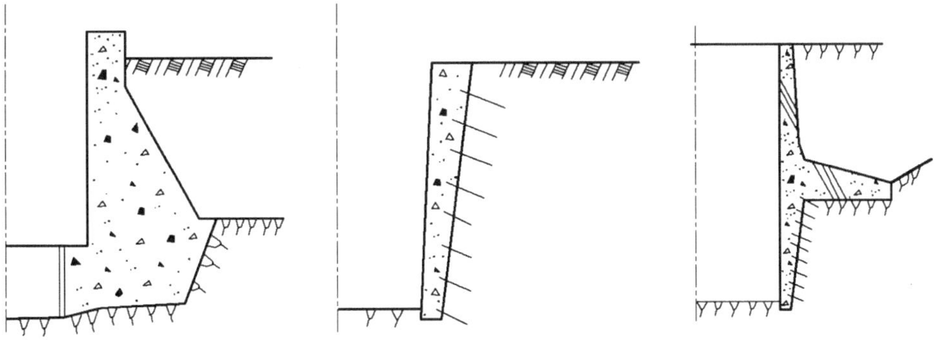

(a) 重力式　　(b) 衬砌式　　(c) 混合式

图 3－34　岩基上闸墙结构形式

闸室结构形式应根据地基条件、水头大小、输水系统形式、材料来源和施工条件等因素，通过经济比较确定。一般情况下采用分离式闸室结构比较经济合理。在软弱地基上且水级较大时，可采用整体式结构。

苏联中央运河科学研究院总结资料表明，除特别松软的土体外，一般当闸墙的自由高度与闸室的有效宽度的比值(h_c/b_c)小于 0.3 时，整体式结构不应是主要考虑方案；而当(h_c/b_c)大于 0.6 时，分离式结构则不应是主要考虑方案。

闸墙和底板的断面尺寸应满足结构稳定、强度和有关设施布置的要求。当地基、荷载和断面尺寸变化不大时，闸室结构可选择有代表性的断面按平面问题进行计算。由于闸墙的长度远较宽度大得多，且作用其上的荷载通常是沿着闸室长度均匀分布的，因此可按平面问题选取一个标准断面进行计算。如果闸墙高度变化较大，地基条件较复杂时，则需根据具体情况，取几个断面分别进行计算。

系船设备和爬梯等辅助设备均应置于壁龛内，壁龛边角应做成圆弧形或采用钢板镶护。闸墙底部前趾可以设置有利于结构受力的斜托，但不得妨碍船舶在最低通航水位时的安全运行。

溢洪船闸墙后填土表面应设置防渗盖面。

一、分离式闸室设计

（一）重力式闸墙结构

1. 构造

重力式闸墙是靠自重维持稳定的，地基反力较大，且又承受水平力的作用，其合力产生偏心，致使地基反力不均匀，最大反力往往接近于平均反力的 2 倍，对地基承载能力要求较高，因此重力式结构只适用于较好的地基。对于淤泥、淤泥质土、冲填土、杂填土或其他高压缩性土层，则不宜采用重力式结构。若必须采用时，则需对地基采取工程措施，以改善受力状态或增强地基强度。

重力式闸墙结构宜采用混凝土或钢筋混凝土结构。对水头不高的小型船闸，当地盛产石料，且技术可靠时，经论证可采用浆砌石结构。重力式结构按断面形式可分为梯形和衡重式两种。梯形断面适用较广，一般船闸和溢洪船闸均可采用，梯形结构底宽大、能适应荷载变化，稳定可靠，但不能充分发挥墙身材料的强度，工程量大，投资亦大。衡重式断面，由于下部为倒梯形断面，有减小土压力的作用，比梯形断面可节省工程量 10%～15%，但衡重式对地基要求较高，荷载变化反应灵敏。当为溢洪船闸时，由于衡重式断面下部的倒坡只能减小土压力，而对水压力无减载的作用，衡重式断面反比梯形断面要大，因此衡重式结构不适用于溢洪船闸。

重力式闸墙采用梯形断面或衡重式断面时，混凝土和浆砌块石闸墙背坡可采用折线形，浆砌条石闸墙背坡可采用阶梯形。衡重式闸墙一般由上墙、衡重平台、下墙三部分组成，其稳定主要靠墙身自重和平台上填土来满足。衡重式闸墙墙背宜在

0.4～0.5 倍墙高处设置衡重(卸荷)平台,平台以上为梯形断面,平台以下设坡度为 1∶0.2～1∶0.25 的反坡。重力式闸墙的顶宽,主要根据交通安全要求,并结合回填土是否到顶以及砌筑石料尺度等因素确定。浆砌石闸墙顶宽不宜小于 0.6 m,顶部应设置高度不小于 0.3 m 的现浇混凝土压顶。若回填土不到顶,则墙顶面作为人行通道应适当放宽并不应小于 1.0 m,在有行车或其他要求时,则须根据具体情况酌情确定。当闸身基础采用混凝土底板时,应在墙身与底板结合部的混凝土内预埋石榫。砌体应砌筑密实,墙面和背坡应严密勾缝。

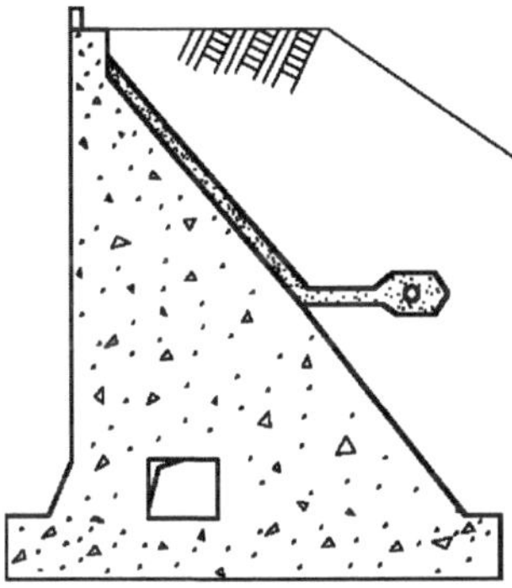

图 3-35　重力式闸墙

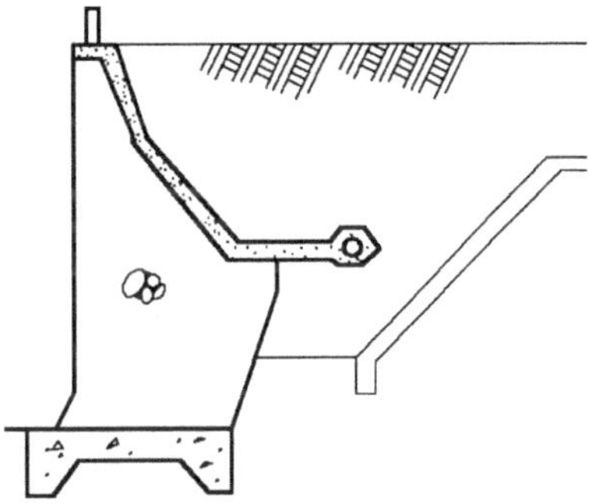

图 3-36　衡重式闸墙

船闸工程中闸墙背坡与底宽首先应满足稳定和强度的要求,其影响因素较多,诸如墙高、水级、地基、荷载、回填料、船闸与挡水建筑物的相对位置以及船闸是否溢洪等,因此很难得出统一的规律。根据国内已建的土基上船闸的统计,闸墙底宽与墙高之比约在以下范围内:

梯形断面　$B/h = 0.7 \sim 1.3$(B 为底板宽,h 为墙高)

梯形断面　$b/h = 0.5 \sim 0.8$(b 为墙底宽)

衡重式　$B/h = 0.5 \sim 0.7$

为防止溢洪船闸墙后填土被洪水冲刷,一般在填土表面设有盖面,并要求盖面有一定的柔性,以适应填土的不均匀沉降。盖面可采用混凝土或石料。四川省溢洪船闸墙后一般回填砂、卵石等粗粒料,以保证早期沉降和有良好的排水性能。在回填料的顶面上一般砌筑两层(厚 0.6～0.8 m)浆砌条石作为防渗盖面,要求盖面勾缝密实不透水,并在每年的洪水后对勾缝进行全面检查以确保盖面的防渗可靠性。实践证明这种盖面在四川省是可行的。

2. 计算

重力式闸墙应进行整体稳定性验算、地基承载力验算、地基渗透稳定验算、地基沉降计算、截面强度验算等。

(1) 整体稳定性验算

对于岩基上的重力式闸墙,沿建基面的整体抗滑稳定安全系数可按抗剪强度和抗剪断强度计算，其计算公式为：

$$K_c = \frac{f\sum V}{\sum H} \tag{3-127}$$

$$K'_c = \frac{f'\sum V + c'A}{\sum H} \tag{3-128}$$

式中：K_c——按抗剪强度计算的抗滑稳定安全系数；

f——闸墙与地基接触面的抗剪摩擦系数；

$\sum V$——作用于闸墙上全部荷载对滑动面法向投影的总和，kN；

$\sum H$——作用于闸墙上全部荷载对滑动面切向投影的总和，kN；

K'_c——按抗剪断强度计算的抗滑稳定安全系数；

f'——闸墙与地基接触面的抗剪断摩擦系数；

c'——闸墙与地基接触面的抗剪断黏聚力，kPa；

A——闸墙与地基的接触面积，m^2。

对于土基上重力式闸墙，沿基底面的整体抗滑稳定安全系数的计算，非黏性土地基可采用式(3-127)计算，黏性土地基宜按式(3-129)计算。闸底设有钢筋混凝土格梁或底板作为横撑时，一般按闸墙自身的抗滑稳定安全系数 K_c 达到 1.0 控制。

$$K_c = \frac{\tan\varphi_0\sum V + c_0 A}{\sum H} \tag{3-129}$$

式中：K_c——土基抗滑稳定安全系数；

$\sum V$——作用于闸墙上全部荷载对滑动面法向投影的总和，kN；

$\sum H$——作用于闸墙上全部荷载对滑动面切向投影的总和，kN；

φ_0——闸墙与土基之间的内摩擦角，(°)；

c_0——闸墙与土基之间的黏聚力，kPa；

A——闸墙与地基的接触面积，m^2。

重力式闸墙建基面以下有软弱夹层或缓倾角结构面时，应复核闸墙沿倾斜面的滑动稳定性，其抗滑稳定安全系数的计算公式为：

$$K_c = \frac{f(\sum V + \sum H\tan a)}{\sum H - \sum V\tan a} \tag{3-130}$$

式中：K_c——闸墙沿软弱夹层或缓倾斜基面的抗滑稳定安全系数；

f——软弱夹层或倾角结构面的摩擦系数；

$\sum V$ ——作用于滑动面以上的垂直力总和，含软弱夹层以上的土层或岩层重力，kN；

$\sum H$ ——作用于滑动面以上的水平力总和，kN；

a——滑动面与水平面的夹角，(°)；有利于稳定的倾角为正，反之为负。

对于重力式闸墙，整体抗倾稳定安全系数的计算公式为：

$$K_0 = \frac{M_R}{M_0} \tag{3-131}$$

式中：K_0——抗倾稳定安全系数；

M_R——闸墙自重(含水重、土重)及其上部竖向荷载对基底前趾的稳定力矩之和，kN·m，其中包括浮托力产生的力矩；

M_0——外荷载对闸墙基底前趾的倾覆力矩之和，kN·m，其中包括渗透压力产生的力矩。

(2) 基底应力计算

重力式闸墙断面整体刚度较大，基底应力基本上按直线分布，基础边缘最大、最小正应力可按偏心受压公式计算，其计算公式为：

$$\sigma_{\min}^{\max} = \frac{\sum V}{B}\left(1 \pm \frac{6e}{B}\right) \tag{3-132}$$

式中：$\sigma_{\min}^{\max}$——基础边缘最大、最小正应力，kPa；

$\sum V$ ——作用于闸墙基底面上外荷载合力的垂直分力，kN；

B——闸墙底部宽度，m；

e——闸墙底面合力对基底重心的偏心距，m。

(3) 地基承载力验算

对于岩基上的重力式闸墙，应控制其基底最大正应力小于基岩容许压应力。硬岩地基的容许压应力，视其裂隙发育和风化程度，可取岩石单轴饱和抗压强度的1/5～1/8；软岩地基容许压应力，宜由现场荷载板试验确定，一般可取极限承载力标准值的1/3～1/5。

土质地基的承载力破坏通常表现为支承基础的土体发生剪切破坏，其地基承载能力除主要取决于土体抗剪强度外，还与闸墙基础形状及埋置深度、地基反力分布及其合力方向等因素有关。重力式闸墙的基础尺寸、荷载偏心距及倾斜度均较大时，其地基极限承载力宜采用汉森(J. B. Hansen)公式计算，相应闸墙基础宽度应换算为中心受压的有效宽度。土质地基承载力安全系数可取2.0～3.0，对大型船闸或黏性土地基取大值，中、小型船闸或在砂性土地基取小值。对于地基持力层为多层土的情况，可采用按土层厚度加权平均得到的抗剪强度指标及重度计算地基极限承载力;若各土层抗剪强度指标相差较大,宜适当提高地基承载力安全系数,或者按魏西克(A. S. Vesic)法进行计算。确定土层加权平均抗剪强度指标和重度时,持力层的最大深度 $Z_{\max}$ 可按下式计算,即

$$Z_{\max} = B_e e^{\varepsilon \tan\varphi} \sin\varepsilon e^{-(0.87\lambda^{0.75})/(4.8+\lambda^{0.75})} \tag{3-133}$$

$$\lambda = \frac{B_e \gamma}{c + q\tan\varphi} \tag{3-134}$$

$$\varepsilon = \frac{\pi}{4} + \frac{\varphi}{2} - \frac{\delta}{2} - \frac{1}{2}\arcsin\left(\frac{\sin\delta}{\sin\varphi}\right) \tag{3-135}$$

其中 $B_e = B - 2e$

式中:B_e——闸墙基础有效宽度,m;

B——基础宽度,m;

e——外荷载合力的偏心距,m;

δ——合力方向与铅直线的夹角,(°);

c——地基土层黏聚力,kPa;

φ——地基土层内摩擦角,(°);

γ——地基土层重度标准值,kN/m³;

q——作用于闸墙的基底面以上边荷载的标准值,kN/m²。

(4) 地基沉降计算

建在松软土基上的船闸,需验算闸墙地基沉降量和沉降差。天然地基最终沉降量一般采用单向压缩分层总和法(即 $e-p$ 曲线法)计算。当闸墙地基为岩基、碎石土、密实砂土和老黏土时,可不进行地基沉降验算。闸墙地基沉降计算可按地质条件、土层压缩性、闸墙基础断面和荷载均基本相同的原则,将地基划分为若干区段,选取代表性断面作为计算断面。在每个计算断面内,选取包括基础两端及中点在内的 3~5 个计算点,根据各计算点的计算成果绘制计算沉降曲线 bcd,再考虑基础刚度的影响对沉降曲线进行调整。对于刚性基础,可按如图 3-37 所示方法调整:连接 bd,作平行于 bd 的直线 fg 与曲线 bcd 相交,使四边形面积 $afge$ 与曲多边形面积 $abcde$ 相等,fg 即为该断面调整后的沉降线。

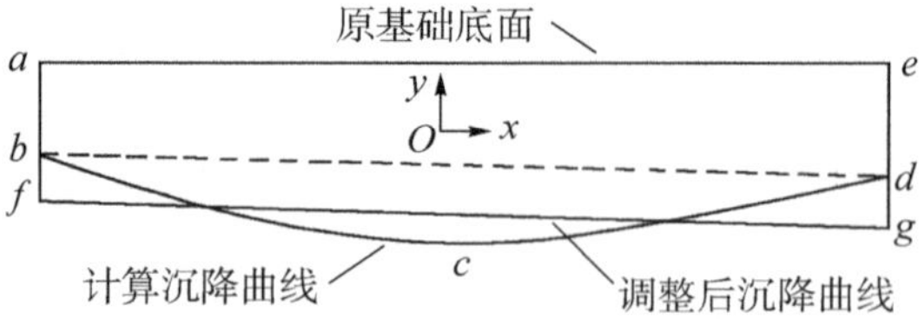

图 3-37 沉降计算成果调整示意图

(5) 地基渗透稳定验算

土基上闸室采用分离式透水底板,需验算地基土体在渗流作用下的渗透稳定

性。一般可选取闸墙地基承受最大渗透水头的检修情况，按平面渗流问题进行验算。当闸室位于挡水线上游时，墙后地下水位应按上游水位确定；位于挡水线下游的闸室，墙后未设排水管时，可采用上、下游水位的纵向连线作为墙后地下水位；墙后设有排水管时，墙后地下水位可按排水管高程确定，并应不低于下游水位。渗流计算可采用渗径系数法和改进阻力系数法。

（6）强度验算

重力式闸墙的结构强度，主要验算墙身水平截面的正应力。一般应控制迎水面不出现拉应力，背水面拉应力不大于 0.05 MPa；对高水头船闸还应验算截面边界点主应力，控制主压应力不大于墙体材料的容许抗压强度。墙身截面正应力一般采用材料力学方法，假定截面正应力呈直线分布，按偏心受压公式计算；截面边界点的主应力可由截面正应力、边界面形状及外荷载强度，根据边界点三角形微分体静力平衡条件求解。

（二）悬臂式结构设计

1. 构造

悬臂式闸室是由闸墙、底板和后悬臂组成、从船闸轴线分成两半的对称结构，在底板中间接缝中设置有止水，形成不透水的闸底。当地基承载力较低，闸墙高度和闸室宽度之比较大，且两侧荷载对称时，可采用悬臂式结构。

闸墙与底板的断面尺寸应满足强度和构造要求。闸墙顶部宽度宜取 0.4～0.6 m，中缝处的底板厚度应满足止水布置的构造要求，不宜小于 0.6 m。为确保安全，在中缝处设置两道止水为好。

2. 计算

悬臂式闸室主要进行稳定性验算、地基承载力验算、地基沉降计算、截面强度和限裂验算等。

悬臂式闸室结构不存在整体滑移稳定问题，通常也不需要验算抗倾稳定。但需验算闸室结构的抗浮稳定性，其抗浮安全系数 K_f 计算公式为：

$$K_f = \frac{\sum V}{U} \tag{3-136}$$

式中：$\sum V$ ——作用于闸室结构上的垂直力总和，kN；

U——作用于闸室底板的扬压力总和，kN。

悬臂式闸室不存在地基渗透稳定问题，其地基只需验算承载力及沉降变形两项，具体计算方法与重力式闸墙相同。悬臂式闸室结构的地基反力可按偏心受压公式计算，基底最小正应力应大于零。为保证闸室纵缝处止水的正常工作，其地基最大与最小应力的比值须加以控制，一般对于砂性地基应小于 5，对于黏性地基应小于 3。为满足地基反力的比值要求，可调整后悬臂的长度，但当 h/b 值小于 0.5 时（h 为墙高，b 为闸室宽度)，调整后悬臂的长度已不起作用，说明在这种情况下已不宜采用悬臂式结构。按偏心受压公式(即直线法)计算地基反力，计算简便，结果与弹性地基梁法的计算结果比较接近。资料分析表明，采用直线法与采用弹性地基梁法所求得的底板最大弯矩差值，对于闸室检修和完建情况一般不大于 10%，对于闸室运用情况则两者相差较大，但直线法偏于安全。考虑到闸室断面尺寸往往受检修情况控制，采用直线法计算地基反力是允许的。当闸室宽度较大时，采用直线法计算地基反力误差较大，需按两个有限刚度变截面弹性地基上的梁进行计算。在设计中为简化计算，可将底板整个看成是一对绝对刚性的梁，也可看成是一对变刚度的常截面梁。分析表明，前者假定所得的最大弯矩值与精确计算图式相比将有所增大，而按后者假定的值偏小，因此采用按一对绝对刚性梁计算为好。

悬臂式结构的闸墙可按悬臂梁或偏心受压构件计算截面强度；悬臂式结构的底板和后悬臂可按嵌固于闸墙上的悬臂梁计算截面强度。当闸室宽度和闸墙高度较大时，底板应按两个相邻的弹性地基梁计算，必要时应按有限元法等进行计算。计算底板截面强度时，应计入底板与地基之间的摩擦力 E_f 和作用于底板中缝处的水平力 E_p 对计算截面的附加轴力 N 和附加弯矩 M 可按式(3-137)求解，其中 E_f 和 E_p 可按式(3-138)和(3-139)计算，E_f 的分布和地基反力成正比，E_p 的作用点宜取底板中心线以上 1/4 板厚处。悬臂式闸室底板计算简图如图 3-38 所示。

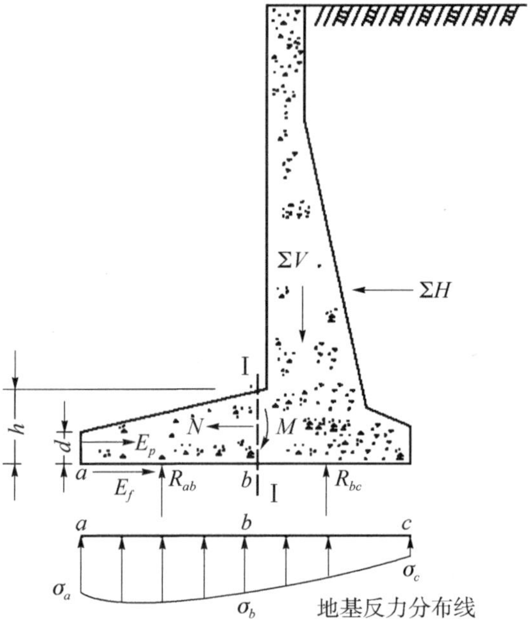

图 3-38 悬臂式闸室底板计算简图

$$\left.\begin{aligned} N &= E_p + fR_{ab} \\ M &= \left(\frac{h}{2}-\frac{3d}{4}\right)E_p + \frac{h}{2}fR_{ab} \end{aligned}\right\} \tag{3-137}$$

$$E_f = f\sum V \tag{3-138}$$

$$E_p = \sum H - f\sum V \tag{3-139}$$

式中：E_p——作用于底板中缝处的水平力，kN；

E_f——闸室底板与地基之间的摩擦力，kN；

$\sum H$——作用于闸室结构的水平外荷载的合力，kN；

$\sum V$——作用于闸室结构的竖向外荷载的合力，kN；

N——E_p、E_f 对计算截面的附加轴力，kN；

M——E_p、E_f 对计算截面的附加弯矩，kN·m；

R_{ab}——作用于底板 ab 段的地基反力；

f——闸室底板与地基间的摩擦系数。

（三）扶壁式闸墙结构设计

1. 构造

扶壁式闸墙结构由底板、肋板和立板组成。底板可分为趾板和内底板两部分。这种结构形式由于闸室墙系直接建于土基上，地基的承载能力很小，与港口扶壁式码头建在抛石基床上不同，因此一般不设置尾板。闸室分段的端部一般设肋板。立板、肋板和底板等连接部位应设置加强斜托。

为满足构造要求，扶壁肋板厚度不应小于 0.3 m，顶宽不宜小于 0.8 m，底宽应与底板宽相同。趾板前端厚度不应小于 0.25 m，内底板厚度不应小于 0.3 m。

当扶壁结构顶部设有胸墙时，立板和肋板竖向钢筋应伸入胸墙。

2. 计算

扶壁式闸墙应进行整体稳定性、地基承载力、渗透稳定性、截面强度和限裂验算及地基沉降计算。扶壁式闸墙结构强度计算包括立板计算、内底板计算、趾板计算及肋板计算四个部分，各部分可按下列规定计算：

(1) 立板在距底板交线 1.5 倍肋板间距区段内，按三边固定一边简支的双向板计算，在 1.5 倍肋板间距区段外按连续板计算；作用于立板的土压力应考虑谷仓效应，按梯形分布计算。

(2) 内底板计算模式与立板相同，趾板按固定在立板上的悬臂板计算。作用于内底板和趾板上的荷载有结构自重、填土重或水重、扬压力及地基反力等，地基反力可按直线分布假定。

(3) 肋板按固定在底板上的悬臂梁计算，结构强度计算截面可取为以肋板为腹板、肋板两侧的立板为翼板的 T 形截面。

(4) 肋板与立板、肋板与底板的连接按轴心受拉构件计算。

（四）衬砌式闸墙结构设计

岩基上除重力式闸墙结构外，还有衬砌式和混合式闸墙结构。岩基上重力式闸墙结构与土基上重力式闸墙结构基本相同。

当基岩顶面高程高于闸墙顶高程时，可采用衬砌式闸墙结构。衬砌式结构有重力式衬砌和带锚筋的薄壁衬砌。当基岩质地松软、裂隙发育，或在衬砌墙后设置排水可能引起较大渗透水流冲蚀岩石而使衬砌承受较大的水压力时，宜采用重力式衬砌；当基岩坚硬、完整时，可采用钢拉锚钢筋混凝土薄壁式衬砌闸墙。

当基岩质地较好，裂隙比较发育，可以在衬砌闸墙后应设置排水设施，排水设施宜采用竖向、横向和纵向相互联通的排水系统。排水管的纵坡可取为 1/200～1/500，排水管的直径不小于 25～30 cm。

基岩顶面低于闸墙顶高程时，可采用混合式闸墙结构，即基岩以上采用重力式，基岩以下采用衬砌式结构。

1. 构造

衬砌式闸墙的断面尺寸，需由稳定和强度计算确定。

我国小型船闸，多采用砌石倒梯形重力式衬砌；中大型船闸则采用混凝土和钢筋混凝土衬砌。

混凝土重力式衬砌墙宜采用倒梯形断面，其底宽不应小于 0.4 m，后坡坡度可取 1∶0.1～1∶0.4，墙底嵌入闸底深度不应小于 0.5 m，浆砌条石重力式衬砌墙墙背宜采用阶梯形，其底宽不应小于 0.8 m，台阶高度宜为 2.0 m，台阶宽度不应小于 0.4 m，墙底嵌入岩基深度不应小于 0.5 m。对大型衬砌墙，应经专门论证确定埋设深度。倒梯形衬砌断面如图 3－39 所示。国内部分船闸倒梯形衬砌断面尺寸见表 3－21。阶梯形衬砌断面如图 3－40 所示。

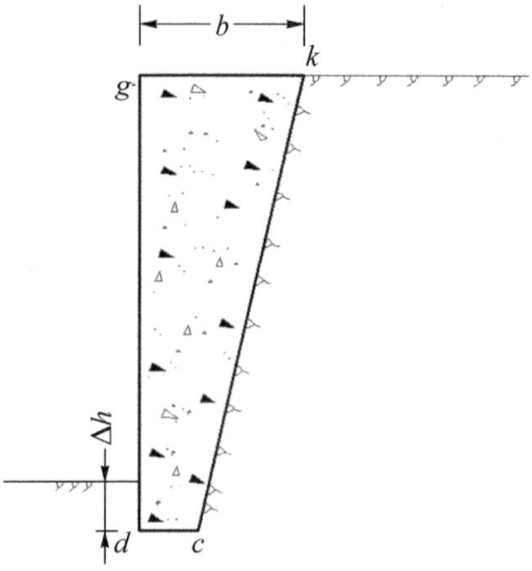

图 3－39 倒梯形衬砌断面

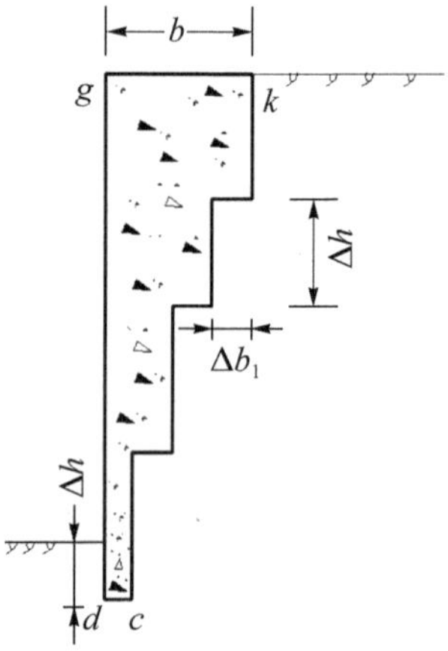

图 3－40 阶梯形衬砌断面

表 3－21 国内船闸倒梯形断面尺寸表

工程名称		砌体尺寸				备注
		内边坡 ck	底宽 dc(m)	衬砌高 gd(m)	嵌入深度 Δh(m)	
广西西津船闸		1∶0.104	1.0	8.0	0.5	有锚筋的混凝土衬砌
广东小北江	黄燕船闸	1∶0.4	0.4	2.0		无锚少筋混凝土衬砌
	青莲船闸	1∶0.14	0.8	8.5	0.5	无锚少筋混凝土衬砌
	绞剪坡船闸	1∶0.2	0.5	3.8		无锚少筋混凝土衬砌

国内部分船闸阶梯形衬砌断面尺寸见表 3-22。

设有锚筋的衬砌墙，其断面厚度一般不小于 40 cm。锚筋一般沿衬砌高度按等间距设置。为方便施工，往往将锚筋布置成水平或与水平成不大的夹角。锚筋的锚固深度一般为 1.0～2.0 m，埋入衬砌墙内至少为 30 倍锚筋直径，基岩中的锚孔直径至少是锚筋直径的 3 倍，重要工程应根据锚筋拉拔试验确定。

2. 计算

(1) 薄壁衬砌式闸墙计算

在闸室高水位情况下，薄壁衬砌式闸墙受到墙后岩体的支撑，结构稳定和受力一般不起控制作用。衬砌式闸墙的结构计算主要是复核闸室低水位运行和检修时，衬砌式闸墙在墙后渗压力作用下的整体稳定、截面强度以及锚杆受力。

对于衬砌式船闸，设置可靠的防渗排水设施是降低闸墙背面渗压力、优化结构设计、提高结构安全度的最有效途径。通常假定闸墙背面渗压力为呈三角形或梯形分布的静水压力乘以折减系数 α，墙背面渗压力计算公式为：

$$p=\alpha\gamma h \tag{3-140}$$

式中：h——计算点在墙后地下水位以下的深度，m；

γ——水的重度，取 10 kN/m^3；

α——折减系数，在闸墙背面设有排水管网时，其值可取 0.2～0.5，在闸墙背面不设排水系统时，其值可取 0.3～1.0，岩体透水性小、地表防渗排水系统较完备时，其值可取较小值，反之取较大值。

有锚筋的衬砌墙最小厚度主要取决于锚头布置及其施工要求，如图 3-41 所示。衬砌式闸墙最小厚度 $\delta_{\min}$ 的计算公式为：

$$\delta_{\min}=\delta_R+\delta_C+\delta_D \tag{3-141}$$

其中　$\delta_R \geqslant \sqrt{\dfrac{d_m^2}{4}+\dfrac{KT_m}{14\pi f_{tk}}}-\dfrac{d_m}{2}$

式中：$\delta_{\min}$——衬砌式闸墙最小厚度，m；

δ_R——锚杆抗拔出最小锚入深度，m；

δ_C——锚头段长度，m；

δ_D——锚头保护层厚度，m；

d_m——锚垫板直径，m；

T_m——锚杆拉拔力，kN；

f_{tk}——衬砌混凝土轴心抗拉强度标准值，kPa；

K——混凝土抗拉拔破坏强度安全系数。

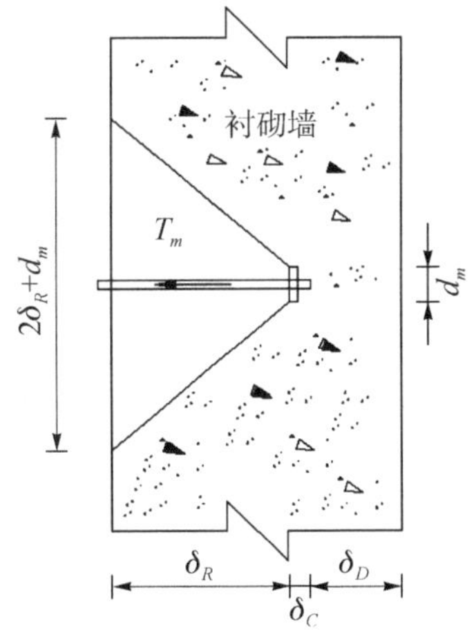

图 3-41　衬砌厚度计算简图

为改善锚头附近的混凝土受力状态，布置锚杆时，应尽量将锚头靠近闸墙迎水，并不使相邻锚头在

混凝土内的剪力锥产生重叠，即锚杆间距 Δ 满足

$$\Delta \geqslant 2\delta_R + d_m \tag{3-142}$$

此外，衬砌式闸墙厚度还应满足闸墙施工及结构构造的基本要求。

有锚筋的衬砌墙，由于自身断面较薄，需借助于锚筋达到稳定的要求，设置锚杆的薄壁衬砌式闸墙在墙后渗压力作用下的受力状态，通常可不考虑衬砌式闸墙与基岩结合面的黏结作用，将衬砌式闸墙视为以锚杆为支点的连续板，其结构受力可按如下两种模式进行计算：

① 模式 1：当衬砌式闸墙很薄时，可忽略衬砌式闸墙的法向刚度对体系受力的影响，即不考虑衬砌式闸墙基底面约束作用，按以锚杆为支撑的无梁楼盖进行计算。其锚杆拉力及衬砌式闸墙最大应力发生在锚杆支点处，计算公式为：

$$T_m = qa^2 \tag{3-143}$$

$$\sigma_{\max} = q\frac{a^2}{4t^2}\left(2.4\ln\frac{a}{2t} + 1.1\right) \tag{3-144}$$

式中：T_m——计算部位锚杆所受的拉力，kN；

$\sigma_{\max}$——计算部位衬砌式闸墙最大应力，kPa；

q——作用于衬砌式闸墙计算部位，由 4 个锚杆支点围成的正方形中心点的水压力强度，kPa；

a——按正方形布置的锚杆间距，m；$a \leqslant \sqrt{\dfrac{P_\sigma}{2\gamma y_{\max}}} = \sqrt{\dfrac{P_\sigma}{q}}$，$P_\sigma$ 为锚筋的抗拔容许应力，按锚筋与浇灌的水泥砂浆间黏结力以及水泥砂浆与岩石间的黏结力确定。

t——薄壁衬砌式闸墙的计算厚度，m；初步计算时按 $t = 0.05a + 0.2$。

在拟定锚杆间距和衬砌厚度后，据此即可进行结构强度和配筋计算。

② 模式 2：当衬砌式闸墙较厚，且在墙底有可靠的嵌固条件时，结构受力按以锚杆为弹性支点支撑的多跨悬臂梁（板）进行计算，模式 2 计算简图如图 3-42 所示。此时，各锚杆的拉力为曲线分布，曲线形状取决于墙后渗压力图形、衬砌式闸墙刚度及锚杆弹性系数等因素，最大锚杆拉力通常出现在衬砌式闸墙的中下部，锚杆反力分布如图 3-43 所示。

采用模式 2 进行计算时，应根据悬臂梁在固端处内力的计算结果，复核衬砌式闸墙基底抗滑稳定及截面应力，并满足抗滑稳定及基底面不出现拉应力的要求。若基底不满足抗滑稳定要求，则应按模式 1 计算锚杆反力，如基底能满足抗滑稳定要求，但拉应力较大，可对衬砌结构底部改用铰支的模式进行计算。布置衬砌式闸墙结构锚杆时，宜对锚杆在衬砌式闸墙与岩体接触面靠岩体一侧设置自由变形段。

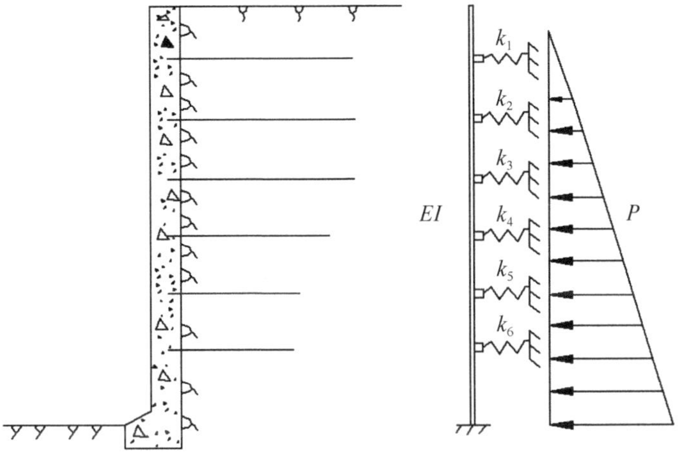

图 3-42　模式 2 计算简图

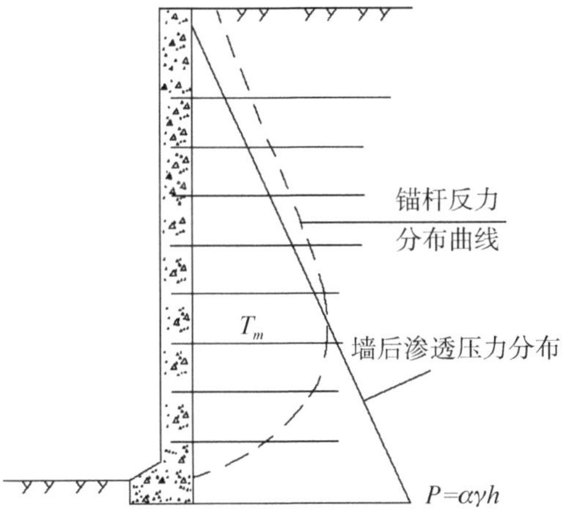

图 3-43　锚杆反力分布

(2) 重力式衬砌闸墙计算

重力式衬砌闸墙应进行整体稳定和截面强度验算。

① 强度验算可采用材料力学方法，分层校核强度。对于阶梯形重力式衬砌，选取各阶基底面为控制计算截面，按材料力学偏心受压公式自上向下依次分层，计算各阶底面的正应力。在分阶计算时要考虑上阶对下阶垂直荷载和水平荷载的传递，并对各种可能的最不利荷载组合情况下分别进行计算，以保证各阶强度要求，即各阶基底最大垂直应力应小于基岩或混凝土的允许承载力，最小垂直应力应大于零，计算图如图 3-44 所示。

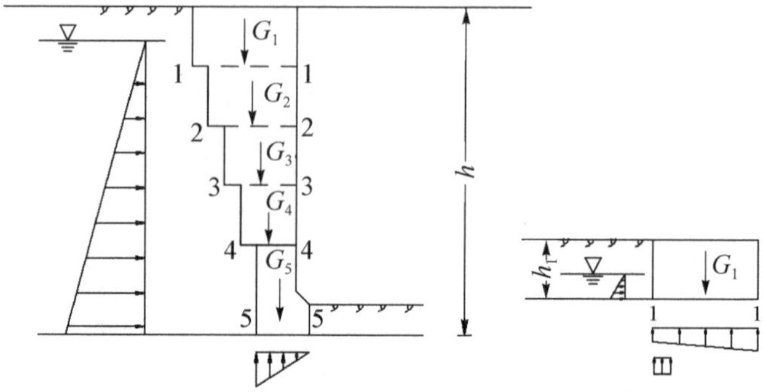

图 3-44 阶梯型重力式衬砌计算图

表 3-22 国内船闸倒梯形衬砌断面尺寸表

船闸名称	砌体尺寸					备注
	各阶宽度差 Δb_i(m)	各阶高度 Δh_i(m)	底宽 dc(m)	衬砌高 gd(m)	嵌入基岩深度 Δh(m)	
广西贵县船闸	0.4	2.1～2.2	1.4	6.4	0.5	有锚筋的混凝土衬砌
四川风洞子船闸	0.8	2.0	0.8	6.0	0.8	无锚筋浆砌石重力式衬砌
四川崇刊船闸	0.4	2.0～3.0	1.6	11.6	0.8	无锚筋浆砌石重力式衬砌
四川龙凤船闸	0.4	2.0	3.6	18.5	—	无锚筋浆砌石重力式衬砌

对倒梯形衬砌整体抗滑稳定，可按两种分析方法计算。一种是忽略斜坡面(BG)的作用，不考虑衬砌体斜坡部分下滑力的不利影响，假定衬砌体在荷载作用下沿衬砌的基底面(AB)滑动，此种计算法与常规重力式闸墙抗滑稳定计算一样。另一种是考虑斜坡面的作用，并计及衬砌体斜坡部分下滑力的不利影响，仍假定衬砌体在荷载作用下沿衬砌基底面(AB)滑动，如图 3-45～图 3-46 所示。

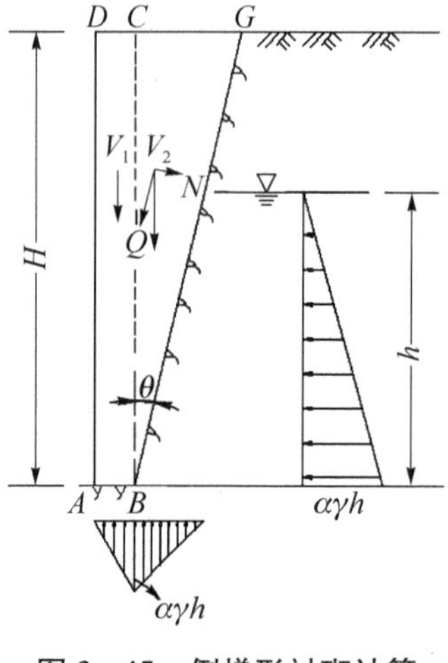

图 3-45 倒梯形衬砌计算

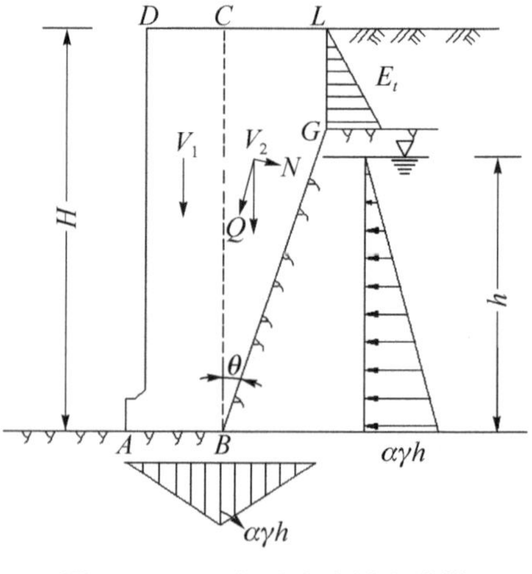

图 3-46 一般重力式衬砌计算

先将作用于衬砌式闸墙斜坡部分(BGC 或 $BGLC$)的总垂直力 V_2 分解为垂直与平行斜坡面的两个分力 N 和 Q,其计算公式为:

$$N = V_2 \sin\theta \tag{3-145}$$

$$Q = V_2 \cos\theta \tag{3-146}$$

式中:V_2——斜坡部分的总垂直力,kN;

N——垂直于斜坡面的分力,kN;

Q——平行于斜坡面的分力,kN。

然后在 Q 中扣除 N 在斜坡面上的摩擦力,即得到剩余下滑力 S;将 S 作为斜坡部分作用于衬砌式闸墙($ABCD$)的外荷载,并分解为竖直和水平向的分力 S_V、S_H,计算公式为:

$$S = Q - Nf = V_2 \cos\theta - fV_2 \sin\theta \tag{3-147}$$

$$S_V = V_2 \cos^2\theta - \frac{1}{2} fV_2 \sin 2\theta \tag{3-148}$$

$$S_H = \frac{1}{2} V_2 \sin 2\theta - fV_2 \sin^2\theta \tag{3-149}$$

式中:θ——斜坡面与铅直线之间的夹角,(°);

f——衬砌式闸墙沿斜坡面的摩擦系数。

将有关荷载分别合并后,按常规计算衬砌按常规重力式闸墙验算衬砌式闸墙 $ABCD$ 部分沿基底水平面 AB 的滑动稳定。

有锚杆的重力衬砌式闸墙的抗滑稳定可考虑锚杆的抗滑作用,一般假定锚杆拉力分布与墙后渗透压力分布相同,呈三角形分布,且底排锚杆的最大拉力不超过其设计抗拉力。同样按上述假定计算斜坡部分的下滑力,相应闸墙整体抗滑稳定计算公式为:

$$K_c = \frac{f'\left(V_1 + V_2 \cos^2\theta - \frac{1}{2} fV_2 \sin 2\theta\right) + \frac{1}{2} NF_m}{E_H + \frac{1}{2} V_2 \sin 2\theta - fV_2 \sin^2\theta} \tag{3-150}$$

式中:K_c——抗滑稳定安全系数;

f'、f——衬砌式闸墙沿基底面、斜坡面的摩擦系数;

V_1、V_2——作用于衬砌式闸墙矩形部分、斜坡部分的总垂直力,kN;

E_H——作用衬砌式闸墙上的水平方向的外荷载(渗压力、土压力等),kN;

N——布置在衬砌墙背面的锚杆数量;

θ——斜坡面与铅直面之间的夹角,(°);

F_m——布置在衬砌墙背面的锚杆设计抗拉力,kN。

不设结构锚杆的重力衬砌式闸墙的抗倾稳定计算方法与常规的重力式闸墙相同。设有锚杆的重力衬砌式闸墙的抗倾稳定与锚杆受力状态密切相关，当衬砌结构自身不能满足基底抗滑稳定要求时，锚杆的反力分布可按与墙后渗透压力分布成正比考虑，一般假定呈正三角形分布，且底排的锚杆达到设计抗拉强度时，其抗倾稳定计算公式为：

$$K_0=\frac{M_R+F_m\sum_{i=1}^{N}\left(h_i-\frac{h_i^2}{H}\right)}{M_0} \tag{3-151}$$

式中：K_0——抗倾稳定安全系数；

M_R——结构及设备自重（包括填料和水重）、浮托力等对衬砌式闸墙建基面前趾的稳定力矩之和，kN·m；

M_0——水压力、渗透压力、土压力等对衬砌式闸墙建基面前趾的倾覆力矩之和，kN·m；

N——衬砌式闸墙背面抗倾计算方向的有效锚杆数量；

h_i、H——衬砌式闸墙前趾距各排锚杆、顶排锚杆的垂直距离，m；

F_m——锚杆设计抗拉力，kN。

当衬砌结构自身能够满足抗滑稳定要求时，锚杆反力分布则取决于体系刚度，应采用弹性力学的方法计算锚杆反力分布规律，并按受力最大的锚杆达到设计抗拉力计算锚杆的总抗倾力矩。由于重力衬砌式闸墙的结构刚度通常较大，在这种情况下，锚杆反力多呈倒三角形分布。

计算重力衬砌式闸墙的基底应力及截面强度时，可采用考虑衬砌结构与岩体结合面接触的非线性弹性力学方法，通过建立衬砌结构—锚杆—岩体联合受力的有限元模型进行整体计算分析。计算模型中，衬砌混凝土和岩体可分别按连续弹性体采用块体单元离散；结构锚杆采用具有一定自由变形长度的梁单元模拟；衬砌结构与岩体接触面采用法向闭合时可传压、传剪，张开时不传力的非线性传力接触单元模拟，其物理方程为：

$$\{\sigma\}=\begin{Bmatrix}\tau_s\\ \tau_n\end{Bmatrix}=\begin{bmatrix}K'_s & 0\\ 0 & K'\end{bmatrix}\begin{Bmatrix}\left(1-\frac{\omega_0}{|\omega_r|}\right)v_r\\ (\omega_r+\omega_0)\end{Bmatrix} \tag{3-152}$$

$$K'_s=\begin{cases}k_s, \omega_r+\omega_0\leqslant 0 \text{ 且 } \tau_s<c-f\sigma_n\\ 0, \omega_r+\omega_0>0 \text{ 或 } \tau_s\geqslant c-f\sigma_n\end{cases} \tag{3-153}$$

$$K'_n=\begin{cases}k_n, \omega_r+\omega_0\leqslant 0\\ 0, \omega_r+\omega_0>0\end{cases} \tag{3-154}$$

式中：τ_s——接触面的切向应力；

σ_n——接触面的法向应力；

f——接触面摩擦系数；

c——接触面黏聚力，kPa；

ω_0——接触面的初始法向间隙，m；

ω_r、v_r——在荷载作用下接触面两侧产生的法向、切向相对位移，m；

k_s、k_n——接触面单位面积的切向和法向刚度，kN/m^3，$\omega_r+\omega_0<0$ 表示法向闭合，$\omega_r+\omega_0\geqslant 0$ 表示法向张开。

对于大型衬砌式闸墙，还需考虑在施工及运行过程中混凝土的温度变形对衬砌结构与岩体结合面接触状态的影响。

(3) 锚筋(杆)的设计

当闸墙采用拉锚薄壁式衬砌结构，上部传递给衬砌顶的水平力又较大时，衬砌墙受荷后将产生弯曲变形，其锚筋中应力分布为曲线，如图 3－47 所示，而曲线形状又取决于衬砌的刚度、基岩柔性及锚筋弹性等复杂因素，精确求解十分困难，一般设计只能在一些假定条件下按弹性支承变截面多跨连续梁近似求解。

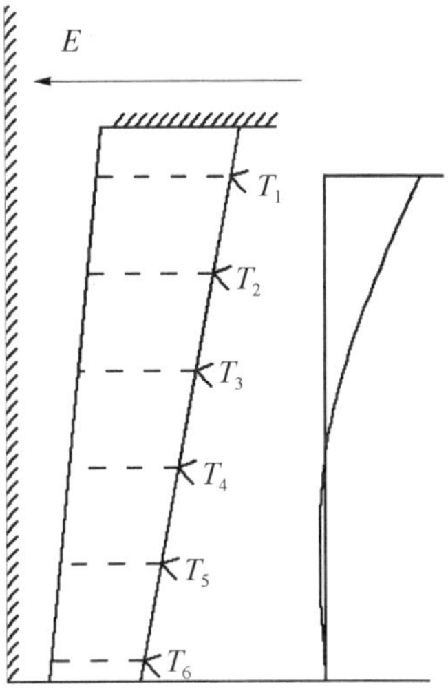

图 3－47　锚筋应力分布图

在具体计算时做如下的假定：

① 衬砌与基岩间的相互作用只能通过锚筋实现；

② 各锚筋间距相等，其弹性相同；

③ 最下端的锚筋固定在衬砌墙底；

④ 对每跨变断面的衬砌，其惯性矩取各跨的平均值。

锚筋拉力确定后需按锚固的破坏类型分别确定锚筋尺度和锚孔深度等。一般锚固破坏有四种类型，即锚筋本身拉断、锚筋与砂浆接触面破坏、砂浆与岩石接触面破坏、锚固岩体本身拉断。对质地较差及中等质地岩体，其本身强度在等于或大于锚筋实测比例极限抗拔力时才会发生强度破坏，如广西西津船闸，锚筋实际承受拉力 152 MPa，尚未达到锚筋强度，加之它们都固结在较完整的花岗岩基内，一般锚筋先于岩体破坏，因此对岩体本身拉断一项可不作校核计算。

① 锚筋断面面积可按下式(3－155)计算：

$$F_a=\frac{Z_i}{[\sigma]} \tag{3-155}$$

式中：F_a——锚筋断面面积，mm^2；

Z_i——第 i 根锚筋所受的拉力，N；

$[\sigma]$——锚筋容许拉应力，MPa。

② 锚筋长度可按下式(3-156)计算:

$$L_a = \frac{mZ_i}{\pi d_a R_a} \tag{3-156}$$

式中:L_a——锚筋长度,mm;

m——安全系数,一般取 2.0;

Z_i——第 i 根锚筋所受的拉力,N;

d_a——锚筋直径,mm;

R_a——锚筋与砂浆的极限黏结力,MPa,应根据试验确定,当无试验资料时,可取 0.6~0.8 MPa。

③ 锚孔深度可按公式(3-157)计算,采用的锚孔深度应大于锚筋长度。

$$L_c = \frac{mZ_i}{\pi d_c R_c} \tag{3-157}$$

式中:L_c——锚孔深度,mm;

m——安全系数,一般取 2.0;

Z_i——第 i 根锚筋所受的拉力,N;

d_c——锚孔直径,mm;

R_c——水泥砂浆与岩石间的极限黏结力,MPa,应根据试验确定,当无试验资料时,可取 0.2~0.4 MPa。

大型船闸的衬砌结构,为确保工程安全,除一般计算外,宜采用有限元法及模型试验进行计算分析。

(五) 混合式闸墙结构设计

当岩面处于墙高的中部时,闸墙可采用上部为重力式下部为衬砌式的混合式结构,其构造分别按重力式及衬砌式确定。混合式闸墙应保证上部重力墙和下部衬砌墙与岩基牢固连接。

混合式闸墙计算,主要包括对前趾的整体倾覆稳定验算和各部分强度的计算,如图 3-48 所示。

由于闸墙与地基的接触面不是一个平面,要了解和计算在外力作用下其上、下两部分共同工作的应力和应变是比较困难而复杂的,因此需进行简化,并作如下的近似假定:

(1) 除满足整体稳定外,假定上部挡墙和下部衬砌用缝分开各自成为独立体。单独计算上部重力式闸墙的抗滑、抗倾稳定性。抗滑计算中对于岩石与混凝土之间的摩擦系数可采用平均值。

(2) 由于抗倾计算时,闸墙处于极限平衡状态,墙后的悬臂底板有脱开地基的倾向,因此在计算中,重力式闸墙与基岩接触面水平反力不予考虑。

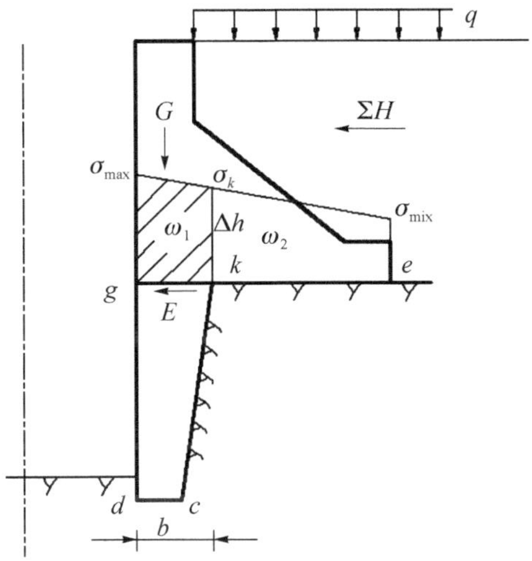

图 3-48　混合式闸墙结构示意图

G-作用于衬砌墙顶面的垂直力，kN；σ_{max}-重力墙基底面最大应力，kPa；σ_{min}-重力墙基底面最小应力，kPa；σ_k-重力墙基底面 k 点处的应力，kPa；b-衬砌墙顶宽，m；E-上部重力墙作用于衬砌墙上的水平力，kN；ω_1-作用于衬砌墙顶面正应力图形面积，m^2；ω_2-作用于基岩面正应力图形面积，m^2；$\sum H$-作用于重力墙的水平力总和，kN。

(3) 为确定衬砌墙对上部重力挡墙的实际影响，衬砌墙须验算在渗压作用下的倾覆稳定性，用以确定衬砌墙对上部重力墙的滑动稳定性的影响。

(4) 对处于较坚硬岩基上的混合式闸墙，无论垂直反力和水平反力都假定只作用在水平的基底板上。对于较软的岩基，闸墙可以认为是一个绝对刚体，其应力分布在整个接触面上。

(5) 为确保悬臂板在闸墙滑动稳定时应有的强度，假定作用在挡墙上的水平力均由悬臂板与基岩接触面间的摩擦力承担。

在船闸设计中，上部重力墙传给下部衬砌的垂直力，一般按上部重力墙地基反力作用于衬砌墙顶的大小而定，如图 3-48 所示，公式如下：

$$G=\frac{(\sigma_{max}+\sigma_k)b}{2} \tag{3-158}$$

式中：G——作用与衬砌墙顶面的垂直力，kN；

σ_{max}——重力墙基底面最大应力，kPa；

σ_k——重力墙基底面 k 点出的应力，kPa；

b——衬砌墙顶宽，m。

水平力的传递则有几种不同的假定：

(1) 将上部水平力全部传递给下部衬砌。即

$$E=\sum H \tag{3-159}$$

式中：E——上部重力墙作用于衬砌墙上的水平力，kN；

$\sum H$——作用于重力墙的水平力总和，kN。

四川省崇刊船闸采用此法。

(2) 将水平力按垂直力分布面积比例传递。即

$$E=\frac{\omega_1}{\omega_1+\omega_2}\sum H \tag{3-160}$$

式中：E——上部重力墙作用于衬砌墙上的水平力，kN；

ω_1——作用于衬砌墙顶面正应力图形面积，m^2；

ω_2——作用于基岩面正应力图形面积，m^2；

$\sum H$——作用于重力墙的水平力总和，kN。

广西西津船闸采用此法。现行船闸设计规范推荐用此公式计算。

(3) 将水平力均匀分布。即

$$E=\frac{b}{B}\sum H \tag{3-161}$$

式中：E——上部重力墙作用于衬砌墙上的水平力，kN；

B——上部重力墙底宽，m；

b——下部衬砌墙顶宽，m；

$\sum H$——作用于重力墙的水平力总和，kN。

用上述三种假定设计的船闸，经多年运用均未发现问题。

对于下部为薄壁衬砌式闸墙的混合式闸墙，因衬砌式闸墙的法向刚度较小，可假定上部重力墙与下部衬砌式闸墙之间只相互传递垂直力，不传递水平力。

对于下部为重力式结构的混合式闸墙，在结构布置阶段，可按简化的材料力学方法对闸墙整体及分部结构进行近似计算，混合式闸墙结构计算简图如图 3－49 所示。验算抗倾稳定时，可将闸墙视为刚性整体，并假定在极限平衡条件下，重力墙基底面 BC 处于脱开状态，按常规静定结构验算整个闸墙在外荷载作用下绕衬砌式闸墙前趾 O 点的抗倾稳定性。在分别验算上部重力墙和下

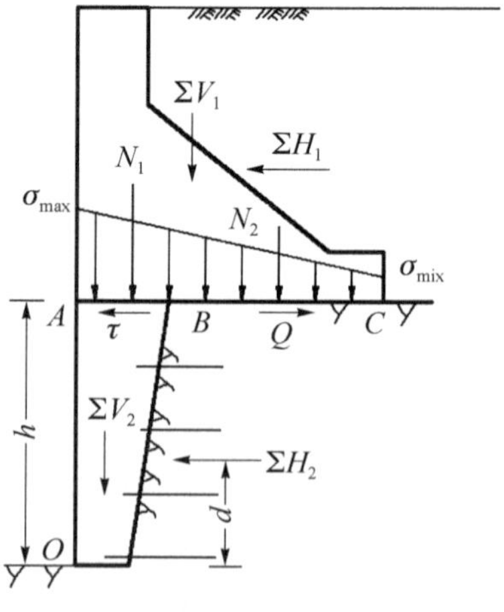

图 3－49　混合式闸墙结构计算简图

部衬砌式闸墙稳定条件时，可先按偏心受压公式计算上都重力墙的基底应力分布，并按应力图形面积求出上部重力墙作用于衬砌式闸墙顶面的垂直力 N_1，再考虑重力墙与衬砌式闸墙交接面的剪力 τ，由脱离体各自稳定要求，按式(3-162)或式(3-163)验算上部重力墙建基面的抗剪强度 Q 或抗剪断强度 Q'，如 Q、Q' 不能满足要求，应调整闸墙截面尺寸或采取其他工程措施。

$$Q=N_2 f \geqslant [K_c]\left(\sum H_1+[K_0]\sum H_2 \frac{d}{h}\right)-[K_c]\left(N_1 \frac{e_1}{h}+\sum V_2 \frac{e_2}{h}\right) \tag{3-162}$$

$$Q'=N_2 f'+c'S \geqslant [K'_c]\left(\sum H_1+[K_0]\sum H_2 \frac{d}{h}\right)-[K'_c]\left(N_1 \frac{e_1}{h}+\sum V_2 \frac{e_2}{h}\right) \tag{3-163}$$

式中：$\sum H_1$ ——作用于重力墙上的水平外荷载的合力，kN；

$\sum H_2$ ——作用于衬砌式闸墙上的水平外荷载的合力，kN；

$\sum V_2$ ——作用于衬砌式闸墙的竖向外荷载的合力，kN；

N_1——重力墙作用于衬砌式闸墙顶面的垂直力，kN；

N_2——重力墙作用于基岩面 BC 的垂直力，kN；

e_1、e_2——N_1、$\sum V_2$ 对衬砌式闸墙前趾 O 点的偏心距，m；

f、f'——重力墙与基岩的抗剪、抗剪断摩擦系数；

c'——重力墙与基岩接触面的抗剪断黏聚力，kPa；

S——重力墙建基面 BC 的压应力作用面积，m^2；

$[K_c]$、$[K'_c]$——抗剪和抗剪断稳定安全系数容许值；

$[K_0]$——抗倾稳定安全系数容许值。

混合式闸墙上部重力墙与下部衬砌式闸墙、岩体(锚杆)是一个联合受力的复杂结构体系，其结构受力与基岩特性、闸墙体型及荷载条件和建基面抗剪强度等密切相关，精确求解比较困难，因此上述计算法也只能是近似的和简化的。有关计算表明，上部闸墙与基岩接触面上的法向应力的分布规律基本上符合按刚体计算的直线分布，只有在基岩较软弱时($E_{岩}/E_{墙}=0.1$)，出现衬砌受力较大的情况。水平力的分布与基岩及墙体弹模有关，当基岩弹模比墙体大时，则基岩承担较大的水平力，并从墙前向后趾增大，只有当基岩较软弱时，衬砌才承受较大的水平力。实际工程中，基岩的弹模小于墙体弹模 1/10 的还很少见，即使是较软弱的新鲜泥质粉砂岩(属黏土质类岩石)，遇水后其野外试验的弹模值也为 3 340 MPa，湿抗压强度也为 20 MPa，要比一般普通混凝土弹模(2.35～2.6)×10^4 MPa 的 1/10 大 1.5 倍。而一般衬砌结构很少建于较软弱的岩基上，因此水平力按垂直力分布面积比分配是足够安全的。

事实上，上部闸墙与下部衬砌是浇筑在一起的，在外力作用下应力和应变是相互连续的，可采用有限单元法进行整体计算分析，计算模型中，闸墙与基岩结合面可按接触非线性问题处理，能较好地反映出上部重力墙—下部衬砌—锚杆复杂结构体系的受力及变形规律。因此，大型船闸的混合式结构宜采用有限元法和模型试验进行分析计算。

（六）板桩和地下连续墙结构设计

板桩和地下连续墙的设计应按现行行业标准《板桩码头设计与施工规范》(JTS 167—3—2009)的有关规定执行。

板桩和地下连续墙结构设计应满足闸墙附属设施布置的要求，墙身应具有足够的刚度，产生的挠曲变形和闸墙变位不应影响闸室有效宽度。

在设计最低通航水位以下 0.5 m 至墙顶范围内，地下连续墙的闸墙面应设现浇钢筋混凝土衬砌，并应与墙体整体连接。

板桩接缝处，应在墙后设置可靠的防渗设施，保证墙后土体的渗透稳定。

板桩和地下连续墙入土深度应满足整体稳定和地基渗透稳定的要求。墙身受力应计入闸底横撑和边纵梁的作用，可按竖向弹性地基梁进行内力计算。

锚锭结构形式可采用锚锭墙、锚锭板、锚锭叉桩、锚锭板桩或锚锭桩，对抗剪强度较好的土层，也可采用土层锚杆。

土层锚杆可参照中国工程建设标准化协会标准《岩土锚杆(索)技术规范》(CECS 22:2005)的有关规定进行设计。

（七）底板设计

1. 底板的构造

分离式闸室一般选用透水闸底板。为防止由于闸室水位、流速的频繁变化而可能引起的冲刷、流土及管涌及被船舶螺旋桨、撑篙等造成闸底的破坏，因此必须加以保护。

透水底板下部应设反滤层，根据已建船闸的经验，反滤层采用中石、小石、中粗砂构成。砂性地基，反滤层多为 3～4 层；黏性地基，多为 2～3 层。如江苏省淮阴船闸，地基为粉砂，反滤层采用 4 层，即 10～40 mm 中石子厚 20 cm；2～10 mm 小石子厚 20 cm；中砂层厚 20 cm；细砂层厚 20 cm。安徽上桥船闸，为黏性地基，采用 3 层，即中石、小石、粗砂，平均每层厚度为 20 cm。对于小型船闸采用 2 层，即碎石和中砂，各厚 10 cm 即可。

反滤层是透水闸底板安全可靠的关键，设计反滤层时应严格遵守规范要求，以确保反滤层的质量。

透水底板顶层采用浆砌石或混凝土结构时，闸底板顶层应设排水孔，排水孔间距可取 2～3 m，孔内应采用碎石填充。

透水底板应布置纵横格梁，每个格梁控制的平面尺度不宜大于 30 m^2，纵横格梁断面尺寸不宜小于 0.4 m×0.4 m。当利用格梁起横撑作用时，格梁宜采用钢筋混凝土结构。格梁设计应考虑边墩不均匀沉降的影响，按偏心受压构件计算。

在地基土质较差或防渗难以满足的细砂、粉砂、粉质土、淤泥等地区以及限制变位的闸首情况下，可采用双铰式底板，如图 3－50 所示。

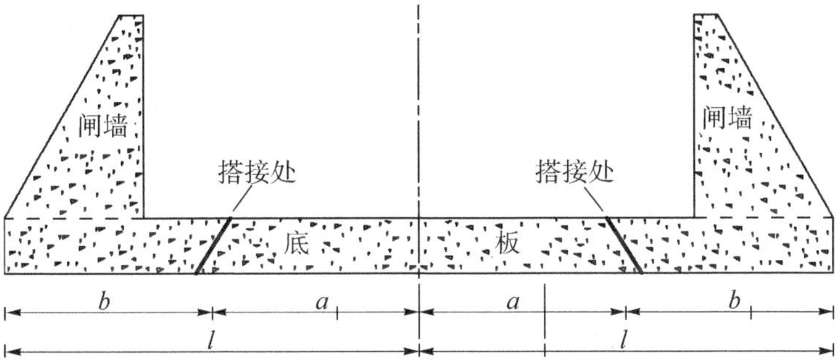

图 3－50　双铰式底板

双铰底板是两边闸墙的前趾与底板以斜接或搭接组成两个假想铰，并在铰接处设止水以形成不透水的分离式结构。这种形式具有不透水及抗浮、抗渗性能好，闸墙与底板分别受力可减小底板中部的弯矩等优点。有关资料表明，双铰底板使闸墙与底板共同工作，可降低对闸墙抗滑安全度的要求、减小地基反力、节省防渗设施，造价比透水闸底式闸室节省 20%左右，比整体式闸室结构节省钢材 75%、混凝土 25%。

双铰底板铰的位置可按闸底板最大正、负弯矩相近的原则确定。中间底板宽度可取闸室宽度的 3/5～4/5，厚度可取宽度的 1/12～1/8，沿宽度方向可采用变厚度。

铰的形式一般采用斜接式或搭接式，如图 3－51 所示。接缝宽 20～30 mm，接缝处设置 1～2 道止水。铰接段是双铰底板结构的重要部位，设计和施工上应予以重视。

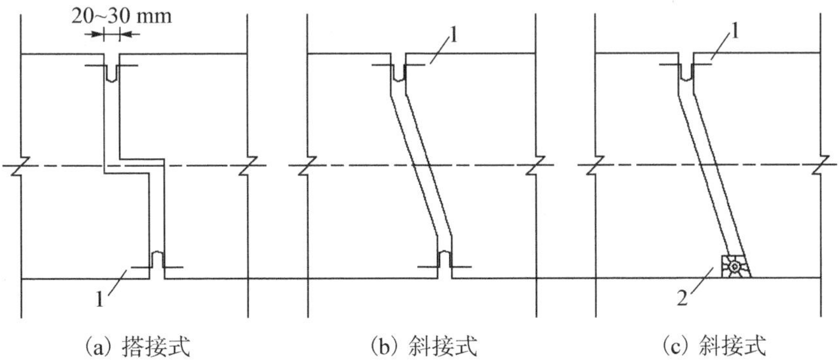

图 3－51　铰的形式

1. 止水；2. 垫木

铰接点的构造是双铰底板的关键，对双铰底板铰接处的承压面应进行局部强度验算。

岩基上的分离式结构，当基岩较完整时，可以不采用底板，直接由岩石开挖形成，或稍加砂浆护面。当设置底板而自重不能满足抗浮稳定要求时，可采用锚筋将底板锚固在基岩上，底板也可设楔口支承于闸墙上，或在底板下设置纵横向排水系统以降低底板上的浮力。

2. 底板的计算

在船闸设计中，双铰底板的计算可采用简支梁法、弹性地基梁法及折线反力法等。简支梁法假定中间底板简支于闸墙上，而闸墙不传力给底板，简支梁法忽略了地基的作用，未考虑闸墙向底板传力，在理论上是不合理的。弹性地基梁法，假定墙与中间底板为不同刚度以铰相连的弹性地基梁，采用连杆法求解地基反力。此法理论上比较合理，但计算工作量较大。折线法是假定地基反力在整个基底上连续，且为折线分布，在铰接处只传递水平力和垂直力，不传递弯矩，该方法按静力平衡条件求解，理论上较简支梁合理，计算又比较简单，已在江苏省张家港、南通船闸、安徽省巢湖等中、小型船闸采用，船闸建成后使用良好。

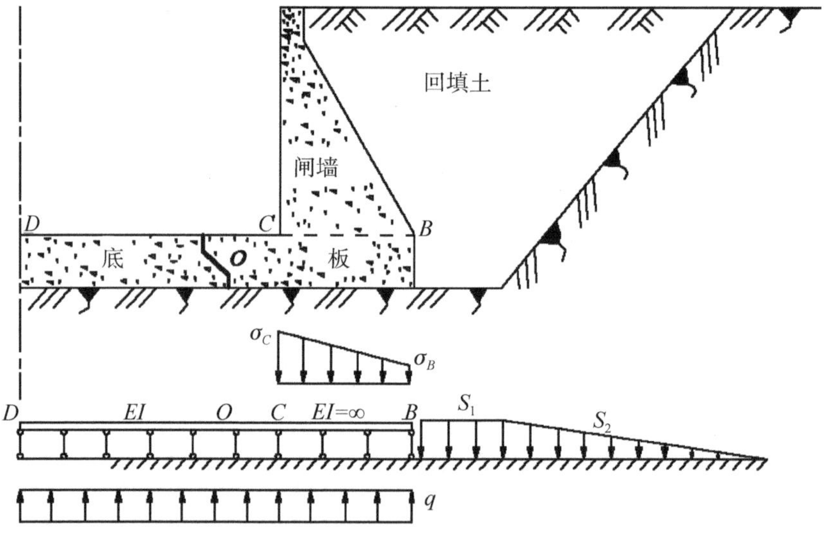

图 3-52 连杆法计算简图

σ_B、σ_C -按偏心受压计算的闸墙 BC 截面正应力；S_1、S_2 -闸墙以外的边荷载

(1) 底板地基反力及内力

对于土基上分离式闸室的双铰底板，底板地基反力和内力一般按弹性地基梁计算。当底板柔度指数大于 1 时，双铰底板的地基反力和内力宜按带双铰的弹性地基梁考虑，并采用连杆法计算(见图 3-52)；当底板柔度指数小于 1 时，可近似假定底板地基反力呈折线分布(见图 3-53)。地基反力和截面内力可由静力平衡条件计

算，其计算公式为：

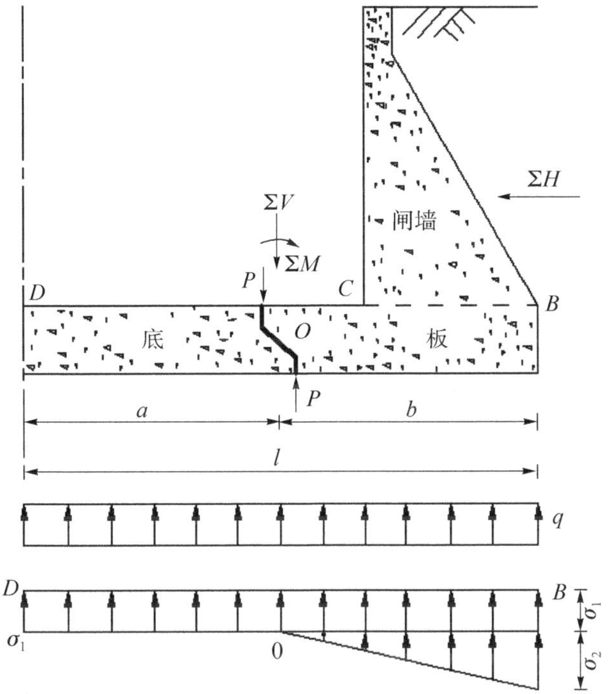

图 3－53　折线法计算简图

$$\sigma_1 = \frac{4}{4a+b}\sum V - \frac{6}{4ab+b^2}\sum M - q \quad (3-164)$$

$$\sigma_2 = \frac{12l}{4ab^2+b^3}\sum M - \frac{6}{4a+b}\sum V \quad (3-165)$$

$$P = \frac{4a}{4a+b}\sum V - \frac{6a}{4ab+b^2}\sum M \quad (3-166)$$

$$M_C = d\left(\frac{4ab+2bd-d^2}{4ab+b^2}\sum V - \frac{2ld^2-3b^2d-6ab^2}{4ab^3+b^4}\sum M\right) \quad (3-167)$$

$$M_D = \frac{2a^2}{4a+b}\sum V - \frac{3a^2}{4ab+b^2}\sum M \quad (3-168)$$

$$P = \frac{2M_D}{a} \quad (3-169)$$

式中：σ_1——闸墙前趾地基反力，kN/m^2；

a——中底板半宽，m；

b——闸墙底宽，m；

$\sum V$——作用于闸墙段上的垂直力总和,kN;

$\sum M$——作用于闸墙段上所有荷载对铰点的力矩总和,kN·m,顺时针为正;

q——作用于底板上的均布荷载,向上为正,分布长度为 $2l$,kN/m;

σ_2——闸墙后趾与前趾的地基反力之差,kN/m²;

P——铰接处闸墙传递给底板的垂直剪力,kN;

M_C、M_D——双铰顶部跨中 C、支座 D 截面弯矩,kN·m;

l——闸墙底宽与中底板半宽之和,m。

当两边不对称荷载作用时,双铰底板地基反力可按折线分布假设计算,见图 3-54 由静力平衡法按下列公式求出地基反力 σ_1、σ_2、σ_3 和 σ_4。

$$\sigma_1 = \frac{2\left(\sum V_1 + \sum V_2 - 2ql\right) - 3\left[\dfrac{\sum M_1 + \sum M_2}{b} - bq\right]}{4a+b} + \frac{6\left(\sum V_1 - \sum V_2\right) - \dfrac{9}{b}\left(\sum M_1 - \sum M_2\right)}{4a+3b} \tag{3-170}$$

$$\sigma_2 = \frac{2\left(\sum V_1 + \sum V_2 - 2ql\right) - 3\left[\dfrac{\sum M_1 + \sum M_2}{b} - bq\right]}{4a+b} - \frac{6\left(\sum V_1 - \sum V_2\right) - \dfrac{9}{b}\left(\sum M_1 - \sum M_2\right)}{4a+3b} \tag{3-171}$$

$$\sigma_3 = \frac{3\sum M_1}{b^2} - \frac{3q}{2} - \frac{\sigma_1}{2} \tag{3-172}$$

$$\sigma_4 = \frac{3\sum M_2}{b^2} - \frac{3q}{2} - \frac{\sigma_2}{2} \tag{3-173}$$

式中:σ_1——左侧闸室前趾地基反力,kN/m²;

σ_2——右侧闸室前趾地基反力,kN/m²;

σ_3——左侧闸室后趾地基反力,kN/m²;

σ_4——右侧闸室后趾地基反力,kN/m²;

$\sum V_1$——作用在左侧闸墙上的垂直力总和,kN/m²;

$\sum V_2$——作用在右侧闸墙上的垂直力总和,kN/m²;

q——作用于底板上的均布荷载,向上为正,分布长度为 $2l$,kN/m;

$\sum M_1$——作用于左侧闸墙上的所有荷载对左铰点的力矩总和,kN·m,图中所示方向为正；

$\sum M_2$——作用于右侧闸墙上的所有荷载对右铰点的力矩总和，kN·m，图中所示方向为正；

a——中底板半宽，m；

b——闸墙底宽，m。

l——闸墙底宽与中底板半宽之和，m。

作用在双铰底板上水平力的作用点位置应考虑墙后边载和负摩擦力等因素影响，可取底板中心线以下 1/6～1/4 板厚处。水平力按下式计算：

$$E = \sum H - f\left(\sum V - P\right) \tag{3-174}$$

式中：E——作用于双铰底板的水平力，kN；

$\sum H$——作用于闸墙上的水平外荷载的合力，kN；

$\sum V$——作用于闸墙上的垂直力总和，kN；

f——闸墙与地基间的摩擦系数；

P——铰传递的剪力，kN，向上为正。

铰传递的剪力可按公式(3-169)计算。

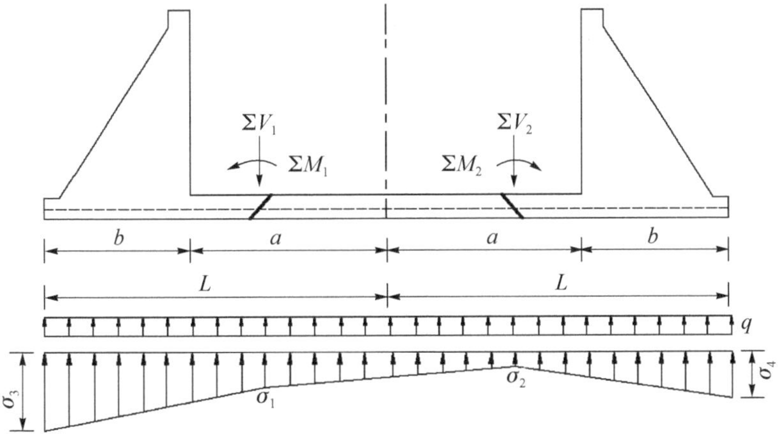

图 3-54　不对称荷载作用下底板地基反力计算示意图

具有廊道的底板，可按弹性地基上的框架或地基反力均匀分布的框架进行计算。计算时分别按两种不利情况进行：

① 闸室为低水位，而廊道中的内水压力由上游水位确定，包括静水压力和动水压力，其中动荷系数应由试验确定，一般设计时，取静水压力的$\frac{3}{10}$～$\frac{1}{2}$倍。当缺少水力实测资料时，总水压力可取静水压力的 1.3～1.5 倍。七里垅船闸采用 1.4；葛洲

坝3号船闸采用1.5;青铜峡船闸采用1.3。

② 闸室为高水位,而廊道中的内水压力为下游水位。由于分离式闸室两侧闸墙的力一般不传递到中间闸底板,闸底板受力比较简单明确,故一般假定地基反力为均匀分布。如湖南省双牌船闸下闸室的底板就是按均匀地基反力计算的底板内力,如图3-55所示。

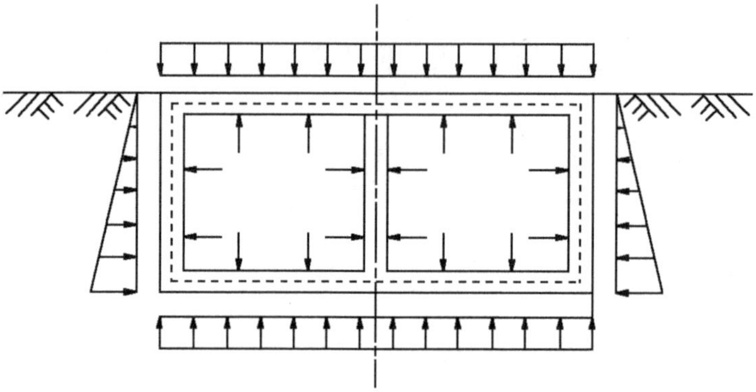

图3-55 具有廊道的底板计算示意图

(2) 抗浮计算

岩基上分离式闸室的底板一般用纵缝与闸墙分开,其底极结构需独立满足抗浮稳定要求。当底板自重不能满足抗浮稳定时,可采用锚杆将底板锚固在基岩上,底板抗浮稳定安全系数 K_f 的计算公式为:

$$K_f = \frac{a^2(\gamma_h t + \gamma_s h) + F_m}{a^2 \gamma_s H} \tag{3-175}$$

式中:K_f——闸室底板抗浮稳定安全系数;

a——按正方形布置的抗浮锚筋间距,m;

t、h——底板厚度、闸室内水深,m;

γ_h——闸室底板材料的重度,kN/m^3;

γ_s——水的重度,kN/m^3;

F_m——抗浮锚筋设计抗拔力,kN;

H——作用于底板上的扬压力水头,m。

有抗浮锚杆的分离式闸室底板的截面强度可接反向支撑于锚筋上的无梁楼盖计算。当自重不能满足抗浮稳定性时,根据具体条件还可将底板两端支承在闸墙上或底板下设纵横向排水系统等方法,通过经济技术比较确定。

二、整体式闸室设计

整体式闸室结构一般适用于水头较大、闸墙较高、地基较差或地震烈度较高的情况。

（一）整体式闸室的构造

整体式结构的闸墙和底板的断面尺寸，需根据强度和构造要求确定。闸墙顶的宽度一般取 0.4～0.6 m，墙后填土高度应考虑对闸室结构的影响，当墙后填土不到顶时，闸墙顶宽根据需要可适当加宽。闸墙底宽与底板厚度可取 0.16～0.25 倍的墙高。

整体式大型船闸，墙高底板宽，施工期可能产生较大的不均匀沉降。为改善底板的工作条件，施工期可在底板设临时施工宽缝，并在宽缝底部设置临时止水，待闸墙沉降基本稳定后，再进行封缝形成整体，以减小底板施工期的负弯矩，降低底板的开裂风险。

（二）整体式闸室计算

整体式闸室须进行下列验算：

（1）整体稳定性验算。包括抗浮稳定性验算和抗滑稳定性验算；

（2）截面强度验算。包括闸墙计算和闸底板计算。

由于整体式闸室是个封闭式结构，承受较大的扬压力，因此须验算抗浮稳定性，一般以闸室抽空检修作为控制情况。对于地基中有倾斜的软弱层面，或由于结构受力不对称，如在某一侧出现临空面或闸墙两侧填土高度相差较大时，还应验算其侧向抗滑稳定性，防止整个闸室结构向某一侧向滑移，如图 3-56 所示。

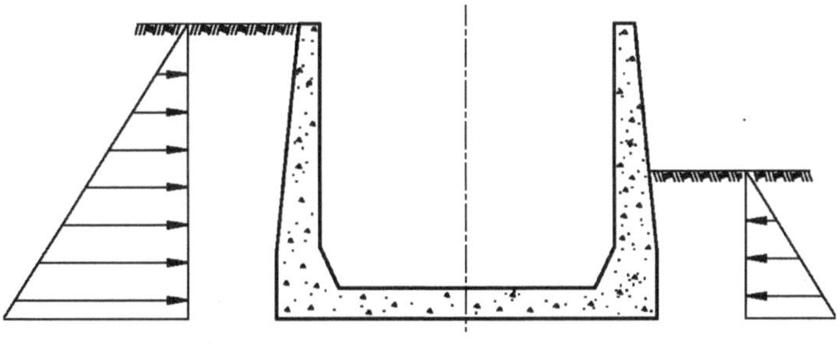

图 3-56　不对称受力情况下闸室稳定

整体式闸室的闸墙，可按固定于底板上的悬臂梁计算，考虑其高度一般不大于 25 m，为简化计算，可按材料力学偏心受压公式计算内力。计算截面应力时需考虑渗透水压力的影响。

整体式闸室的底板计算，通常简化为平面应变问题的地基梁进行计算。地基梁的计算目前分为两大类型，一是按基床系数假定的方法，二是按弹性半无限体和有限弹性压缩层假定的方法。

按基床系数假定的方法计算，由于边荷载未予考虑，而事实上边荷载的作用对底板的影响是较大的，不考虑偏于不安全。另外基床系数值，由于受试验条件的影响其值变化较大，对同一类土体因试块大小和人员各异无一定值，因此一般仅在地基可压缩层较薄的情况下采用。据国内外有关文献资料，当可压缩层厚度小于$\frac{1}{4}$倍底板半宽时，按基床系数假定的方法计算地基梁比较接近实际。

当可压缩层厚度较厚时，其厚度超过底板整个宽度的1.5倍时，可按弹性半无限体假定进行计算。

实际上，地基可压缩层不可能是半无限大的，用半无限大弹性体假定所得的地基沉降往往是偏大的，因此当可压缩层厚度小于底板整个宽度的1.5倍而大于底板整个宽度的$\frac{1}{5}$倍时，可按有限弹性压缩层假定进行计算。

但经过计算分析比较，半无限和有限压缩层厚度假定计算的结果表明，两种假定的结果差异并不明显，没有明确的界线，因此设计时可根据具体情况选择任一种方法。一般情况下采用半无限大弹性体的假定计算是可行的，也是方便的，因为已有具体的表格供查用或有现成程序可供应用。

按半无限大弹性体假定的方法主要有郭氏法、连杆法和有限元法。对于等截面梁，郭氏法已有现成表格，计算工作简便，大部分已建船闸采用此法；连杆法可以考虑变截面、变刚度及地基的各种特性。

经分析研究，当闸墙底宽小于或等于$L/2$（L为底板半宽）、底板柔度指数$t<3$时，忽略闸墙的刚度影响，按常刚度梁进行计算，也就是采用郭氏法计算，其内力值误差在5%左右，这种误差在工程上是允许的。

按常刚度梁计算，用连杆法与郭氏法进行比较，当安置连杆数目足够多时，连杆法成果精度较高，接近精确的弹性理论解；若安置的连杆数目较少，此时连杆法与郭氏法的成果已相当接近。因此视作等刚度梁的闸室底板，一般采用简便的郭氏查表法计算内力是能满足工程需要的，见表3-22。

表3-22　常刚度地基梁跨中弯矩比较

荷载性质	（多）连杆法	（少）连杆法	郭氏法
均布荷载	227	202	193.6
中央集中荷载	4 021	3 901	3 970
两端集中荷载	2 695	2 364	2 124
边荷载	−43	−34	−34.7

关于地基对底板的约束作用，研究资料及试验成果表明，处于土基上的地基梁，由于地基与梁接触面上水平反力较小，不计该力，对地基梁的内力无明显影响。但是在岩石地基上，特别是较好的岩基上，梁与地基事实上是浇筑在一起的，在外力作用下，地基与梁的接触面上将产生较大的水平反力，且地基的垂直反力分布也相应地发生变化，从而使地基梁的内力产生明显的改变，经初步计算比较及少量试验测

值证明,底板跨中弯矩值较不计水平反力降低15%以上。考虑水平约束力作用的计算,可采用有限元法及设双向连杆的连杆法。

船闸墙后填土所形成的边荷载对底板内力影响较大,设计中需慎重确定其大小及范围。边荷载的大小与回填土的填筑、施工程序、地基特性等因素有关,精确计算边载大小是十分困难的,只能作近似的假定。据有关研究资料表明,当边荷载作用长度大于底板半宽(即 L)时,其长度在半宽以外的边载对底板内力影响已不大了,因此边载的计算长度可取为底板的半宽,现行行业规范建议取 1～1.5 倍闸底板半宽。边载的分布形状,视回填土断面形状而定,一般取为三角形分布或矩形分布,如图 3－57 所示。

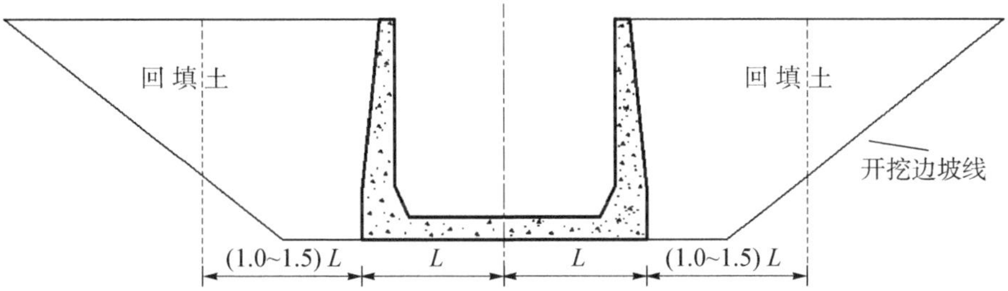

图 3－57　边荷载分布图式

具体计算时,可将边荷载化为若干个集中力,分别计算对底板的内力值,然后叠加为整个边荷载作用下底板的各种内力值。

边荷载的作用在设计中应该计入多少,主要根据地基的性质而定。一般砂性地基的沉降往往在施工期间可以完成总沉降量的80%左右,而黏性土地基的沉降则需要经历相当长的时间才能完成,在实际工程中需考虑这个特点。为确保建筑物的安全,选取可能出现的两种最不利的情况的边载值,即当边载对底板增加弯矩时,取其边载作用的全部或大部;当边载对底板减小弯矩时,则取边载作用的小部分。边载对底板弯矩的影响分析,见表 3－24。

表 3－24　边载作用对底板弯矩增减值统计表

资料来源		对底板增加弯矩		对底板减少弯矩	
		砂性地基	黏性地基	砂性地基	黏性地基
江苏、安徽等省船闸设计		50%～100%	70%～100%	30%～50%	20%～30%
水工钢筋混凝土结构		75%	75%	50%～75%	0～25%
设计基础设计(苏联)		100%	100%	50%	0
钱家欢教授	老回填		40%	—	30%
	新回填		100%	—	90%

由表可知，各方面取值相差不大。设计时一般可采用：当使底板增加弯矩时，砂性土取 50%～100%，黏性土取 70%～100%；当使底板减少弯矩时，砂性土取 30%～50%，黏性土取 20%～30%。

整体式闸室结构，当墙的高度不大时，由于底板的挠曲而引起的墙身转动或墙体本身的弹性变形都是很小的，因此使作用于墙后的土压力，一般不可能出现主动极限平衡状态，而往往是静止状态，故在计算闸墙结构时，可根据不同情况，取土压力的两个极限值。对土压力起减载作用时，如闸室内为高水位时的船闸运用情况，墙后土压力取为主动土压力；而当其他情况，如闸室低水位或闸室检修时，则墙后土压力取为静止土压力。

根据上述的计算原则和计算方法，将底板以上的荷载确定后，即按底板计算图式进行地基梁的计算，如图 3－58 所示。

由于闸室结构一般受力对称，因此地基梁计算图式是以底板中心线作为地基梁的轴线，将作用在底板上的所有荷载简化为集中力、均布力及集中力矩等作用于地基梁上。

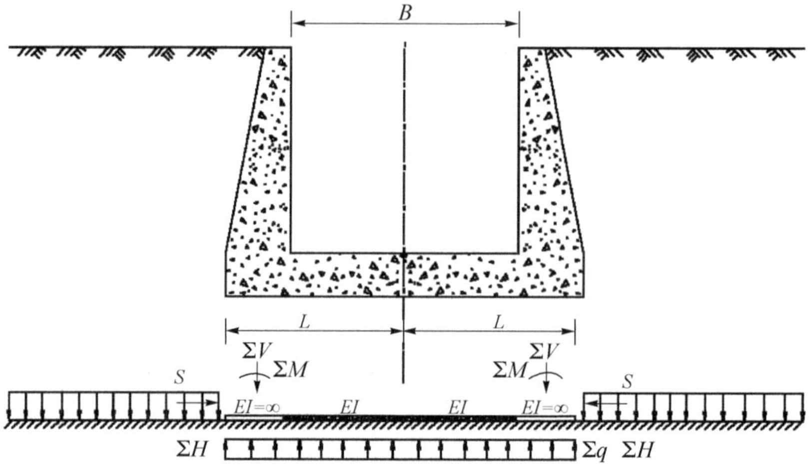

图 3－58 地基梁计算图式

垂直集中力 $\sum V$：是将闸墙自重、回填土重、墙上水重等力移至闸墙内侧边线处并叠加而成的，力的移动相应产生力矩。

水平集中力 $\sum H$：是将作用于闸墙上的土压力、水压力等水平力移至地基梁的轴线上，然后叠加而成的。力的移动也将相应地产生力矩。

集中力矩 $\sum M$：是将垂直力和水平力移位所产生的力矩叠加起来，作用于垂直集中力处。

均布荷载 $\sum q$：为便于查表和计算，将均布荷载分布于整个地基梁长度上，除底板自重和闸底浮托力均布于全梁外，在运用情况下，闸室内的水重也应延伸均布于全梁上，其延于闸墙段的部分，由闸墙自重中扣除。此均布荷载是各种均载的叠加值。

边荷载 S：是将闸墙以外的边荷载即回填土的重量或以三角形分布、或以矩形分布的圈形面积，简化为数个集中力 S_1、S_2、……

当船闸上作用的外荷载为对称时，则地基梁可只计算一半，以船闸中心线处为零点起算。计算时应按各种不同的情况分别计算荷载图式，再选择相应的计算方法进行地基梁内力计算。

郭氏查表法，方法简便，可先根据柔性指数 t 确定梁的性质。柔性指数按式(3－176)计算，即

$$t=\frac{\pi E_0 bL^3}{4E_m I}\approx 10\frac{E_0L^3}{E_m h^3} \tag{3-176}$$

式中：t——柔性指数，$t<1$ 为绝对刚性梁，$1<t<10$ 为有限长梁，$t>10$ 为无限长梁；

E_m——混凝土弹性模量，kPa；

E_0——地基压缩模量，kPa；

I——地基梁截面惯性矩，m^4；

L——地基梁半长，m；

h——基梁的厚度，m。

根据 t 值、荷载性质、荷载距中心的相对距离 $a_i=a_i/L$，可查得梁长范围内等分的 10 个截面的 $\overline{P}$、$\overline{Q}$、$\overline{M}$ 值。各种荷载作用下，在某个截面的内力值之和即为地基梁在所有荷载作用下的内力值。

为便于查表，t 值和 α 值均须化到最接近的较大或较小的整数值。

半无限弹性体假定的方法，一般常用连杆法，即将底板和地基之间的接触化为几个点的接触，这些点取在将底板全长分为若干等长段的中点，并在这些点与地基之间用垂直的绝对刚性的连杆连接，就是用铰接杆件把地基和梁连接起来，如图 3－59 所示。

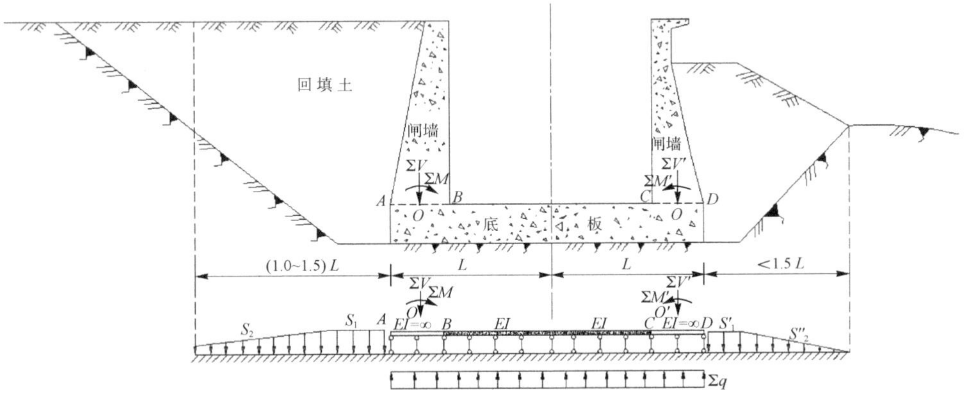

图 3－59　连杆法计算图式

求解地基反力，可以将连杆切断而代之为一对未知力，另外在梁的一端（或荷载对称时在其中点）采用假想的固定支承，在支承处有未知的垂直位移和转角，然后组成法方程式，每一法方程式表示在相应未知力的方向上总位移等于零的条件，法方程式的形式和结构力学中计算静不定体系所用的形式一样。其位移是由地基弹性变形和梁的挠度组成的。连杆的数目需根据计算要求的精度确定，一般 10～15 根已足够精确了。

若连杆数取为 10，当荷载对称时，梁的中间截面不会转动，由静力平衡条件得到方程组如下：

$$\left.\begin{aligned}
X_1\delta_{11}+X_2\delta_{12}+X_3\delta_{13}+X_4\delta_{14}+X_5\delta_{15}-y_0+\Delta_{1P}=0\\
X_1\delta_{21}+X_2\delta_{22}+X_3\delta_{23}+X_4\delta_{24}+X_5\delta_{25}-y_0+\Delta_{2P}=0\\
X_1\delta_{31}+X_2\delta_{32}+X_3\delta_{33}+X_4\delta_{34}+X_5\delta_{35}-y_0+\Delta_{3P}=0\\
X_1\delta_{41}+X_2\delta_{42}+X_3\delta_{43}+X_4\delta_{44}+X_5\delta_{45}-y_0+\Delta_{4P}=0\\
X_1\delta_{51}+X_2\delta_{52}+X_3\delta_{53}+X_4\delta_{54}+X_5\delta_{55}-y_0+\Delta_{5P}=0\\
-X_1-X_2-X_3-X_4-X_5+\sum V=0
\end{aligned}\right\}\tag{3-177}$$

式中：X_k——k 连杆的内力；

y_0——闸室轴线处固定截面的位移；

Δ_{kp}——k 连杆切口处由于外荷载产生的相对变位；

$\sum V$——作用于半梁上的垂直力总和；

δ_{ki}——i 点处在单位力作用下使连杆 k 切口处产生的相对变位。

δ_{ki} 由式(3－178)确定，即

$$\left.\begin{aligned}
\delta_{ki}=\delta_{ik}=F_{ki}+\alpha_{ki}\omega_{ki}\\
\alpha=\frac{\pi E_0(1-\mu^2)c^2}{6EI(1-\mu_0^2)}
\end{aligned}\right\}\tag{3-178}$$

式中：c——连杆间距；

F_{ki}——由 X_i 单位力在 X_k 方向上引起的地基变位；

ω_{ki}——单位力所引起的梁的挠度。

由于边荷载不直接作用于梁上，因此边荷载对连杆 k 处的相对变位的作用，仅使 k 处的地基产生沉降，可将边荷载分成长度为 c 的小段，每段以集中力 S_i 表示，边荷载的作用可计入 Δ_{kp} 的自由项中。如

$$\Delta_{kp}=\sum S_iF_{ki}\tag{3-179}$$

上述方法是整体式闸室结构计算分析的基本方法，也是设计规范中建议使用的方法，在船闸设计中被广泛应用。对于较大型或较重要的工程，也可以采用有限元

的方法对其进行计算分析。如岩基上的整体坞式闸室，其结构受力要考虑基岩面水平约束的影响，采用有限元法进行计算，闸室底板与地基的接触面按接触非线性问题采用具有切向强度判定准则的接触单元模拟。研究表明，与不考虑水平约束的弹性地基梁方法相比，按非线性有限元法计算的底板跨中弯矩值可降低15%以上，底板的柔性指数越大，底板端部负弯短值降低越显著。

闸室底板内输水系统分流口的结构强度一般按结构模型试验成果或有限元法参考相似工程实例进行计算。

第六节　闸首结构

船闸闸首一般设有输水廊道、闸门、阀门、闸阀门启闭机械及其相应的设备等。因此闸首应根据结构的轮廓尺寸、输水系统形式、闸门、阀门和启闭机械布置及地基条件等要求确定。

典型闸首布置如图3-60所示。

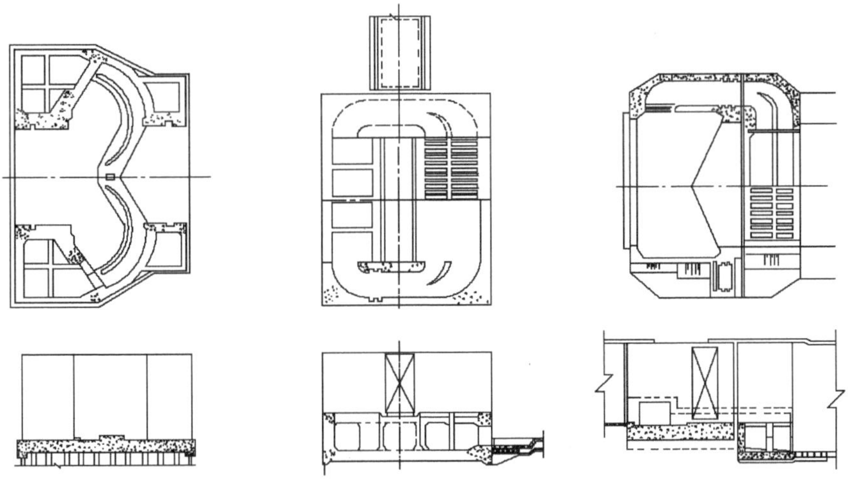

(a) 三角门闸首　(b) 横拉门闸首　(c) 人字门闸首

图3-60　闸首典型布置形式

船闸闸首是船闸工程的关键挡水结构，不仅布置在闸首的设备较多，而且受力状态十分复杂，闸首结构的安全稳定将是整个船闸正常工作的保证，因此设计时尤需慎重。

闸首结构按其受力状态，可分为整体式结构和分离式结构，前者的两侧边墩与底板连成整体，结构整体受力；后者在两侧边墩与底板间设结构缝，结构分开受力。闸首结构形式的选择主要取决于船闸的设计水头、地基条件和设备布置等因素，其控制性技术条件一般为地基承载力及边墩变形，设计时应通过技术经济比选确定。

整体式闸首结构稳定性好，基底应力均匀，边墩不均匀变形小，对地基的适应性强，闸门的工作条件好，一般应用于水头和边墩高、地基条件较差的情况。但其底板拉应力大，钢筋用量多，且混凝土浇筑的仓面大，温控要求高，施工难度大。

分离式结构受力相对简单，当地基较坚实，边墩自身能满足稳定要求，且其变形不致影响闸门等设备的正常工作时，可采用分离式结构。对于分离式闸首结构，当墙后填土或地下水位较高，在闸室低水位运行或检修工况，边墩的整体稳定或变形不能满足要求时，往往可以将左、右的边墩与底板之间的纵向结构缝设计成键槽缝并进行接缝灌浆，利用闸首底板对边墩的顶撑作用来加强结构的整体性，改善边墩的受力状态，提高其稳定性。

土基上的船闸通常采用整体式闸首结构，以保证闸首具有足够的整体刚度，避免由于闸首边墩产生相对沉陷，影响闸门及其启闭设备的正常工作。岩基上的船闸通常采用分离式闸首，其边墩结构形式可分为重力式、衬砌式和混合式三种，如葛洲坝工程 1、2、3 号船闸，建于砂岩上，其上闸首均采用分离式结构，重力式边墩，在中间底板与边墩接缝处，设有键槽并进行了接缝灌浆处理，既保证了结构受力的整体性，也避免了地基中的软弱夹层进一步恶化。美国建于岩基上的船闸闸首也多为大体积混凝土分离式结构。我国建于岩基上的中小型船闸，闸首也多采用分离式结构。当岩石较完整时，可不设底板，只有当岩石裂隙较多或岩石较软弱时，方加设底板或护底，必要时也可采用整体式结构。

一、闸首布置及构造

根据受力和结构特点，闸首在顺水流方向上长度一般由门前段、门库段和支持墙段三部分组成。对于不同的门型，各段尺寸亦各异，图 3-61 为人字闸门的闸首分段图式。根据结构长度、受力特点和施工条件，上述三个结构分段间通常需要设施工缝或结构缝。从结构受力考虑，在门库段和支持墙段之间宜设一道结构缝。当分离式闸首纵向长度较长时，可在门库段内增设横向永久缝。

（一）门前段长度 l_1

门前段长度 l_1 主要根据工作闸门形式、检修门尺度、门槽构造及检修要求确定。门槽尺度主要取决于闸首口门（航槽）宽度和闸门挡水高度，初步布置时，门槽宽度计算公式为：

$$L_{mc} = 0.035H\sqrt{B_c} \tag{3-180}$$

式中：L_{mc}——门槽宽度，m；

B_c——闸首口门（航槽）宽度，m；

H——闸门挡水高度，m。

检修门前段长度主要由工作闸门启闭设备及水位计井等布置要求确定；检修门后段长度除应满足布置要求外，还要满足闸门支承结构强度及裂缝限制要求，需通过结构计算确定，中、小型船闸一般可采用 1.5～2.0 m，高水头大型船闸支承结构的尺度相应较大，如三峡船闸第一闸首事故检修门最大门推力达 650 t/m，其门后段长度为 6.4 m。当船闸需满足施工期通航或水库分期蓄水通航要求时，上闸首底坎通常分期修建，门前段一般设有封堵门槽，此时闸首的门前段往往需适当加长。下闸首及多级船闸中间闸首的门前段长度较短，根据设备布置要求，通常为 0.5～4.0 m。如中间闸首的门前设有防撞装置，其门前段长度需要适当加长。若为短廊道输水系统，门前段除安置检修门槽外，门前段长度则还须考虑能廊道进、出水口的布置要求。

据国内已建船闸的统计，当工作闸门采用人字闸门、检修门槽设于闸首外与导墙接缝处时，门前段的长度最小，一般为 1.0 m 左右。江苏省一些船闸将检修门槽设于闸首外的接缝处，检修门槽不设在闸首结构范围内，能减小闸首长度，节省投资，如图 3－62 所示。

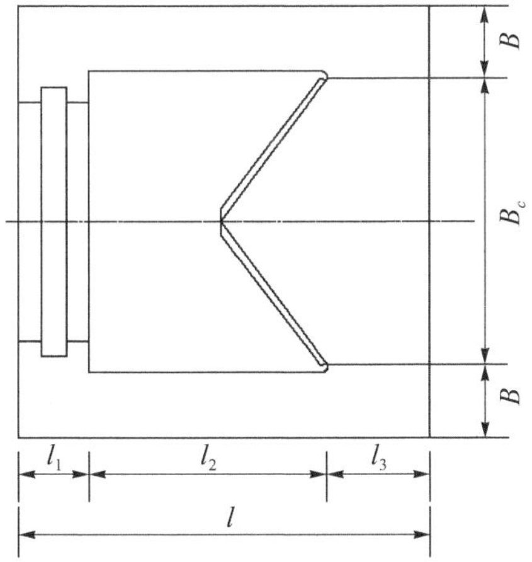

图 3－61　人字闸门闸首分段图式

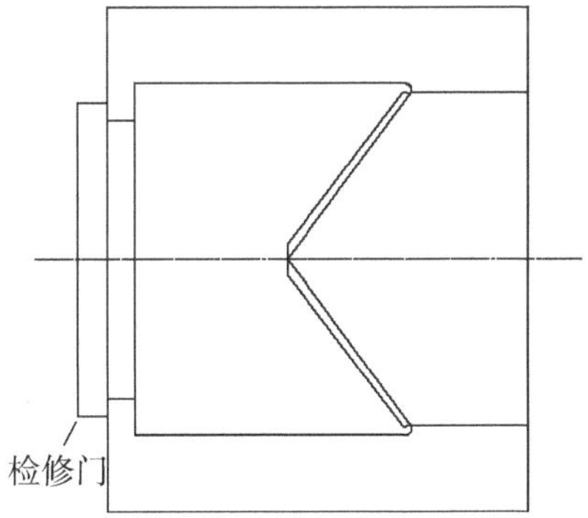

图 3－62　检修门在闸首外

但因门槽设在两结构的缝间，当两结构变位不同时，可能造成门槽不规整，给维修带来不便，因此须慎重采用。在设置检修门槽不增加闸首长度的情况下，应尽量将检修门槽布置在闸首范围内。

（二）门库段长度 l_2

门库段长度因闸门的形式不同而异。

1. 人字闸门

$$l_2 = (1.1 \sim 1.2)\frac{B_c + d}{2\cos\theta} \tag{3-181}$$

式中：l_2——门库段的长度，m；

B_c——闸首的口门(航槽)宽度，m；

d——门库深度，m，初设时可采用(0.1～0.15)B_c；

θ——人字门轴线与闸首人字门在两侧支撑点连线间的交角，一般取 20°～22.5°。

人字门的门库长度通常为门扇宽度的 1.1～1.2 倍；门库深度通常为闸门厚度的 1.3～1.5 倍。

为便于安置横梁和门底止水，保证闸门在任何位置时均能检查和修理底部止水，门下的自由空间高度一般不小于 0.5～0.6 m。

适当加大门库尺寸是减小启闭时动水阻力的一种方式，但将会增加闸首的工程量，需进行比较论证。

2. 横拉闸门

横拉闸门的门槽宽度，主要由门厚、上下游支承木的厚度及闸墩楔形支承厚度组成，其门库段长度 l_2 为：

$$l_2 = h + 2(0.2 \sim 0.25) \tag{3-182}$$

式中：h——横拉门厚度，m。

支承木厚度取 0.2 m，楔形支承厚度取 0.25 m。

据国内外已建船闸统计，矩形横拉门的门厚与跨度之比一般在 1/4～1/7 之间，上、下游支承总厚度通常为 1.0 m 左右。横拉闸门门库的内部尺寸，还应考虑闸门安装、检修和维护的要求，门库内部尺寸应适当放宽，如法国勒阿弗尔港船闸闸门厚度为 10 m，门库内放宽为 15 m。提升式或下沉式平板闸门门槽宽度，通常为航槽宽度的 1/6～1/8。门槽深度主要考虑支承木的宽度和布置缓冲木的要求，一般约为 40～70 cm。门底深度由底梁中心线以下，考虑滚轮、支架、钢轨等高度确定，一般为 0.6～1.0 m。

3. 三角闸门

三角闸门门库较大，其外形尺寸除要满足闸门尺度及构造要求外，还需满足输水消能的要求，主要根据模型试验确定。据已建船闸三角门门库尺度的统计，其门库段长度 l_2 可取为：

$$l_2 = (0.5 \sim 0.7)B_c \tag{3-183}$$

4. 平面闸门

平面闸门的门槽与前几种门型相比是最小的，在闸首布置中不会因门槽的尺寸而增加闸首的长度，主要视门体结构尺度(闸门厚度)而定。

(三) 支持墙段长度 l_3

支持墙段的长度主要取决于结构整体稳定性及强度要求。当船闸采用短廊道输水系统时，还需满足输水廊道布置要求。

人字闸门的支持墙段长度，设计时仍假定是在其独立工作条件下进行稳定和强度的验算确定的，因此需要有足够的长度。亦可设纵向带形钢筋将应力传递给闸首的门库段。

据已建船闸支持墙段尺度的统计，l_3 的变化幅度较大，闸首支持墙段的长度大致为闸首边墩自由高度的 0.3～1.2 倍，或者为设计水头的 0.4～2.1 倍。即

$$l_3 \approx (0.3 \sim 1.2)h \text{ 或 } l_3 \approx (0.4 \sim 2.1)H \tag{3-184}$$

式中：h——边墩自由高度，m；

H——设计水头，m。

关于支持墙段的长度，虽然国内外某些文献资料上有所论述，但依据均不明确，如苏联 B. C. 别耶赫瓦里斯基在《船闸计算》一书中，对于人字闸门的闸首，建议采用 $l_3 \approx H$。

闸首人字门的支持墙段为三向受力结构，通常按独立工作进行稳定性和强度验算，不能满足要求时，应优先采用延长支持墙段长度的方案。但也可采用设置纵向带形钢筋将支持墙段与门库段连成整体，或采用使支持墙与其后的闸室墙或岩体联合受力等其他措施。

由于人字闸门的门推力较大，设置稍长的支持墙段，不仅能充分利用混凝土的抗压强度，且能使闸首应力分布比较合理，实在是经济可靠的方法。美国梅尔登山船闸的下闸首人字门支持墙段长为 70 ft(21 m)，而其水头为 60 ft(18 m)，其中 40 ft (12 m)处设施工缝，并用压力灌浆封缝。美国尼克杰克船闸，上下闸首均采用人字闸门，上闸首支持段长 60 ft(18 m)，下闸首支持段长 89 ft(27.1 m)，而其水头仅 52 ft(15.8 m)，在支持墙段中均设有灌浆缝。

（四）闸首边墩宽度

闸首两侧边墩一般对称布置，边墩宽度取决于结构受力和布置要求。因此，闸首边墩宽度应考虑门库深度、廊道宽度、弯曲半径和阀门井尺度等因素。对于中、低水头船闸，边墩宽度通常取决于输水廊道的布置要求，一般为 2.0～3.0 倍输水廊道的宽度；对于高水头船闸，通常由结构受力要求控制，需根据所选用的闸首结构形式，通过稳定性、强度和变形验算确定。分离式闸首的边墩通常采用重力式结构，断面尺寸一般较大，强度和刚度要求较易满足，边墩宽度主要取决于整体稳定性和基底应力的要求。根据已建船闸统计资料，重力式闸首边墩的底部宽度一般为其高度的 0.5～0.7 倍。整体式结构边墩宽度取决于输水廊道布置和结构强度。边墩不设置廊道时，宽度一般为边墩高度的 0.16～0.35 倍。

边墩的顶部宽度主要考虑使用要求，诸如满足启闭机房、交通通道、管理及维修场地以及其他设备等的布置要求。为节省工程造价，也可在闸首边墩顶部设置外挑

牛腿或高架平台予加宽。

（五）闸首底板厚度

整体式闸首底板厚度一般可取为边墩自由高度的$\frac{2}{9}\sim\frac{2}{7}$，但不应小于闸首净跨的1/6～1/7，黏性土地基上取较大值，砂性土或软弱岩石地基上可取小值。分离式闸首的底板厚度通常由抗浮稳定要求确定。为减小底板厚度，在土基上可采用防渗排水以降低底板扬压力，或将底板与边墩的结构缝设置成可传递剪力的键槽缝，以利用边墩重量抗浮；在岩基上可采取加设抗浮锚杆及排水等措施。较高水头船闸的上闸首和多级船阔的中间闸首通常设有帷墙，应尽量缩短闸门下游帷墙顶部平台的纵向长度，并将帷墙下游面设为倾向闸室方向的斜面，使其不致影响闸室的停泊条件。

（六）闸首分缝及止水

闸首边墩通常不分纵缝，横向分缝一般应选择在地基性质和结构工作条件、外形、重量有较大变化的位置，分缝间距主要取决于地基性质、浇筑能力及温控措施，岩基上一般取12～20 m，土基上可加大到30 m。

闸首边墩的横缝包括永久缝和临时缝两大类。当分缝后的各结构块能独立满足稳定性和强度要求时，应采用永久缝，缝面采用垂直贯通的平面，缝宽一般采用1～2 cm。当闸首结构承受的荷载很大时，按受力要求确定的结构块尺度通常不能满足温控要求，往往需要设置临时施工缝。闸首边墩采用键槽缝，至施工后期选择有利温度进行宽槽回填和键槽缝接缝灌浆。底板临时施工缝通常采用宽槽缝，京杭大运河1958年所建造的一线船闸工程的整体式闸首底板，几乎都在施工期出现了顺水流的裂缝，使结构安全受到影响，1980年代建造二线船闸工程时，整体式闸首均采用设临时施工缝的施工方法，未发现一处裂缝，大大提高了结构的安全度。对于有受拉或抗弯要求的临时施工缝，通常在断面周边设置浅槽，浅槽宽度一般采用1.0～1.5 m，根据通过浅槽钢筋排数的多少确定浅槽的深度，一般不应小于20 cm。在浅槽内布置过缝钢筋的接头，对钢筋进行连接，并对浅槽进行回填，施工时间一般选择在低温季节。

闸首所有的结构分缝应与闸室结构缝一样，设置两道止水，并具有对止水进行检查和渗漏处理的条件。

（七）其他设计要求

船闸上闸首一般设有帷墙，既节省工程量，又可利用帷墙内的空间布置输水消能室，其设计应符合现行行业标准《船闸输水系统设计规范》(JTJ 306—2001)的有关规定。当帷墙较高时，可作为平面下降闸门及弧形闸门的门库，但必须注意防止泥沙淤积。有帷墙的上闸首，当闸室水位由低水位上升到帷墙平台以上时，由于水面面积突然加大，使闸室水突然向上闸首流动，将使过闸船舶上的水流动力有所增大，加大缆绳拉力，影响船舶停泊安全。为减小水流动力的影响，闸门后帷墙长度在满足结构上最小要求外，应尽量缩短闸门门槛至帷墙边缘的长度，并将此水平段做成向闸室方向的倾斜面，使上升水面积逐步加大。当为人字门闸首时，可将帷墙边缘做成拱形或多边形的倾斜面。

闸首的边墩，在较好的土基上一般均采用混凝土或钢筋混凝土重力式边墩，有的为节省钢材或混凝土，除在边墩的输水廊道和支持墙等受力较大的部位采用钢筋混凝土结构外，其他部分均采用浆砌块石的圬工结构。如江苏省京杭运河一线船闸工程解台、刘山、淮阴等船闸闸首，均是这种混合材料的结构。当地基较差时，闸首边墩可采用轻型结构，如扶壁式、空箱式结构等。空箱式边墩结构的自重小、底面积大、地基反力相应减小，当地基反力不均匀时，空箱结构还可以在空箱中充填部分砂石料或水，以调节各种情况下的地基应力。江苏省江阴船闸首边墩就是这种空箱式结构，但空箱结构施工复杂，钢材和模板耗费较多。

闸首输水廊道内水流速度较大或阀门后产生气蚀现象时，除应满足混凝土的强度要求外，还需考虑混凝土的抗冲耐磨性。苏联规范中规定在直线廊道上，水流流速允许在 10～15 m/s 范围内。我国现有规范规定输水廊道壁可根据廊道内流速、泥沙情况和运用条件等因素，采取适当的抗冲耐磨措施。对于局部结构段超过允许流速或有可能产生气蚀现象时，则需采取防止混凝土破坏的措施，如采用抗冲耐磨混凝土或用钢板等衬砌。

在岩石地基上，通常均采用分离式闸首结构，边墩一般采用重力式结构。当岩石顶面较高时也可采用衬砌式结构。当岩石较坚实、完整，裂隙较少时，也可由岩石中直接开挖而成。

二、整体式闸首计算

闸首结构的轮廓形状不规则，且承受荷载较复杂，既有垂直于船闸轴线方向上的横向荷载，又有平行于纵轴线方向上的纵向荷载，其中还有由闸门传来的较大的集中荷载。因此闸首实属空间受力的结构，但目前尚无十分精确的计算方法，通常是将空间问题简化为平面问题，分段进行计算，即边墩和底板分别分段计算，实践证明这种方法是可行的。

整体式闸首应进行整体抗滑、抗倾、抗浮、渗流稳定性和地基承载力验算及结构强度和限裂等计算。

（一）整体抗滑稳定验算

在一般情况下，作用于闸首上的荷载均对称于船闸纵轴线，因此对整体式闸首可只进行沿船闸纵轴线方向的水平滑动稳定性验算。在稳定验算时，考虑它的空间性受力状态，将两侧边墩墙背与回填土之间的摩擦力计入抗滑力中。其抗滑稳定安全系数按下式(3-185)计算：

$$K_c=\frac{(\sum V-U)f+E_M+E_p}{(H_1-H_2)+(E_1-E_2)} \tag{3-185}$$

其中 $$E_M=2k_ME\tan\delta$$

式中：K_c——抗滑稳定安全系数；

$\sum V$——作用于闸首的垂直力总和，kN；

U——作用于闸底板的扬压力，kN；

f——闸首沿地基面的摩擦系数；

H_1、H_2——作用于闸首上、下游端面的水压力，kN；

E_1、E_2——作用于闸首上、下游端面的静止土压力，kN；

E_p——作用于闸首下游端面埋深部分的抗力，土基和埋置不深的岩基可不计，kN；

E_M——边墩背面与回填土间的摩擦力，kN；

k_M——摩擦力折减系数，上、中闸首可取 0.6，下闸首可取 0.4；

δ——回填土与边墩背面间的摩擦角，取 $\varphi/2$，φ 为土的内摩擦角，(°)；

E——边墩背面的土压力，按静止土压力计算，kN。

（二）闸首边墩强度验算

闸首边墩强度分段进行验算。各类门型的门前段和门库段的工作条件和受力情况均与闸室段相同，计算方法一般与闸室结构相同。一般闸首边墩刚度较大，强度要求是很容易得到满足的。直接支承闸门荷载的支持墙段受力较大，其强度和稳定均须单独加以验算。

1. 人字闸门支持墙

人字闸门支持墙段，直接承受闸门压力，且集中作用在很小的范围内。为简化计算并偏于安全考虑，通常将支持墙视为一独立体，即假定支持墙与门库段用缝分开，与底板也用缝分开，并考虑门前假想缝面有渗压力 E_3 作用，人字闸门支持段段荷载计算简图如图 3-63 所示。

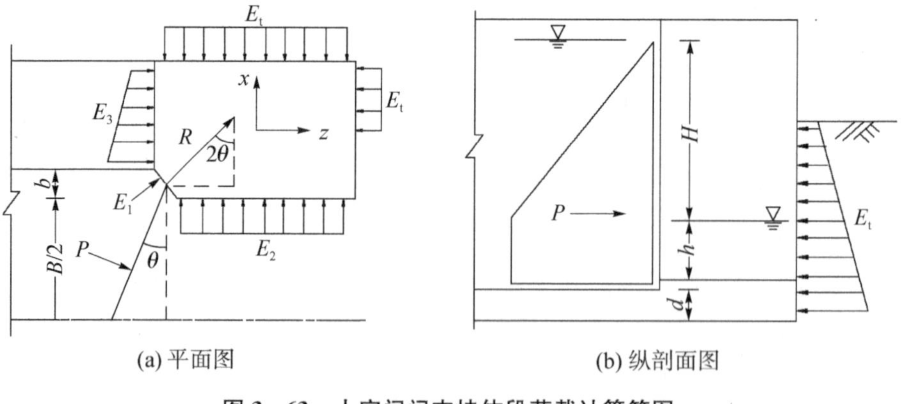

图 3-63 人字闸门支持体段荷载计算简图

闸首支持墙主要外荷载有自重及设备重、闸门推力 R、门库内水压力 E_1、门后水压力 E_2、支持体与门库段的假想缝面渗压力 E_3（需乘以小于 1.0 的折减系数，一般取为 0.5）、填土压力 E_t、支持墙与底板的假想缝面渗压力等。

由于人字闸门起三铰拱的作用，传到支持墙上的门推力 R 按式（3－186）计算，即

$$R = \frac{P}{2\sin\theta} \tag{3-186}$$

式中：R——闸门推力，kN；

θ——闸门与船闸横轴线的夹角，(°)；

P——作用于每扇闸门上的总水压力，kN。

将力 R 分解为平行于船闸轴线的纵向分力 R_z 及垂直于船闸轴线的横向分力 R_x，即

$$R_z = R\sin 2\theta \tag{3-187}$$

$$R_x = R\cos 2\theta \tag{3-188}$$

计算支持墙在自重、水压力、土压力、门推力等作用下，沿底板顶面的抗滑稳定性，可按式（3－189）计算，即

$$K_c = \frac{\sum V \cdot f}{R'} \tag{3-189}$$

$$R' = \sqrt{\left(\sum E\right)^2 + (R_x)^2} \tag{3-190}$$

式中：$\sum V$——作用于支持墙上全部垂直力的总和，kN；

f——支持墙底面的摩擦系数，一般取为 0.7；

R'——作用于支持墙上全部水平力的总和，kN。

支持墙的强度计算，采用双向弯曲受压公式，即支持墙在各种荷载作用下，在 x 轴及 z 轴的弯曲。墙底四角点应力按式（3－191）计算，即

$$\sigma_{\min}^{\max} = \frac{\sum V}{F} \pm \frac{\sum M_x}{W_x} \pm \frac{\sum M_z}{W_z} \tag{3-191}$$

式中：$\sigma_{\max}$——支持墙底面的最大正应力，$\sigma_{\max} \leqslant [\sigma]$，$[\sigma]$为容许应力，kPa；

$\sigma_{\min}$——支持墙底的最小正应力，$\sigma_{\min} > 0$，kPa；

F——支持墙底面的面积，m^2；

W_x、W_z——支持墙底面对 x、z 轴的截面模量，m^3；

M_x、M_z——分别为纵向水平力对 x 轴的力矩和及横向水平力、垂直力对 z 轴的力矩和，kN·m。

支持墙还有绕 y 轴的扭矩，因支持墙刚度较大，且墙底具有较大的摩擦力起抵消作用，因此一般可不计扭矩。

支持墙稳定主要是靠自身重量维持的。当支持墙不能满足独立稳定条件时，则需放置带形钢筋，使支持墙与门库段相连接，以确保支持墙的稳定安全。

所谓带形钢筋，是平行于船闸轴线水平放置在闸首墙里的钢筋，带形钢筋所承受的力是支持墙稳定靠自身重量之外不足的部分。对于带形钢筋受力的计算，一般采用简化材料力学方法将支持墙段作为脱离体，作用在其上的门推力纵向分力和纵向渗透压力由支持墙在建基面上的摩擦力平衡，不足部分由带形钢筋传给门库段，按带形钢筋承担的总拉力配筋。带形钢筋承担的总拉力的计算公式为：

$$E_g = E_m + E_s + \alpha E_f - \frac{\sum V \cdot f}{K_c} \tag{3-192}$$

式中：E_g——带形钢筋所承担的总拉力，kN；

E_m——闸门推力纵向分力，kN；

E_s——作用于支持墙上门库宽度内的纵向水压力，kN；

E_f——作用于假想缝面上的纵向水压力，kN；

α——折减系数，一般取 0.5；

$\sum V$——作用于支持墙计算面上的垂直力的总和，kN；

f——支持墙与底板之间的摩擦系数，取为 0.7～0.75；

K_c——支持墙抗滑稳定安全系数。

带形钢筋沿高程的分布按下游低水位以下为矩形分布，低水位以上为三角形分布。由于简化材料力学方法计算没考虑边墩结构的整体刚度和变形协调的因素，并引入了一些假定条件，因此计算结果不尽合理。试验研究和数值分析均表明，对于整体性较强的钢筋混凝土闸首，按边墩结构整体计算是比较经济和合理的。对于大型船闸，应采用三维有限元法对闸首结构进行整体计算分析，并综合考虑材料力学方法或模型试验成果，对结构尺寸及配筋进行优化。

纵向钢筋设置在边墩墙的正面，按不同的高程，与垂直面上受力分布相适应。当支持墙尺度较大时，计算出的带形钢筋需要量会很小，但根据弹性理论计算及模型试验，在闸门支座附近存在着纵向拉应力集中现象，有鉴于此，有些船闸虽经计算支持墙可以独立稳定，但为安全计，仍按构造要求配置一定的带形钢筋。

2. 空箱边墩计算

空箱边墩结构，刚度较大，承受闸门推力的整体性较好，一般采用整体计算，由于空箱是固定在底板上的，距底板近的空箱段，其变形受到底板的制约，因此在距底板 1.5L(L 为箱内隔墙跨度)高度范围内，按三边固定一边简支的支持板计算；距底板 1.5L 以上部分则按闭合框架或按多跨连续梁计算；对于垂直方向可近似地按固定在底板上的空心悬臂梁进行核算。

3. 横拉门边墩计算

横拉门的边墩与一般闸墩一样，分门前段与门后段分别计算底板以上闸墙的稳定和强度。横拉门的门库，则与闸墩用缝分开形成其独立结构，门库墙按一端固定一端简支的梁进行计算，门库的底板则按弹性地基上的梁计算。门库的后端墙上部按三边固定一边简支的双向板计算，下部按四边固定双向板计算。

4. 三角闸门边墩计算

三角闸门门库较大，而三角门的推力比较集中，边墩各部分的厚度相差很大，因此需根据刚度和受力情况，将边墩划分为 3～4 段，即进口、门库、支持墙等段；进口段和支持墙段与人字闸门边墩计算相同。门库段一般按三边固定一边自由的双向板计算。三角门的闸门推力完全由支持墙段承担。

根据对船闸边墩的试验研究和有限元计算表明，对于整体性较好的钢筋混凝土及混凝土边墩结构，在荷载作用下，边墩各部位变位是相互协调的，闸墩内产生的应力并不局限在支持墙段范围内，而是传递到门前的相当范围内，说明闸门推力是由整个闸墩共同承担的。

以人字闸门的闸首为例，纵向应力 σ_x 在支持墙区域主要为受压状态，在门前段则转为受拉状态，在支座附近应力集中现象十分明显，应力状态十分复杂。但应力 σ_x 是沿着整个闸墩分布的，如图 3-64 所示。

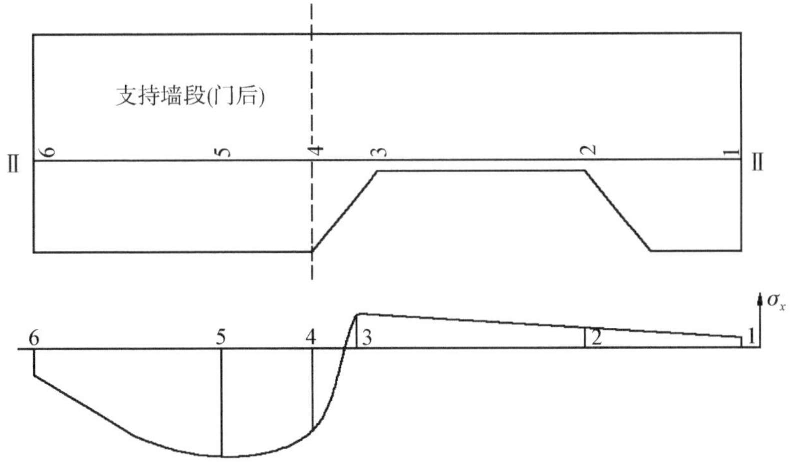

图 3-64　人字闸门闸首 σ_x 分布

横向水平应力 σ_y 基本上集中分布在支持墙区域内，且有显著的应力集中现象，而门前段边墩仅有 20%～40%的横向水平应力存在，如图 3-65 所示。

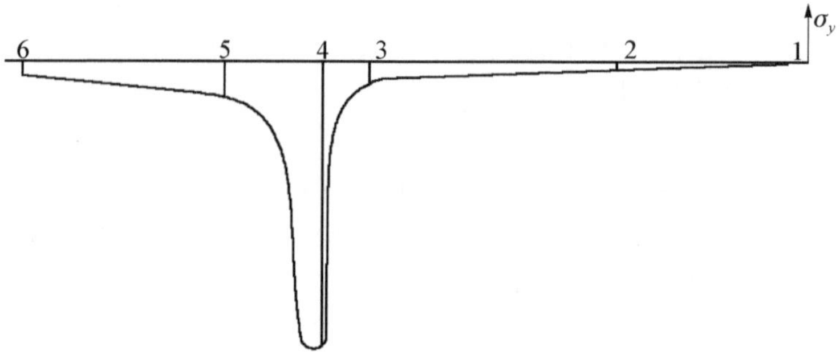

图 3-65　人字闸门 σ_y 分布

竖直应力 σ_z 在纵向平面内分布状态是两端大、中间小，即竖直应力不仅在支持墙段比较大，在边墩端部也较大，而在闸墩平面的中部附近，可明显看出中和轴的存在，充分说明边墩在竖直方向发生弯曲变形，如图 3-66 所示。

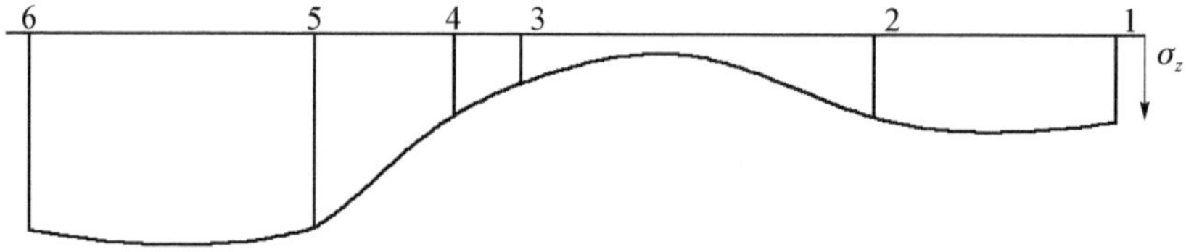

图 3-66　人字闸门 σ_z 分布

虽然试验和计算均表明，混凝土或钢筋混凝土边墩的整体性强，按整体计算是比较合理和经济的，但由于整体计算方法尚不完善，特别是应力在闸门门轴处的高度集中现象尚未找到很好的计算方法，因此一般船闸仍采用分段计算边墩的方法。对于大型船闸，由于投资大、工程重要，宜采用多种方法分析研究，如采用有限元法计算，并配合模型试验分析研究。

（三）边墩中的廊道计算

边墩中的廊道，视廊道壁的厚度和结构情况，选择适当的计算方法。

(1) 当廊道周围的壁厚小于 2.5D(D 为廊道的孔口直径)时，可按杆件系统简化为平面框架计算，如图 3-67 所示。

以人字闸门闸首为例，可将廊道在平面上分成四段，如图 3-68 所示。一般以廊道口中心为界分段，作用其上的荷载也按此划分。

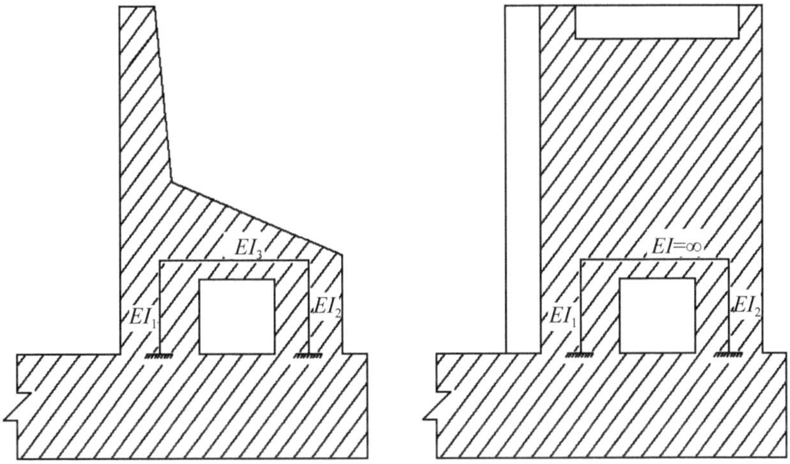

图 3-67　边墩廊道计算图式

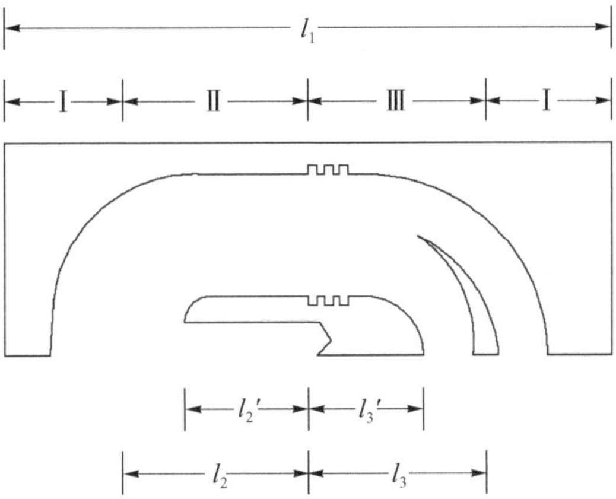

图 3-68　闸首廊道计算分段

Ⅰ段为进出口段，廊道按固定在底板上的 Γ 形悬臂梁计算。

Ⅱ段为廊道直线段，按固定在底板上的Π形刚架进行计算，计算时需将Ⅱ段上全部荷载均匀分到 l_2' 长度上；然后，按单位长度计算时，其荷载应乘以 l_2/l_2' 的放大系数。

Ⅲ段为门后段也为支持墙段，与Ⅱ段计算方法一样，仅荷载中增加了闸门推力。刚架计算轴线的选取，视墙体情况而定。两侧立柱(即廊道壁)的轴线一般取廊道壁厚的中心线；刚架横梁的轴线，在廊道顶部为厚度较大的刚性体时，可取与立柱距孔边相同的距离，横梁按无限刚度计算，在其他情况下则取为结构的中心线，按有限刚度计算。

作用在刚架上的荷载，为上部墙体传来的全部荷载以及各种计算情况下支柱所直接承受的土压力和内、外水压力。另外还需考虑阀门开启后廊道内顶面和侧面所承受的流动水压力，如图 3－69 所示。

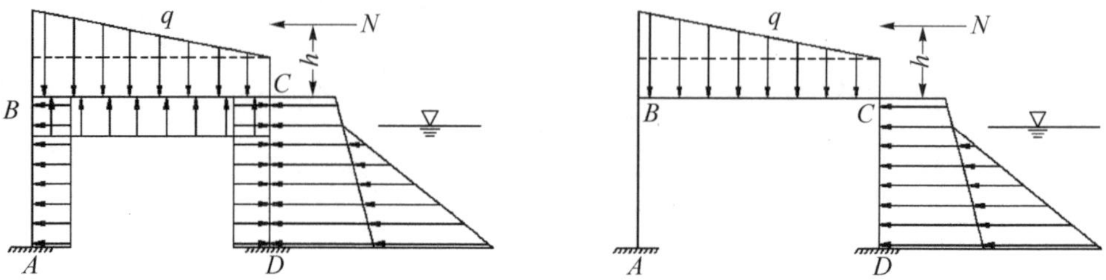

(a) 运行工况　　(b) 检修工况

图 3－69　刚架计算荷载图式

（2）当廊道壁厚大于 2.5D 时，则可按弹性力学中无限弹性体中孔口应力进行分析，或按弹性力学有限元法进行计算。根据弹性力学理论可知，在廊道孔口边角隅处附近有应力集中现象存在，当受均布荷载 q 作用时，孔周应力约在（1～1.5）D 的范围内影响较大，大于 1.5D 处就与无孔时相差很小了。

（四）底板计算

闸首底板除受力属于空间状态外，其截面也因闸首上的设备如闸门门库、输水廊道、消能设备等而发生变化。为简化计算，一般将底板按其厚度、跨度及荷载条件等划分为几个特征段，再按平面问题进行分段计算，然后考虑整体影响，将各段所得的内力进行调整。

由于受到纵向刚度较大的边墩的影响，闸首底板纵向变形是很小的，因此主要核算闸首底板的横向强度，纵向强度则可根据构造要求与横向形成整体。

1. 闸首底板分段

闸首底板的特征段一般按下列情况划分，如图 3－70 所示。

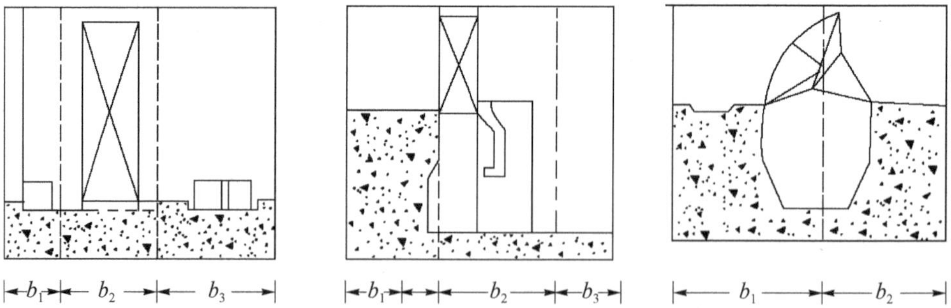

(a) 人字闸门　　(b) 平面闸门　　(c) 弧形闸门

图 3－70　闸首分段

人字闸门的闸首底板，一般分为门前段、门库段及支持墙段三段。有帷墙的平面闸门闸首，一般也分为三段。有帷墙的弧形闸门闸首，可分为两段。

2. 荷载计算

闸首分段后的荷载计算，与整体式闸室计算相同，即将作用于边墩上的荷载和作用于底板上的荷载，均移在底板中心线和闸墙边线处，以形成简化的计算图式，分段进行底板计算。为了考虑闸首结构的整体作用，可采用下列方法在荷载计算中进行调整。

(1) 不平衡剪力的方法。闸首人为地划分为几个特征段后，每段计算的上部荷载与整体计算所得的闸首地基应力值处于不平衡的状态，如图 3-71 所示。

为使独立段处于平衡状态，需在分段的截面处计入不平衡剪力，其值按式(3-193)计算，即

$$Q_i = R_i - V_i \qquad (3-193)$$

式中：Q_i——不平衡剪力，kN；

R_i——闸首沿纵向按直线反力法求得的特征段的地基反力，kN；

V_i——该特征段的竖向力总和，kN。

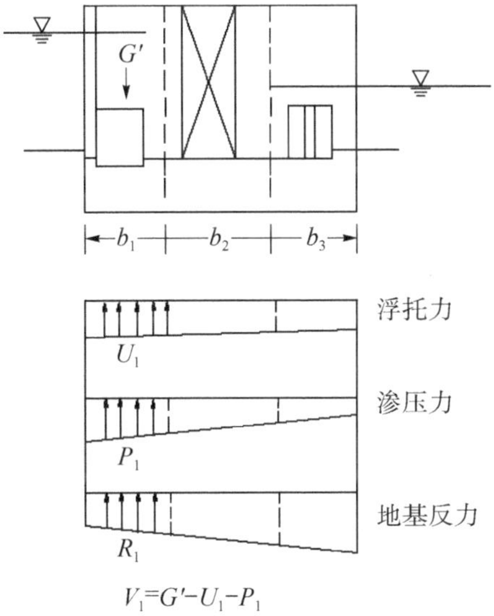

图 3-71　分段计算的不平衡力

不平衡剪力值在闸首截面中按弹性力学方法进行分配，如图 3-72 所示。分配于闸墩上的不平衡剪力按式(3-194)计算，即

$$Q_T = \frac{Q_i}{J_y}\left[H(S_y)_{abcd} - \frac{1}{2}(J_y)_{abef}\right] \qquad (3-194)$$

式中：J_y——边墩和底板截面对 y 轴的惯性矩，m^4；

H——边墩高度，m；

$(S_y)_{abcd}$——$abcd$ 截面对 y 轴的静力矩，m^3；

$(J_y)_{abef}$——$abef$ 截面对 y 轴的惯性矩，m^4。

底板上的不平衡剪力等于 $Q_i - 2Q_T$。

在我国早期的船闸设计中，一般不进行剪力分配计算，而按固定的百分数进行分配。如江苏省大运河一线船闸，按边墩分配 85%，底板分配 15%进行计算。若按弹性力学方法计算，则其边墩分配为 80%，底板分配为 20%。由于不平衡剪力值在整个区段的外力中占的比例较小，因而分配比的影响不是很大。

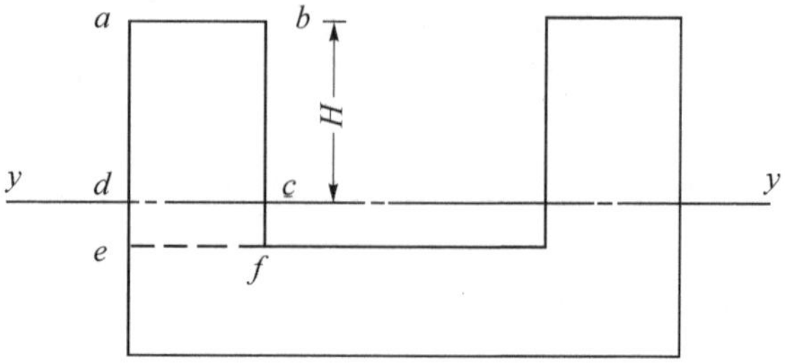

图 3-72　剪力计算图式

对于中小型船闸，由于闸首长度主要根据构造确定，一般纵向地基反力分布比较均匀，因此也可将不平衡剪力全部作用在边墩上，是偏于安全的。欧洲的铁门水利枢纽中的船闸设计中，不平衡剪力作用于闸墩中心。

外荷载决定后，各特征段的底板内力，可按一般地基梁方法计算，具体可参照前面章节中闸室底板计算。

(2) 荷载分配法。将作用在闸首上的荷载，如闸门推力和横向水压力先分配于各特征段上，然后进行分段底板内力计算。

① 人字闸门推力的横向分力分配。将人字门推力的横向(即垂直于船闸轴线方向)分力沿闸墙高度分为若干个集中力 S_{yi}，每个集中力通过支座按 45°角沿闸墙自上而下的扩散分布，如图 3-73 所示。

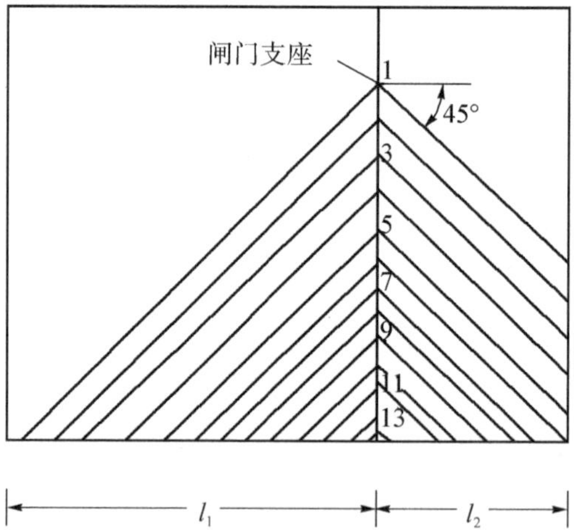

图 3-73　人字门横向推力沿高度分布

通过闸首边墩传递到单位长度底板上的横向力 T 及所产生的弯矩 M，如图 3-74，其计算公式为：

$$T=\sum_{i=1}^{n}\frac{S_{yi}}{l_i} \tag{3-195}$$

$$M = \sum_{i=1}^{n} \frac{S_{yi} h_i}{l_i} \tag{3-196}$$

式中：h_i——横向力 S_{yi} 距闸首底板中心轴的距离，m；

l_i——横向力 S_{yi} 在闸首底板处的分布长度，m。

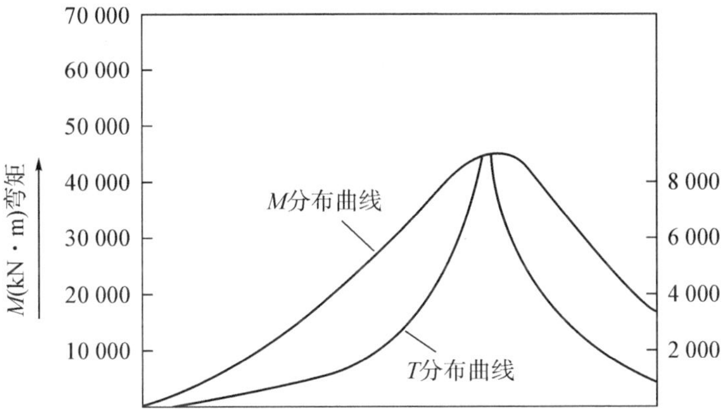

图 3-74　人字门横向推力弯矩沿闸首长度分布

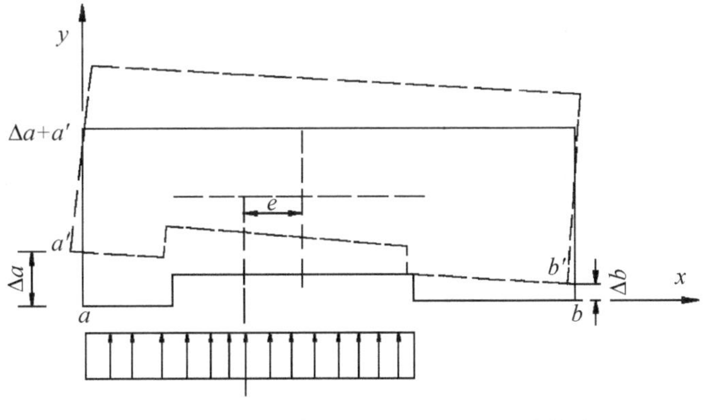

图 3-75　闸门前横向水压力作用下边墩的变位

② 上游(或下游)横向静水压力沿闸首长度方向的分配。由于闸门前静水压力的作用，使边墩发生扭转变形，当空间问题化为平面问题后，横向水压力沿长度的分配，可按边墩承受的横向水压力与截面受弯扭时所产生的横向变形 Δa 成正比的假定求得，如图 3-75 所示。

$$\left.\begin{aligned} P_a/\Delta a &= P_b/\Delta b \\ P &= \frac{1}{2}(P_a + P_b)l \end{aligned}\right\} \tag{3-197}$$

式中：P——闸门上(下)游横向水压力的总和，kN；

l——闸首长度，m；

Δa、Δb——相应边墩上(下)游端的变位值(水压力合力作用点高程断面)，按匀质材料在水压力作用下的扭曲变形公式求得；

P_a、P_b——相应于边墩上(下)游端面分布的横向力，kN。

匀质材料弯扭变形按式(3-198)计算，即

$$\Delta a(\Delta b) = -\frac{Py^3}{3EJ} \pm m\text{tg}\left(\frac{7\,200M_k y}{17\pi EJ_k}\right) \tag{3-198}$$

式中：P——水压力总和，kN；

y——水压力合力作用点至底板顶面的距离，m；

E——混凝土弹性模量，kPa；

J——边墩的惯性矩，m^4；

m——形心至上游端面或下游端面的最大距离，m；

M_k——扭矩，为总水压力合力与形心距离的乘积，kN·m；

J_k——扭转时边墩的惯性矩，m^4。

闸首边墩形状较为复杂，计算 J_k 时可分为若干个矩形计算，由材料力学可知

$$J_k = \sum_{i=1}^{n} J_i = J_1 + J_2 + \cdots + J_n \tag{3-199}$$

由于扭转角对于整体断面和部分断面都相同，因此分布在每个部分断面上的扭矩是与刚度成正比的。

$$\varphi = \frac{M_k l}{GJ_k} = \frac{M_{ki} l_i}{GJ_k} = \cdots = \frac{M_{kn} l_n}{GJ_k} \tag{3-200}$$

其中
$$M_{ki} = M_k \frac{J_{ki}}{J_k}$$

式中：φ——扭转角，(°)；

G——剪切模量，kPa；

J_{ki}——第 i 部分的扭转惯性矩，m^4。

矩形断面的 J_k 可按式(3-201)计算，即

$$J_k = \alpha b^4 \tag{3-201}$$

α 值可按表 3-25 查得。

表 3-25　α 值表

$m=h/b$	1.0	1.5	2.0	3.0	4.0	6.0	8.0	10.0
α	0.104	0.294	0.457	0.790	1.123	1.789	2.456	3.123

闸墩横向水压力的竖向分布，见图 3－76。

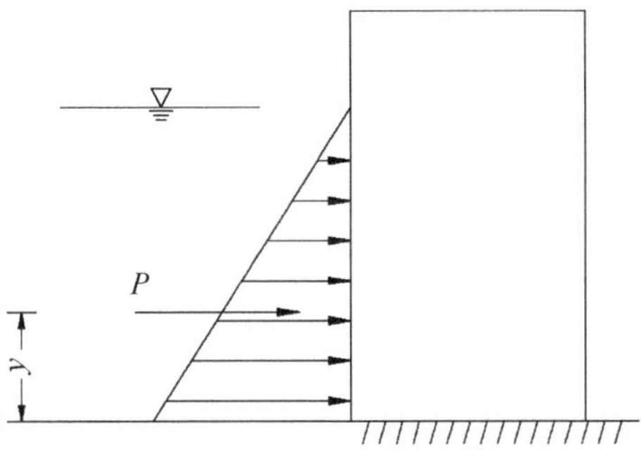

图 3－76 闸墩横向水压力的竖向分布

门前横向水压力沿闸首长度的分布，见图 3－77。

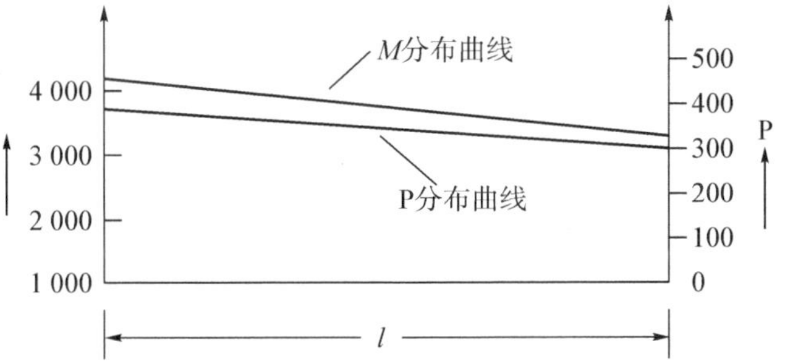

图 3－77 门前横向水压力沿闸首长度的分布

3. 内力的调整

采用不平衡剪力法调整各段荷载后，对由此而计算出的各段内力还须进行调整。调整内力的方法是将各段求出的内力值加权平均后得出的加权平均值与各段内力算术平均后，便得到该段的最后内力值。即

$$\left.\begin{aligned} M_{iP} &= \frac{\overline{M}_i + M_{cP}}{2} \\ Q_{iP} &= \frac{\overline{Q}_i + Q_{cP}}{2} \end{aligned}\right\} \qquad (3-202)$$

式中：$\overline{M}_i$、$\overline{Q}_i$——各特征段单位条宽的弯矩和剪力的计算值，kN・m、kPa；

M_{cP}、Q_{cP}——闸首底板单位条宽的弯矩和剪力的加权平均值，kN・m、kPa。

对于纵向断面变化较大或有帷墙的闸首底板，各特征段内力可按刚度进行调整。如有帷墙的弧形闸门上闸首，可先将整个底板视为常刚度梁，其惯性矩按整个断面确定，求得闸首底板总的弯矩和剪力 M_0 和 Q_0，然后再计算前后两段独立工作时的弯矩和剪力。各段弯矩 M'_B、M'_H 按式(3－203)计算，即

$$\left.\begin{aligned} M'_B &= \frac{M_0 b}{a+b} \\ M'_H &= \frac{M_0 a}{a+b} \end{aligned}\right\} \tag{3-203}$$

式中：a、b——地基反力合力至前后两段重心的距离，m，如图 3-78 所示。

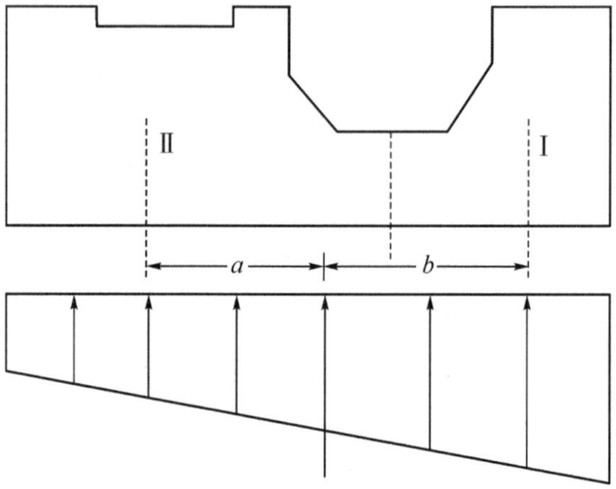

图 3-78　弧形闸门闸首反力分布图

当闸首底板整体工作时，假定闸首底板前后两段所承受的弯矩与其惯性矩成正比，即

$$\left.\begin{aligned} M''_B &= \frac{M_0 I_B}{I_0} \\ M''_H &= \frac{M_0 I_H}{I_0} \end{aligned}\right\} \tag{3-204}$$

式中：I_0——整个底板对其重心轴的惯性矩，m^4；

I_B、I_H——前后两段各自对其重心轴的惯性矩，m^4。

各段的弯矩值等于上述两项的平均值，即

$$\left.\begin{aligned} M_B &= \frac{M'_B + M''_B}{2} = 0.5M_0\left(\frac{b}{a+b} + \frac{I_B}{I_0}\right) \\ M_H &= \frac{M'_H + M''_H}{2} = 0.5M_0\left(\frac{a}{a+b} + \frac{I_H}{I_0}\right) \end{aligned}\right\} \tag{3-205}$$

鉴于整体式闸首结构的体型及其三向受力的复杂性，对大型船闸整体式闸首底板，应进行三维有限元法整体计算或通过模型试验进行分析研究。采用有限元法计算时，对于闸首建基面宜考虑其非线性传力特性，采用接触单元或其他具有切向强度判断准则的非线性单元模拟。

三、分离式闸首计算

分离式闸首结构，其边墩与中间底板用缝分开。为增加边墩的抗滑能力和减小地基反力，土基上的分离式闸首的纵向永久缝设在距闸墙一段距离的底板范围内。在岩基上，当基岩较完整时，边墩可直接嵌固在岩石中，不需设底板；当边墩纵向长度较大时，则须在边墩内设横向缝并在缝面设键槽，待收缩稳定后在缝内进行灌浆处理。

分离式闸首的边墩和底板应分别进行稳定和强度验算。分离式闸首边墩是嵌固于基岩上的，其计算一般也采用与整体式闸首边墩一样的分缝假定分段计算，并由支持墙段承受整个闸门推力。由于分离式边墩的横向尺度比纵向尺度小，因此须验算沿基面的抗滑稳定性及横向抗倾稳定性。分离式闸首的中间底板承受较大的浮托力，须单独验算抗浮稳定性。为满足抗浮稳定要求，一般在土基上可采用加厚底板并改善防渗排水条件或将工作缝做成可传递剪力的键槽、利用边墩重量等措施。在岩基上还可采用加设锚筋的措施等。

土基上的分离式闸首，应进行沉降计算和边墩倾斜验算。其倾斜率按式(3-206)计算，即

$$i_p \leqslant \frac{i_y}{K} \tag{3-206}$$

式中：i_y——允许倾斜率；对于人字闸门的门轴柱为1/200，对于其他门型的基座为1/100～1/150；

K——安全系数，根据土壤性质，取为1.3～1.5。

过大的倾斜率不仅影响闸门正常运转，且易撕裂止水。我国规范尚无明确的限制值，以上数据是苏联规范所规定的，此允许值偏大，设计时需慎重考虑。

第七节　引航道建筑物设计

船闸引航道中设有导航和靠船建筑物以及护坡、护底等结构。这些建筑物主要是为船舶安全进出船闸和船舶等待过闸而设置的。船闸引航道中的导航和靠船建筑物是船闸不可缺少的组成部分，对保证船闸正常运用、确保船舶安全过闸、最大限度地提高船闸通过能力，均将起着重要的作用。因此无导航和靠船建筑物的船闸，是不能称为通航建筑物的，也就不能称为船闸。

导航建筑物设有主、辅导航墙，主、辅导航墙紧靠上、下闸首布置。有时主导航墙也可兼作翼墙挡土之用，亦可配合闸首防渗要求，在导墙前做不透水铺盖或在导墙下加打板桩。

导航和靠船建筑物的形式应根据地质条件、水流条件、水位变幅、船行波、船闸

规模、材料来源、施工条件和使用要求等因素确定。选择结构形式时，应考虑技术经济条件，力求结构简单，耐久性好，并便于施工。

一、导航和靠船建筑物类型

导航和靠船建筑物的形式可分为固定式和浮式两大类。一般在水深和水位变幅不大的情况下，采用固定式导航和靠船结构；水深和水位变幅较大时，采用浮式导航和靠船结构。苏联船闸设计规范规定系船和导航建筑物及其高度在 20 m 以内、水位变化在 6 m 以内时，建议采用固定式。当建筑物更高、水位变幅更大时，建议考虑采用浮式导航及靠船结构。我国设计规范规定当水深或水位变幅较大时，可采用浮式导航和靠船结构。

（一）导航建筑物

（1）固定式导航建筑物

固定式导航建筑物主要形式有重力式、墩式、框架式、扶壁式、板桩式和衬砌式等。

重力式结构适用范围广，山区、平原均可采用。我国重力式导航建筑物多为浆砌块石圬工结构，具有就地取材、节省钢材和木材及水泥三大材、施工简便、维护方便和使用可靠等优点，是一个值得推荐的形式。但它也存在着施工进度慢、质量不易保证、耐久性差、防渗性差、要求地基承载力较高的缺点。

墩式结构一般适用于大、中型船闸中的靠船码头，与重力式结构相比，可节省 2/3 的工程量，但对小船使用不便。

框架式导航建筑物，结构比较轻便，节省材料，可以预制，施工进度快，适用于地基较差地段或水库区。但整体性较差，使用不太可靠，一般较少采用。

扶壁式导航建筑物适用于地基条件较差或石料缺乏的地区；在软土地基上可采用板桩式；在开挖边坡较陡的岩槽中可采用衬砌式。

（2）浮式导航建筑物

浮式导航建筑物由浮箱和定位设施两部分组成，其形式可分为锚系式和支墩式两种。锚系式浮式导航结构的浮箱一端与闸首边墩上导槽的埋件呈铰接，另一端锚固在锚墩上，这种形式在已建工程中应用较为普遍。浮箱结构分钢结构和钢筋混凝土结构两种，钢筋混凝土结构浮箱又分普通钢筋混凝土结构和预应力钢筋混凝土结构两种，这些形式在国内都有应用。

支墩式浮式导航结构在各节浮箱之间设置定位墩，浮箱通过两端的连接装置限制在支墩的导槽内随水位升降，这种形式在大型船闸上应用相对较少。

浮式导航结构适用于库区或水深较大的河流中，预制施工进度较快、对地基无要求。但操作麻烦、维护工作量大、容易受水流及风向等自然因素的影响、船舶停靠不太理想。

（二）靠船建筑物

靠船建筑物有固定式和浮式两种，通常采用固定式结构。当水深和水位变幅很大时，采用浮式结构。固定式靠船建筑物布置形式一般为独立墩式，当同时有隔流要求时，采用墩板式结构。

当地基条件较好时，靠船墩结构一般采用重力式，重力式结构有全重力式和大底板墩柱式两种。前者通常为混凝土或浆砌块石圬工结构，用于高度不大的靠船墩；后者为钢筋混凝土结构，用于高度较大的靠船墩。当地基较软弱且覆盖层较厚时，靠船墩需采用桩基墩式结构或带浮筒的钢管桩结构。前者结构形式类似于高桩码头，一般用于水位变幅很小的情况。后者为一种柔性结构，墩体由钢管桩和浮筒两部分组成。钢管桩为承受水平荷载的柔性桩，桩径和入土深度主要取决于船舶撞击力和地基性质。浮筒分上、下两部分，上部为钢护舷，在其与钢管桩间的环形间隙设置橡胶护舷，以缓冲船舶撞击荷载；下部为带水密隔舱的圆形钢浮箱，可随水位沿钢管桩上、下升降。这种柔性靠船墩具有吸收能量大、运行可靠、可随水位升降、可在水上施工和维修方便等优点。

二、导航和靠船建筑物的设计要求

导航及靠船建筑物的计算，可参照类似结构，按实际荷载及几种计算情况进行计算。导航及靠船建筑物主要承受船舶撞击力，其尺度一般根据稳定和强度计算确定，并应满足系船、靠船、交通、照明和信号装置等布置要求。

导航和靠船结构前沿应采用直立式墙面，底部加强角不应妨碍船舶航行。当靠船墩采用混凝土或浆砌石结构时，其靠船面水位变动区宜设置刚护面或刚护角。

独立墩式靠船结构应等间距布置，中心距宜 15～25 m，并应设置系船设备、爬梯、交通桥和照明等设施。当导航和靠船建筑物采用浮式结构时，可采用数个趸船柔性联合组成。

固定式导航和靠船建筑物结构设计可按本书中闸室结构设计的有关规定执行。

浮式导航结构的荷载包括风、浪、水流等自然荷载、撞击力、系缆力等船舶荷载，以及结构自重、水压力、甲板活荷载等。锚系式浮式导航结构的受力状态十分复杂，目前其结构计算主要采用经验方法。对于支墩式浮式导航结构的荷载，一般简化为静力问题，按两端水平支承在支墩上的简支梁计算其整体荷载作用效应。对于两端采用刚性支铰连接的浮箱，其支座反力和结构内力可直接按设计荷载作用计算。

全重力式靠船墩结构需进行稳定性和强度复核。大底板墩柱式靠船墩的整体稳定性也可参照常规重力式结构计算，但其底板和墩柱应按钢筋混凝土构件进行强度和变形验算。位于地震区的高耸墩柱式靠船墩，其结构稳定和强度往往受地震工况控制，故上部的墩柱通常设计成空心结构。桩墩式靠船墩的结构设计可参照港口工程中的高桩码头有关规定。

第四章　船闸结构分析实例

船闸闸首结构的计算方法主要有两大类，将空间问题简化为平面的解析计算法和三维有限单元分析计算法，当前闸首结构计算分析仍以规范中的平面解析法为主，即通过假设和简化，将底板与边墩分开计算，将空间问题转化为平面问题。对边墩而言，船闸投入使用后，墩顶变形大于墩底变形，闸首底板对边墩起了固定支座的作用，因此，可将其看成嵌固在底板上的悬臂结构，一般用材料力学的双向偏心受弯组合公式进行计算。闸首底板内力计算是根据底板的几何特征及受力分布特征，将其划分为几个特征段，各段间相互作用以不平衡剪力来代替，然后将每一段简化为弹性基础梁进行内力分析。弹性基础梁分析方法主要有幂级数法、变分法、连杆法等。

简化的平面解析算法人为地将边墩分割成独立的受荷块体，忽视了闸首结构变形的整体性，且无法考虑边墩与底板间的位移协调和结构间的互相作用，因此，它的计算成果，既不能满足边墩受力后的应力、变形的连续条件，也不能全面地反映边墩结构整体应力和变形分布的规律，尤其是无法提供边墩受力后的应力集中情况。此外，解析法也无法分析施工过程及温度场对闸墩及底板变形和内力的影响。随着计算机科学技术的进步，有限元法作为一种有效的数值分析方法，广泛应用于土木、机械等诸多领域，利用计算机来对船闸结构进行有限元分析已成为现代船闸结构设计的趋势。

第一节　工程概况

新夏港船闸是江苏省锡澄运河航道整治工程的入江口门船闸，船闸所在的锡澄运河是长三角高等级航道网的重要组部分，是江苏省最重要的干线航道之一。该船闸作为无锡市航道整治工程中的控制性工程，是锡澄运河航运畅通和安全运行的重要保障。该船闸主体结构上下错开 28.8 m，东侧船闸下闸首下游端基本与原有的套闸下闸首齐平布置，西侧船闸下闸首下游端上移 28.8 m 错开布置，两线船闸主体结构（闸首、闸室）紧邻布置，闸室共用中间闸墙，形成“两闸三墙”的总体布局。两线船闸中心间距为 39 m。船舶过闸均采用“曲线进闸，直线出闸”方式。导航建筑物均为曲线型导航墙。两线船闸共用引航道，引航道为对称式布置，紧邻闸首布置隔流堤，隔流堤长 80 m。引航道护岸均为直立式。闸首采用钢筋混凝土整体式结构，闸室为分离式结构，闸墙采用钢板桩结构，闸室底板为透水式底板，如图 4－1 所示。

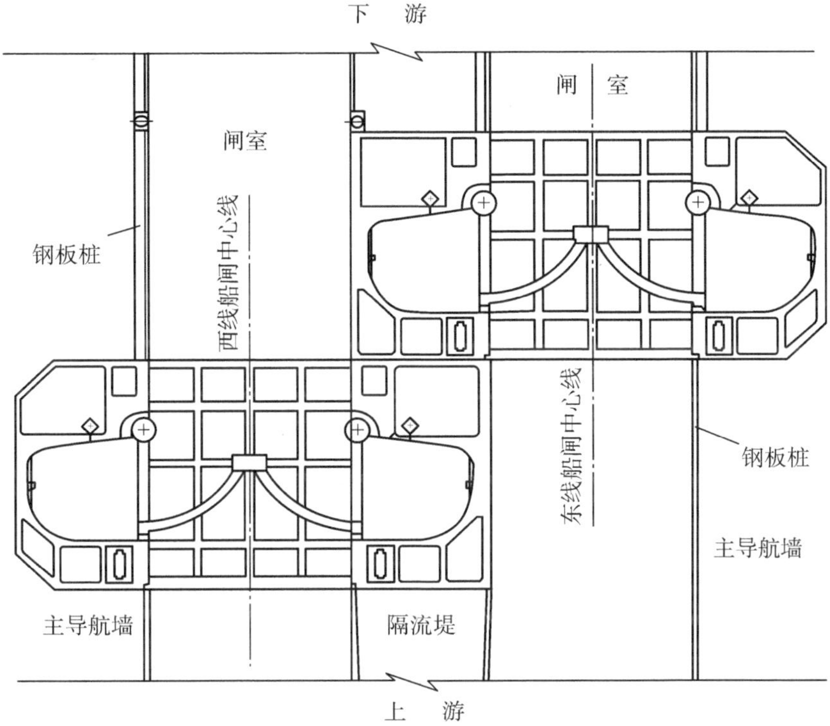

图 4－1　错位布置闸首示意图

该工程地基土的发育、分布特征如下：地表普遍分布人工填土，厚度变化较大，以杂填土为主，左侧鱼塘现为电厂粉煤灰堆填场，下分布一层饱和软土，厚度 1.30～7.20 m，平均 3.21 m，底板埋深一般小于 3.50 m。勘区粉质黏土普遍分布，厚度变化不大。饱和砂性土（包括粉土、砂土、粉质黏土与砂土互层），勘区均有分布，厚度变化较大。

勘区揭露深度内地层为第四系上更新统、全新统三角洲堆积层。依据各区段岩土体沉积时代、成因类型以及彼此组合关系，优先划分不同的大层系（一级单元）然后再以上下顺序，岩性差异及物理力学性质划分不同的二级、三级单元，也即是按“先宏观、后微观”原则，土层定名、稠度划分均按《港口岩土工程勘察规范》（JTS 133—1—2010）进行，砂土的密实度按松散、稍密、中密、密实分类。

据上述原则将本次勘探深度内土层分为 3 个工程地质层（①～③），共包括 15 个工程地质亚层。其中①～②为全新统地层，③层为上更新统地层。具体分述如下：

①－1—素填土：灰黄色，松散，局部密实，稍湿。该层仅部分地段有揭露。层底标高 －4.50～＋5.40 m，平均＋2.90 m；厚度 0.70～6.30 m，平均 2.18 m。土层具高压

缩性,工程地质性能极差。①-2—杂填土:色杂,松散,局部密实,稍湿。该层间断分布,大多地段缺失。土层底标高−6.10～+5.80 m,平均+1.91 m;厚度0.40～9.30 m,平均2.24 m。土层具高压缩性,工程地质性能极差。②-1b2—粉质黏土:黄灰色,夹青灰色,可塑。该层间断分布,大多地段缺失。土层顶埋深0.00～6.50 m,平均2.19 m;层底标高−7.00～+1.50 m,平均−3.39 m;厚度0.60～9.70 m,平均4.00 m。土层具中偏高压缩性,工程地质性能一般。②-1b3—淤泥质粉质黏土:灰褐色,流塑,夹少量粉砂薄层,含腐殖质。该层主要分布于河口左岸灰堆场内,该处原位鱼塘。土层顶埋深0.00～3.10 m,平均0.85 m;层底标高−7.20～+2.30 m,平均−3.50 m;厚度1.30～7.20 m,平均3.21 m。土层具高压缩性,工程地质性能极差。②-1c2—粉土:棕黄色,很湿,中密,局部稍密,摇振反应迅速。该层仅部分地段有揭露。层顶埋深4.80～13.00 m,平均7.40 m;层底标高−14.20～−6.36 m,平均−9.98 m;厚度2.10～7.70 m,平均4.51 m。土层具中偏高压缩性,工程地质性能一般。②-1c3—粉土:黄色,很湿,稍密,摇振反应迅速。该层仅CZK53、CZK65、CZK61、CZK63、SZK15孔有揭露。土层顶埋深3.90～10.60 m,平均6.44 m;层底标高−11.20～+0.10 m,平均−7.02 m;厚度1.60～7.20 m,平均3.98 m。土层具高压缩性,工程地质性能差。②-1d3—粉砂:黄灰色,饱和,稍密,含云母碎屑,局部夹粉质黏土薄层。该层仅部分地段有揭露。土层顶埋深4.70～12.20 m,平均7.79 m;层底标高−11.60～−8.60 m,平均−10.21 m;厚度2.10～7.00 m,平均4.14 m。土层具高压缩性,工程地质性能差。③-1b1—粉质黏土:褐黄色,可塑。该层间断分布,大多地段缺失。土层顶埋深0.00～8.10 m,平均2.24 m;层底标高−6.00～−0.50 m,平均−3.29 m;厚度1.50～9.20 m,平均5.87 m。土层具中压缩性,工程地质性能较好。③-1b2—粉质黏土:褐黄色,夹青灰色,可塑。间断分布,大多地段缺失。层顶埋深0.00～8.90 m,平均2.29 m;层底标高−8.30～−1.60 m,平均−4.91 m;厚度1.00～9.40 m,平均3.55 m。土层具中偏高压缩性,工程地质性能一般。③-1c2—粉土:灰黄色,黄灰色,很湿,中密,摇振反应迅速。该层大多数孔有揭露,局部地段缺失。土层顶埋深1.80～12.30 m,平均7.39 m;层底标高−13.20～−4.10 m,平均−8.05 m;厚度1.10～7.90 m,平均3.72 m。土层具中压缩性,工程地质性能一般。③-1d1—粉砂:灰黄色,夹青灰色,饱和,密实,分选性较高。该层大多数孔有揭露,局部地段缺失。土层顶埋深10.60～24.30 m,平均18.04 m;层底标高−31.40～−12.75 m,平均−25.24 m;厚度1.40～16.50 m,平均10.78 m。土层具中偏低压缩性,工程地质性能较好。③-1d2—粉砂:灰黄色,饱和,中密,分选性较好,局部含砂质结核,直径2～7 cm不等。该层分布较普遍,仅少量孔缺失。土层顶埋深6.30～16.00 m,平均10.93 m;层底标高−20.30～−8.65 m,平均−14.71 m;厚度0.50～11.20 m,平均6.24 m。土层具中压缩性,工程地质性能一般。③-1d3—粉砂:黄灰色,饱和,稍密,分选性较好。该层间断分布,大多地段缺失。土层顶埋深 1.30～13.50 m,平均 7.35 m;层底标高－13.40～－6.10 m,平均－8.97 m;厚度 1.40～8.00 m,平均 4.10 m。土层具高压缩性,工程地质性能差。③-2b2—粉质黏土(夹粉砂):青灰色,灰色,可塑,夹粉砂、粉土薄层,局部夹贝壳碎屑。该层仅部分深孔有揭露。土层顶埋深 44.20～49.90 m,平均 47.33 m;该层未揭穿,揭露厚度 4.90～10.10 m,平均 7.53 m。土层具中压缩性,工程地质性能较好。③-2b3—粉质黏土夏港船闸(江阴船闸)地基土的发育、分布特征如下:地表普遍分布人工填土,厚度变化较大,以杂填土为主,左侧鱼塘现为电厂粉煤灰堆填场,下分布一层饱和软土,厚度 1.30～7.20 m,平均 3.21 m,底板埋深一般小于 3.50 m。勘区粉质黏土普遍分布,厚度变化不大。饱和砂性土(包括粉土、砂土、粉质黏土与砂土互层),勘区均有分布,厚度变化较大。

勘区揭露深度内地层为第四系上更新统、全新统三角洲堆积层。依据各区段岩土体沉积时代、成因类型以及彼此组合关系,优先划分不同的大层系(一级单元)然后再以上下顺序,岩性差异及物理力学性质划分不同的二级、三级单元,也即是按“先宏观、后微观”原则,土层定名、稠度划分均按《港口岩土工程勘察规范》(JTS 133—1—2010)进行,砂土的密实度按松散、稍密、中密、密实分类。

据上述原则将本次勘探深度内土层分为 3 个工程地质层(①～③),共包括 15 个工程地质亚层。其中①～②为全新统地层,③层为上更新统地层。具体分述如下:①-1—素填土:灰黄色,松散,局部密实,稍湿。该层仅部分地段有揭露。层底标高－4.50～＋5.40 m,平均＋2.90 m;厚度 0.70～6.30 m,平均 2.18 m。土层具高压缩性,工程地质性能极差。①-2—杂填土:色杂,松散,局部密实,稍湿。该层间断分布,大多地段缺失。土层底标高－6.10～＋5.80 m,平均＋1.91 m;厚度 0.40～9.30 m,平均 2.24 m。土层具高压缩性,工程地质性能极差。②-1b2—粉质黏土:黄灰色,夹青灰色,可塑。该层间断分布,大多地段缺失。土层顶埋深 0.00～6.50 m,平均 2.19 m;层底标高－7.00～＋1.50 m,平均－3.39 m;厚度 0.60～9.70 m,平均 4.00 m。土层具中偏高压缩性,工程地质性能一般。②-1b3—淤泥质粉质黏土:灰褐色,流塑,夹少量粉砂薄层,含腐殖质。该层主要分布于河口左岸灰堆场内,该处原位鱼塘。土层顶埋深 0.00～3.10 m,平均 0.85 m;层底标高－7.20～＋2.30 m,平均－3.50 m;厚度 1.30～7.20 m,平均 3.21 m。土层具高压缩性,工程地质性能极差。②-1c2—粉土:棕黄色,很湿,中密,局部稍密,摇振反应迅速。该层仅部分地段有揭露。层顶埋深 4.80～13.00 m,平均 7.40 m;层底标高－14.20～－6.36 m,平均－9.98 m;厚度 2.10～7.70 m,平均 4.51 m。土层具中偏高压缩性,工程地质性能一般。②-1c3—粉土:黄色,很湿,稍密,摇振反应迅速。该层仅 CZK53, CZK65, CZK61, CZK63, SZK15 孔有揭露。土层顶埋深 3.90～10.60 m,平均 6.44 m;层底标高－11.20～＋0.10 m,平均－7.02 m;厚度 1.60～7.20 m,平均 3.98 m。土层具高压缩性,工程地质性能差。②-1d3—粉砂:黄灰色,饱和,稍密,含云母碎屑,局部夹粉质黏土薄层。该层仅部分地段有揭露。土层顶埋深 4.70～12.20 m，平均 7.79 m；层底标高－11.60～－8.60 m，平均－10.21 m；厚度 2.10～7.00 m，平均 4.14 m。土层具高压缩性，工程地质性能差。③－1b1—粉质黏土：褐黄色，可塑。该层间断分布，大多地段缺失。土层顶埋深 0.00～8.10 m，平均 2.24 m；层底标高－6.00～－0.50 m，平均－3.29 m；厚度 1.50～9.20 m，平均 5.87 m。土层具中压缩性，工程地质性能较好。③－1b2—粉质黏土：褐黄色，夹青灰色，可塑。间断分布，大多地段缺失。层顶埋深 0.00～8.90 m，平均 2.29 m；层底标高－8.30～－1.60 m，平均－4.91 m；厚度 1.00～9.40 m，平均 3.55 m。土层具中偏高压缩性，工程地质性能一般。③－1c2—粉土：灰黄色，黄灰色，很湿，中密，摇振反应迅速。该层大多数孔有揭露，局部地段缺失。土层顶埋深 1.80～12.30 m，平均 7.39 m；层底标高－13.20～－4.10 m，平均－8.05 m；厚度 1.10～7.90 m，平均 3.72 m。土层具中压缩性，工程地质性能一般。③－1d1—粉砂：灰黄色，夹青灰色，饱和，密实，分选性较高。该层大多数孔有揭露，局部地段缺失。土层顶埋深 10.60～24.30 m，平均 18.04 m；层底标高－31.40～－12.75 m，平均－25.24 m；厚度 1.40～16.50 m，平均 10.78 m。土层具中偏低压缩性，工程地质性能较好。③－1d2—粉砂：灰黄色，饱和，中密，分选性较好，局部含砂质结核，直径 2～7 cm 不等。该层分布较普遍，仅少量孔缺失。土层顶埋深 6.30～16.00 m，平均 10.93 m；层底标高－20.30～－8.65 m，平均－14.71 m；厚度 0.50～11.20 m，平均 6.24 m。土层具中压缩性，工程地质性能一般。③－1d3—粉砂：黄灰色，饱和，稍密，分选性较好。该层间断分布，大多地段缺失。土层顶埋深 1.30～13.50 m，平均 7.35 m；层底标高－13.40～－6.10 m，平均－8.97m；厚度 1.40～8.00 m，平均 4.10 m。土层具高压缩性，工程地质性能差。③－2b2—粉质黏土(夹粉砂)：青灰色，灰色，可塑，夹粉砂、粉土薄层，局部夹贝壳碎屑。该层仅部分深孔有揭露。土层顶埋深 44.20～49.90 m，平均 47.33 m；该层未揭穿，揭露厚度 4.90～10.10 m，平均 7.53 m。土层具中压缩性，工程地质性能较好。③－2b3—粉质黏土夹粉砂：灰色，青灰色，流塑，局部软塑，夹粉砂、粉土薄层，具水平层理，多处呈互层状分布。该层仅部分深孔有揭露。土层顶埋深 28.30～35.10 m，平均 0.19 m；该层未揭穿，揭露厚度 1.90～24.70 m，平均 10.95 m。土层具中偏高压缩性，工程地质性能较差。表 4－1 给出了相关土层的力学性能指标。

船闸闸首和闸室建基面均位于粉砂土和粉土层上，其他结构建基面均位于粉质黏土层。根据地质勘察资料显示，粉细砂层允许承载力为 200 kPa 左右，粉土层允许承载力为 150 kPa。工程回填土方采用开挖出来的粉质黏土，其力学指标根据原状土适当折减取值：等代内摩擦角水上取 $\varphi=30°$，水下取 $\varphi=27°$，γ 水上取 19 kN/m^3，γ 水下取 10 kN/m^3。

夹粉砂：灰色、青灰色，流塑，局部软塑，夹粉砂、粉土薄层，具水平层理，多处呈互层状分布。该层仅部分深孔有揭露。土层顶埋深 28.30～35.10 m，平均 0.19 m；

该层未揭穿，揭露厚度 1.90～24.70 m，平均 10.95 m。土层具中偏高压缩性，工程地质性能较差。

船闸闸首和闸室建基面均位于粉砂土和粉土层上，其他结构建基面均位于粉质黏土层。根据地质勘察资料显示，粉细砂层允许承载力为 200 kPa 左右，粉土层允许承载力为 150 kPa。工程回填土方采用开挖出来的粉质黏土，其力学指标根据原状土适当折减取值：等代内摩擦角水上取 $\varphi=30^\circ$，水下取 $\varphi=27^\circ$，γ 水上取 19 kN/m^3，γ 水下取 10 kN/m^3。

为了掌握错位布置双线船闸闸首结构在不同工况下的受力、变形特点，本章通过建立闸首—地基相互作用的三维有限元模型，采用有限元混合法模拟两中墩之间的相互作用，研究错位布置双线船闸闸首的应力、沉降、变形规律，并与现有设计方法进行了对比。

第二节　有限元模型及工况

一、有限元模型

建立闸首有限元模型时，闸首结构绝大部分采用扫略方式划分网格，网格单元为六面体。局部不规则部分采用四面体网格。基础及回填土体部分均为六面体网格。模型横河向（X 轴）宽度为 112.8 m，顺河流方向（Y 轴方向）长度为 77.6 m，竖直方向（Z 轴）高度为 30 m，本模型共有 417 290 个单元，554 860 个节点。闸首结构模型如图 4-2 所示。

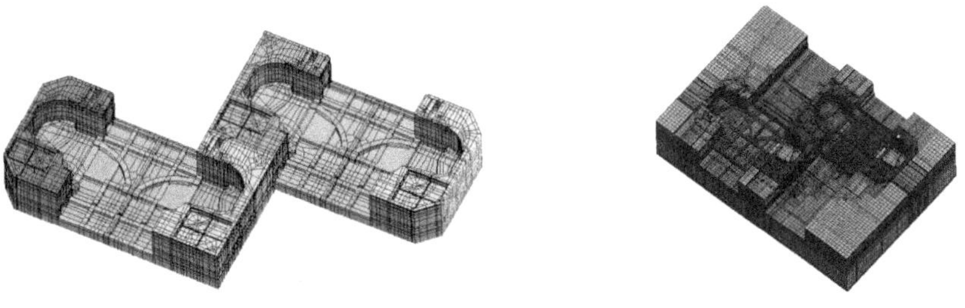

图 4-2　错位布置闸首结构模型

计算软件采用南京水利科学研究院购置的大型通用有限元软件 ANSYS，并在该系统上开发了有限元混合法的接触算法程序，闸首边墩与地基、边墩与回填土之间采用无厚度的接触单元（Goodman 单元）进行接触模拟，中墩与中墩之间的接触采用有限元混合法进行模拟；地基采用理想塑性结构模型模拟，闸首结构采用线弹性模型模拟。

二、主要荷载及工况

根据《船闸水工建筑物设计规范》(JTJ 307—2001)，闸首结构有限元计算中包括以下荷载：

(1) 闸首结构自重，根据材料容重计算；

(2) 闸门及启闭设备自重；

(3) 水压力，作用于结构表面的静水压力，应根据不同的水位组合情况进行计算；

(4) 闸首内部充填物及闸首上部建筑物自重；

(5) 扬压力，包括渗透压力和浮托力；

(6) 土压力；

(7) 船舶荷载。

该船闸工程的主要荷载组合如表 4-1 所示：

表 4-1　计算荷载组合表

计算情况		自重	土压力	扬压力	水压力	船舶荷载	其他
使用情况	正向	√	√	√	√	√	√
	反向	√	√	√	√	/	√
完建情况		√	√	√		/	√
检修工况		√	√	√		/	√
校核洪水		√	√	√		/	√

表 4-2　闸首计算工况一览表

序号	工况名称	工况及水位
1	正向运行 1	上游水位 3.06 m，下游水位 −0.41 m，相邻闸室水位 3.06 m
2	正向运行 2	上游水位 3.06 m，下游水位 −0.41 m，相邻闸室水位 −0.41 m
3	反向运行 1	上游水位 1.33 m，下游水位 4.96 m，相邻闸室水位 1.33 m
4	反向运行 2	上游水位 1.33 m，下游水位 4.96 m，相邻闸室水位 4.96 m
5	检修工况 1	相邻闸无水，本闸水位 1.42 m
6	检修工况 2	本闸无水，相邻闸水位 1.42 m
7	完建工况	宽缝封闭，墙后填土完成
8	校核工况 1	上游水位 3.28 m，下游水位 −0.41 m，相邻闸室水位 3.28 m
9	校核工况 2	上游水位 3.28 m，下游水位 −0.41 m，相邻闸室水位 −0.41 m
10	校核工况 3	上游水位 1.33 m，下游水位 5.78 m，相邻闸室水位 1.33 m

第三节　闸首结构施工、运行期有限元仿真分析

闸首与周围的地基、水体构成了一个十分复杂的力学系统，闸首结构在重力场、温度场、渗流场、流场等多种场的耦合作用下，结构的受力和变形具有强烈的时空特性，随着混凝土的浇筑施工不断变化，承受的各种场作用也是逐步被施加到结构体系上，其强弱不断变化，并与结构的位移场、应力场等产生极其复杂的耦合关系，本节在考虑重力场、流场、渗流场、温度场耦合作用下，研究完建、检修、运行期闸首结构变形与应力分布规律。

（一）施工顺序

基坑开挖至设计高程后即铺设垫层，并且将地下水位严格控制在闸首底板底面以下 0.5 m。混凝土浇筑顺序：先浇筑底板，并预留施工缝，混凝土浇筑应由下而上分批分层浇筑。具体安排如下：第一批先浇筑底板，底板需按设计要求分三块浇筑，块与块之间设置 0.9 m 宽的施工宽缝；第二批浇筑廊道至空箱底部；第三批廊道转弯段后浇带及浇筑空箱至闸首顶部；第四批浇筑底板施工宽缝和门库后浇带。

（二）土—结构间接触面参数的确定

土与结构接触面力学特性的研究一直是土木和岩土领域的重要课题之一，是解决土与结构相互作用的前提。由于研究涉及土力学和基础工程的多个方面，所以具有极大的难度。修建在软基上闸首结构，底板、边墩都与土体直接接触，土与闸首结构之间的相互作用是通过接触应力传递的，因此，合理的接触单元和计算参数对研究闸首结构的变形特点极为重要。

在 Goodman 单元中，当接触面受压时，为模拟两边单元不重叠在接触面处，法向刚度 k_n 应取极大的数值，从而使彼此嵌入的相对位移小到可以忽略不计。考虑到剪切模量 G 与弹性模量 E 以及泊松比 μ 三者的关系为 $G=E/2(1+\mu)$，对于土体泊松比一般取值为 0.2 左右，故可粗略地认为接触面的弹性模量为剪切模量的 2.4 倍，这里近似取 $E=2.4G$，即有接触面模型的法向刚度与切向刚度的大致关系为 $K_n=2.4K_s$，经研究得到接触单元法向刚度 K_n 取值与临界材料弹性模量 E 的关系，如表 4-3 所示。

表 4-3　接触面法向刚度的选取参考值

临界材料弹性模量/GPa	接触面法向刚度/GPa
5	250～500
10	500～1 000
15	750～1 500

续表

临界材料弹性模量/GPa	接触面法向刚度/GPa
20	1 000～2 000
25	1250～2 500
30	1 500～3 000
35	1 750～3 500
50	2 500～5 000

根据上表给出的参考值，本次计算中接触面单元的法向刚度取值 2 800 GPa，切向刚度取值为 1 167 GPa。

（三）有限元计算结果及分析

1. 闸首结构的应力及变形

双线船闸工程施工完毕后，由于船闸尚未通水，闸门上、下游均无水；墙后填土达到设计标高；地下水位尚未抬升，与底板底面齐平。闸首结构受力主要为结构自重及回填土压力。边墩在水流方向上竖向位移呈两端大、中间小的特点，即门前段、持力墙段竖向位移大，门库段小，其中持力墙段最大，为 12.3 mm，门库段最小的变化规律，这主要因为门前段及持力墙段自重较大，尤其是持力墙段设有启闭机房、启闭设备及钢闸门等，故该部分的竖向位移最大；相邻两中墩由于相互作用的存在，竖向位移最大点发生在两中墩分缝部位，最大位移为 21.25 mm，由于两中墩浇筑时间存在差异以及二者接触部位不同（一侧为门前段、一侧为持力墙段），故二者之间竖向位移存在位移差，最大差值 1.4 mm。由于回填土对边墩的土压力作用，边墩横向（垂直水流方向）位移明显大于中墩，边墩横向位移沿高程逐渐增大，最大值出现在闸首结构顶层；最大横向水平位移发生在门库段的顶部中间位置，最大值为 7.31 mm。闸首边墩、中墩应力以压应力为主，仅在边墩下部有拉应力区，但拉应力很小，最大值为 0.47 MPa，最大主应力介于－1.63～0.47 MPa 之间，闸门与支持墙接触部位有明显的应力集中，最大压应力为 1.63 MPa。因此，在完建时，底板与闸门接触部位结构压应力易出现最大值，该处剪应力变化也比较大，为底板受力薄弱部位，设计时应予以考虑。底板中部在两侧边墩自重作用下也出现拉应力，最大值为 1.03 MPa，位置靠下游的表面处。

运行期间由于相邻闸室存在水位差，故闸首中墩的横向水平位移有所增加，由中墩底部到顶部，随着高程的增加而增大，最大横向位移发生在门库段顶部的中间区域，最大位移 4.25 mm（相邻闸室水位差 3.47 m），较完建工况时的位移增长 2.44 mm。边墩在运行期（闸室水位－0.41 m），最大横向位移为 7.12 mm，较完建期略有减小；闸室水位 4.96 m 时，最小横向位移为 3.42 mm，主要因为船闸通水后，水压力通过闸门的支枕垫传递给边墩持力墙段，该力可以分解为向下游的推力和向外侧的推力，该推力与部分土压力抵消。闸首竖向位移最大位置与完建工况时的相同，但数值有增加，最大值为 27.14 m。两中墩之间竖向位移存在差值，最大差值 2.3 mm，如图 4-3 所示。

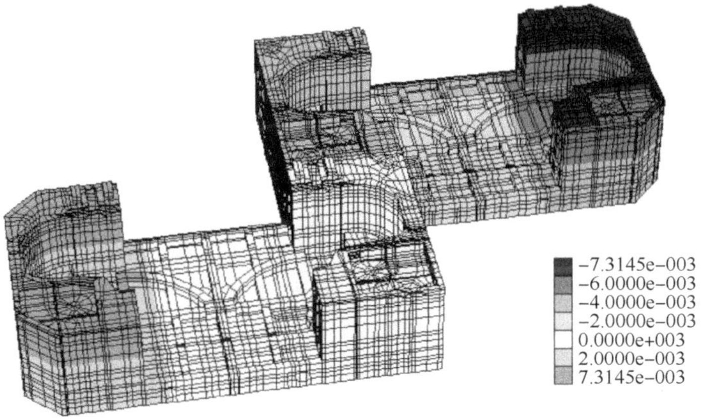

图 4-3　完建后闸首结构横向位移(m)

运行期由于闸首廊道内过水，在有压水的作用下廊道顶部出现拉应力区，廊道顶部最大拉应力为 0.94 MPa，最大压应力为 2.68 MPa。闸首空箱及启闭室内最大拉应力为 0.24 MPa。在水压力的作用下，闸底板应力得到改善，上部表面拉应力有所减少，最大值为 0.85 MPa。在闸门挡水时，由于水推力的作用，推力作用区域(高程—1.1～1.6 m)附近出现较大的拉应力，最大拉应力达 1.45 MPa，这主要是闸门推力按集中荷载施加产生的应力集中所导致的。

检修工况时，由于渗透压力的存在，闸首的底板产生的最大拉应力为 1.09 MPa，较完建工况下的 1.03 MPa 略有增加，如图 4-4 所示。

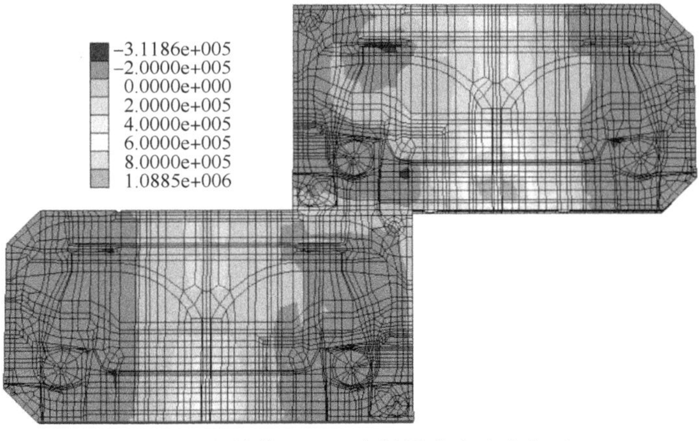

图 4-4　检修工况下底板最大主应力(Pa)

校核工况下，由于相邻闸室存在水位差(最大水位差 4.45 m)，故闸首中墩的横向水平位移比正常运行时有所增加，但横向水平位移的分布规律及最大位移出现的位置两工况基本相同，最大横向位移发生在门库段底部中间区域，最大位移为 4.36 mm；边墩最大横向位移为 7.09 mm，较完建期略有减小；当闸室水位 5.78 m 时，横向位移最小值为 2.91 mm，主要因为船闸通水后，水压力通过闸门的支枕垫传递给边墩持力墙段，抵消了部分土压力。闸首竖向位移最大位置与完建工况时的相同，但数值有增加，最大沉降值为 28.75 m，两中墩之间竖向位移存在位移差，最大差值 2.6 mm。

校核工况下，闸首结构的应力及变形与正常运行工况下的结果相差不大，仅数值上略有变化。校核工况下，廊道顶部最大拉应力为 1.36 MPa，最大压应力为 2.93 MPa。闸首空箱及启闭室内最大拉应力为 0.37 MPa，在水压力的作用下，闸底板中部表面拉应力区域减小，最大拉应力的数值降低，为 0.62 MPa。当闸门挡水时，闸门推力作用区域(高程－1.1～1.6 m)最大拉应力达 1.73 MPa。

表 4-4 给出了闸首在不同工况下最大拉应力的计算结果，总体而言，闸首结构的应力水平普遍较低，以压应力为主，拉应力主要存在廊道顶部和持力墙受闸门推力作用的区域。无论闸墩还是底板结构，拉应力均小于混凝土的拉应力设计值 1.3 MPa，故闸首结构的强度满足要求。

表 4-4 闸首最大拉应力值 单位：MPa

工况		边墩	中墩	中间底板
完建工况		0.47	0.34	1.03
正常运行	1	1.26	1.31	0.77
	2	1.19	1.30	0.85
	3	1.28	1.39	0.71
	4	1.33	1.45	0.68
检修工况		0.55	0.51	1.09
校核工况	1	1.66	1.71	0.57
	2	1.57	1.68	0.62
	3	1.69	1.73	0.55

各种工况下，底板沉降沿横向分布如图 4-5 所示，由于采用宽缝施工，并缝前，在边墩和中墩的重力作用下，两侧边底板产生较大的沉降量，中间底板由于没有外荷载，沉降量小，导致底板在宽缝两侧沉降量有突变。由于中墩附近质量较为集中，故靠近中墩侧的底板沉降比边墩侧的底板沉降量大，最大值为 20.3 mm。不同工况下，闸首底板沉降主要为刚体位移。

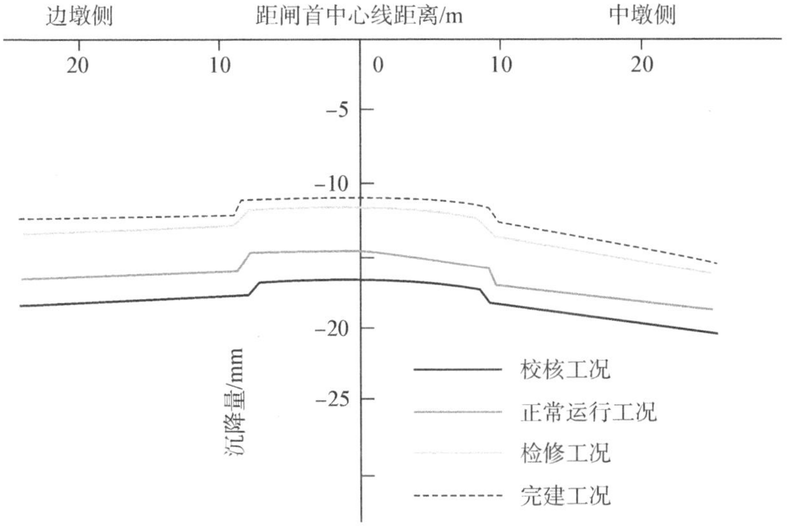

图 4-5 闸首底板沉降量横向分布图

表 4-5 给出了并缝前后底板下表面上横河向剪应力分布结果，在底板并缝前，剪力主要来自边墩后方的回填土，此时剪力全部作用在边墩上，因此，边墩底板上的剪应力最大，为 0.71 MPa，方向和土压力的方向一致。中墩和中间底板上的剪应力普遍较小，仅为−0.3～−0.27 MPa，主要因为二者仅受到竖直向的重力作用，在横河向方向上没有承受任何外荷载。当底板并缝后，边墩底板的剪应力有所降低，中间底板的剪应力略有增加，表明宽缝的填注，使边墩底板上的一部分剪力通过宽缝内的混凝土传递到中间底板上，但这部分剪力很小，对中墩底板的剪应力值没有产生显著的影响。因此，边墩后方土体作为不平衡荷载对错位布置闸首中墩结构的受力影响很小。

表 4-5 并缝前后闸首底板横河向剪应力 单位：MPa

工况	边墩底板	中间底板	中墩底板
并缝前	0.71	0.30	0.27
并缝后	0.66	0.32	0.27

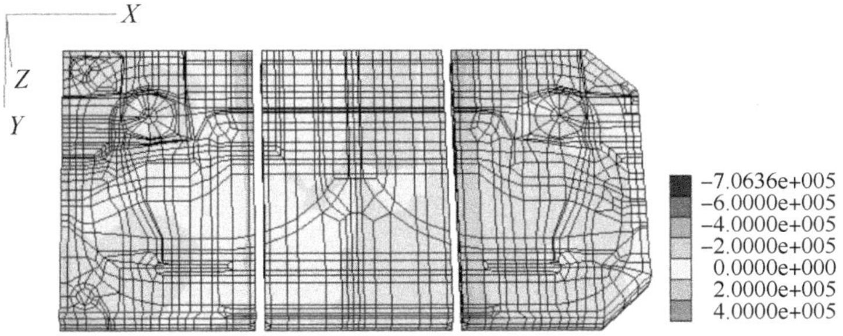

图 4-6 并缝前闸首底板剪应力云图(Pa)

根据有限元计算结果，对底板跨中截面应力进行积分，得到底板跨中弯矩值(见表4-6)，对比底板弯矩计算结果和设计弯矩值，可以看出，不同工况条件下底板抗弯承载力能够满足设计要求。

表4-6 闸首底板弯矩计算值

工况		正弯矩/kN·m	负弯矩/kN·m	设计弯矩值/kN·m
正常运行	正向运用	1 943.2	−2 210.4	4 000.0
	反向运用	2 605.1	−2 345.1	4 000.0
检修情况		1 433.5	−2 968.4	4 000.0
完建情况		2 463.9	−2 064.7	4 000.0
校核情况		2 533.8	−1 583.6	4 000.0

采用有限元法求解闸首在滑动面上每个单元的法向应力和滑动方向上的切向应力，然后按下面公式求解闸首的抗滑稳定安全系数：

$$K_s = \frac{\sum \sigma_i f_i A_i + \sum c_i A_i}{\sum \tau_i A_i}$$

式中：σ_i，τ_i 分别为滑动面上第 i 个单元的法向应力和滑动方向上的切向应力；A_i 为第 i 个单元的滑动面面积；f_i 和 c_i 分别为第 i 个单元的抗剪强度指标。

表4-7给出了根据有限元法计算得到的闸首稳定安全系数，由表中计算结果可知，闸首结构的稳定性满足规范要求。

表4-7 闸首稳定性计算结果

工况		横向稳定		整体稳定		
		抗滑稳定安全系数	抗倾稳定安全系数	抗滑稳定安全系数	抗倾稳定安全系数	抗浮稳定安全系数
正常运行	正向运用	2.05	8.45	6.46	7.04	3.26
	反向运用	2.77	8.76	5.23	6.58	2.83
检修情况		2.55	6.1	6.55	5.31	3.24
完建情况		3.13	4.73	8.79	8.97	/
校核情况		1.82	9.27	7.54	7.49	2.06

(2) 闸首结构地基反力及接触力变化规律

在采用有限元混合法求解闸首两中墩之间的相互作用的过程中，得到了接触面上的位移、压力的分布规律。

本工程闸首中墩间的结构缝(沉降一伸缩缝)初始开度为 20 mm，完建工况下，两中墩的持力墙段和门库段相邻，在自重荷载作用下，二者沿闸首纵向的变形一致，中墩沉降缝的开度由 20.0 mm 变为 14.38 mm，沉降缝的开度由顶部向下逐渐减小，至高程 −5.06 m 处，结构缝开度为 0，由此高程至闸底板底部(高程 −7.29 m 处)，沉降缝处于闭合状态，在此范围内二者的相互作用的压力为 546.2 kN/m，最大剪应力 0.13 MPa；检修工况下，中墩顶部的结构缝开度为 13.77 mm，至高程 −4.72 m，结构缝开度为 0，接触范围内二者的相互作用的压力 673.7 kN/m，最大剪应力为 0.17 MPa；正常运行工况下，中墩顶部的结构缝开度为 10.9 mm，至高程 −3.13 m，结构缝开度为 0，接触范围内二者的相互作用力 1 327.5 kN/m，最大剪应力为 0.26 MPa；校核工况下，中墩顶部的结构缝开度为 9.37 mm，至高程 −3.19 m 处，结构缝的开度为 0，接触范围内二者的相互作用的压力为 1 558.1 kN/m，最大剪应力为 0.31 MPa。

由计算结果可知：两中墩结构缝不存在张开现象，二者的相互作用过程中主要以挤压为主，剪切作用不明显，且相互作用力的传递以底板为主；并缝前两中墩上下游的回填土的推力对结构缝的闭合有一定的影响；在完建工况下，由于两中墩相邻，重量集中，致使结构缝附近的基础沉降量较大，两中墩产生接触，此时的接触区域仅限于底板范围之内；检修工况下，由于闸室内水位较低，两中墩的相互作用的范围变化不明显；在正常运行条件下，闸室内水位升高，中墩在水压力的作用下，结构缝处于闭合的区域明显增大，在校核工况下，接触范围约占中墩侧面(接触侧)的 29.4%；完建和正常运行工况下，接触面上的法向接触力的合力增加值仅为顺河向水压力的合力值的 31.4%，表明水推力沿着整个中墩的纵向、横向、垂直向三维空间进行传递、扩散，闸首结构的受力有着明显的空间性，如图 4-7 所示。

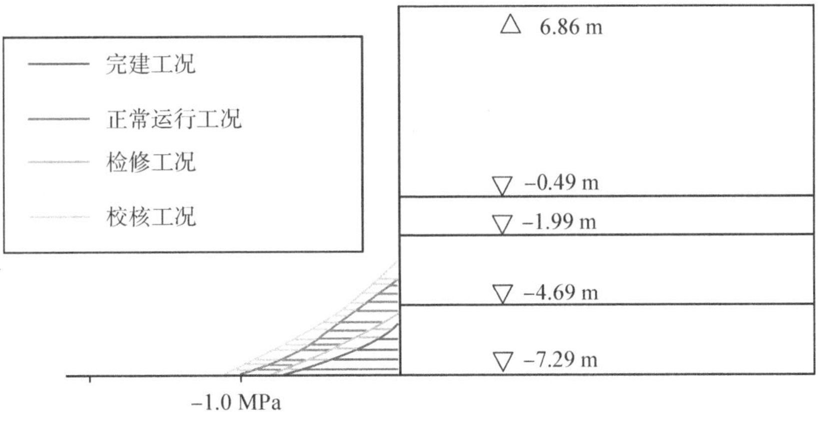

图 4-7　闸首结构中墩接触面范围及压应力分布

表 4－8　结构缝两侧水平位移及分缝张开度　　单位：mm

高程	完建工况			检修工况			正常运行工况			校核工况		
	门前段	持力墙段	张开度	门前段	持力墙段	张开度	门前段	持力墙段	张开度	门前段	持力墙段	张开度
－7.29	/	/	0.00	/	/	0.00	/	/	0.00	/	/	0.00
－5.06	/	/	0.00	/	/	0.00	/	/	0.00	/	/	0.00
－4.72	7.78	12.08	0.14	/	/	0.00	/	/	0.00	/	/	0.00
－4.69	7.63	11.78	0.59	7.36	11.83	0.81	/	/	0.00	/	/	0.00
－4.50	7.59	11.01	1.40	7.64	11.06	1.30	/	/	0.00	/	/	0.00
－4.00	7.31	10.32	2.37	7.42	10.44	2.14	/	/	0.00	/	/	0.00
－3.74	7.25	8.15	4.60	7.31	8.23	4.46	/	/	0.00	/	/	0.00
－3.13	6.14	7.56	6.30	6.34	7.65	6.01	7.65	10.83	1.52	/	/	0.00
－1.99	6.61	7.14	6.25	6.73	7.34	5.93	7.41	9.31	3.28	8.23	10.12	1.65
0.00	5.75	6.21	8.04	5.88	6.32	7.80	7.14	8.82	4.04	7.76	9.35	2.89
1.00	5.34	5.87	8.79	5.49	5.91	8.60	6.75	8.04	5.21	7.24	8.96	3.8
2.00	4.76	5.52	9.72	4.93	5.62	9.45	6.24	7.63	6.13	6.92	8.04	5.04
3.00	4.38	5.15	10.47	4.69	5.3	10.01	6.01	7.25	6.74	6.55	7.61	5.84
4.00	3.94	5.76	10.30	4.13	4.89	10.98	5.69	5.96	8.35	5.94	7.12	6.94
5.00	3.08	3.81	13.11	3.26	4.07	12.67	5.14	5.68	9.18	5.76	6.82	7.42
6.00	2.74	3.23	14.03	3.09	3.53	13.38	4.87	5.16	9.97	5.18	6.35	8.47
6.86	2.55	3.07	14.38	2.84	3.39	13.77	4.15	4.95	10.90	4.84	5.79	9.37

通过三维有限元的计算分析，得到了闸首结构完建、正常运行、校核工况下，底板地基反力的分布情况，如图 4－8 所示。由计算结果可知：在闸首结构完建时，闸首中墩下部底板地基反力最大值为 74.45 kPa，地基反力最小值为 18.01 kPa；边墩下部底板地基反力最大值为 42.56 kPa，地基反力最小值为 20.67 kPa；中间底板最大地基反力 26.27 kPa，地基反力最小值为 19.14 kPa。校核工况下，闸首结构地基反力最大，中墩下部底板地基反力最大值为 98.04 kPa，地基反力最小值为 47.37 MPa；边墩下部底板地基反力最大值为 56.43 kPa，地基反力最小值为 36.15 kPa。闸首中墩下部底板地基反力较大，是由于两中墩互为边载，导致地基沉降量增大，地基反力增加。当闸首结构完建时，中墩下部底板地基反力最大值与最小值之比为 4.13，略大

于现行规范的允许值 3.0；当船闸运行时，由于闸首内水压力的作用，导致底板沉降值有所增加，地基反力趋于均匀，此时地基反力最大值与最小值之比 2.40，满足规范要求。

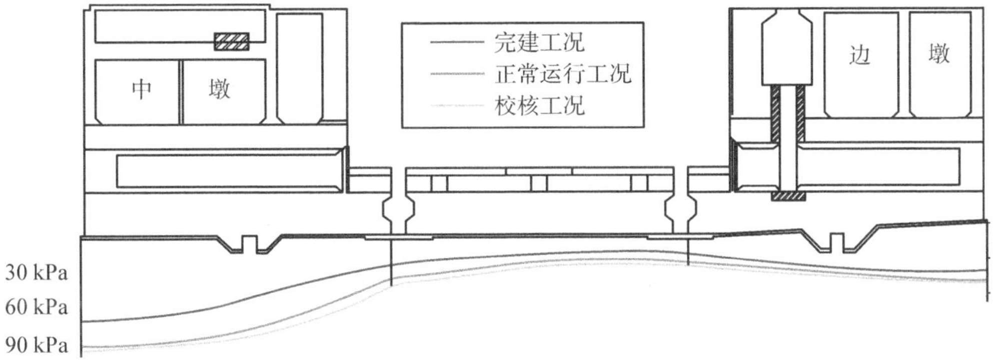

图 4-8　闸首地基反力分布

（四）地震作用下结构缝的状态分析

闸首错位布置，导致在施工和运行阶段闸首结构均存在两个中墩互为边载、相互作用的问题，而相互作用的上游中墩的支持段与下游中墩的门前段在构造和作用上有着显著的不同，从而使两者的刚度存在着较大的差异，在静力作用下，二者均属于小变形，对结构的安全影响不大；但地震作用下，二者若产生较大的变形(结构缝开度过大)，将会影响启闭机械的运行和闸门启闭或将止水拉开，导致工程无法正常运行。本节针对错位布置闸首的相互作用问题，采用有限元混合法，研究地震作用下中墩间结构缝的动力接触状态，分析地震作用下结构缝的张开情况，为工程的抗震安全提供参考依据。

闸址区地层主要由上覆第四系人工填土层和冲积、湖积相的粉质黏土、黏土、粉土、粉砂、细砂组成。在大地构造上，勘探区位于新华夏系第二巨型隆起带和秦岭东西向复杂构造带的交接部分。隶属扬子准台地下扬子—钱塘褶皱带东部和苏皖拗褶区的东北部。其北与鲁东隆起、淮阳地质相邻；南接江南地轴、华夏褶皱带。根据国家标准《建筑抗震设计规范》(GB 50011—2010)及《中国地震动参数区划图》(GB 18306—2001)，勘区设计基本地震加速度值为 0.05*g*，设计地震分组为第二组，抗震设防烈度为 6 度，但对液化敏感的船闸，本工程按照 7 度考虑。输入地震荷载采用由设计反应谱生成的人工地震波时程，如图 4-9 所示，峰值加速度为 0.1*g*，地震动水平向输入，采用黏弹性边界考虑地基的辐射阻尼影响。

计算工况水位：上游水位 1.33 m，下游水位 4.96 m，相邻闸室水位 4.96 m；工况 2 水位：上游水位 1.33 m，下游水位−0.41 m，相邻闸室水位 1.33 m。

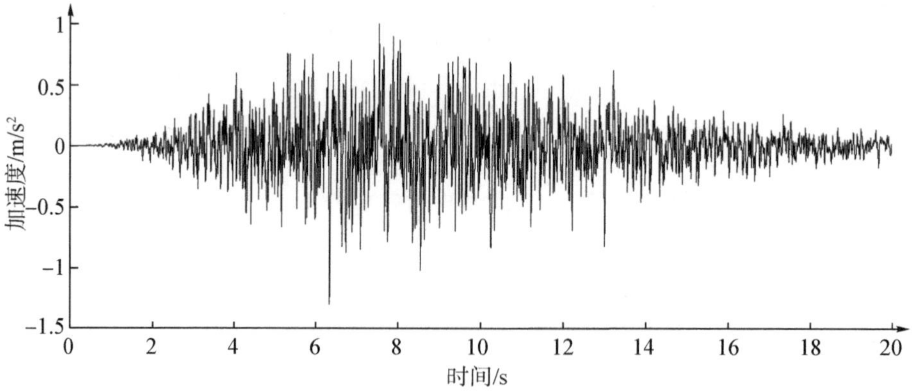

图 4-9　输入地震动时程曲线

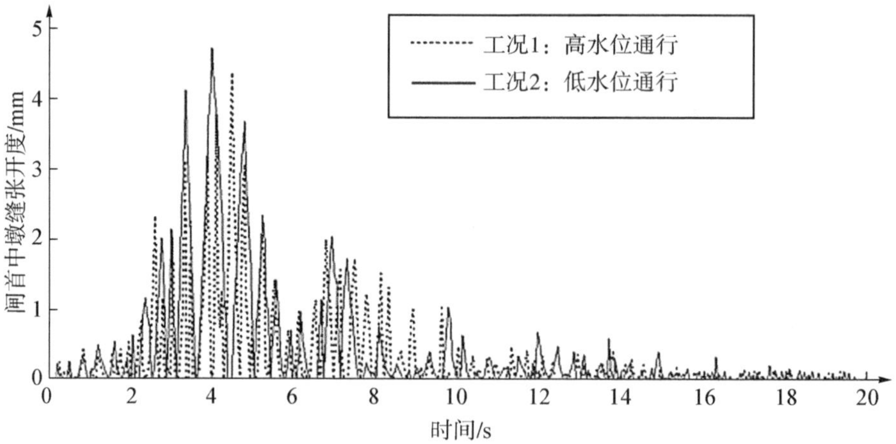

图 4-10　两中墩间结构缝张(相对)开度时程曲线

图 4-10 给出了两种工况下伸缩缝上控制点(闸墩顶部中间点)的张开度时程曲线，在地震作用下，由于结构的鞭梢效应，顶部结构缝开度最大，船闸高水位通航时，中墩间伸缩缝顶部控制点的最大度相对张开度达到了 4.02 mm(绝对张开度为 24.02 mm)；船闸低水位运行工况时，由于水对闸首结构作用及对震动能量吸收能力的减弱，中墩间伸缩缝顶部控制点的最大度张开达到了 4.36 mm(绝对张开度为 24.36 mm)，结构缝的开度相对较小，不会对闸首的安全带来不利影响。从闸首整体性能来看，低水位运行工况是抗震设计的控制工况，在闸首的门前段的配筋设计中，可将张开位移转化成外荷载条件来进行考虑，从而提高结构的抗震安全性。

第四节　施工期温度应力对闸首结构的影响

大量工程实践表明：船闸混凝土结构在施工期常有裂缝出现，孔口、廊道附近尤为突出。裂缝的出现，轻者将影响建筑物的整体性和耐久性，重者将会使结构发生断裂而导致建筑物破坏。因此，分析闸首裂缝的成因并寻求相应的防护措施是工程设计和施工中普遍关心的问题，研究施工期闸首结构的裂缝成因便成为一个重要的研究课题。

本节对船闸闸首施工期非稳定温度场进行仿真分析，在分析与计算中，考虑了土体固结和混凝土浇筑过程的温度、徐变的影响，探讨了错位布置船闸结构施工期裂缝的成因。

根据船闸施工期间的相关记录及江阴市的气象特征资料：多年平均气温取 15.0 ℃，最高月平均气温 32.0 ℃，最低月平均气温 −3.2 ℃。气温取值参照《大体积混凝土温度应力与温度控制》的气温年变化公式计算，其结果如图 4－11 所示。

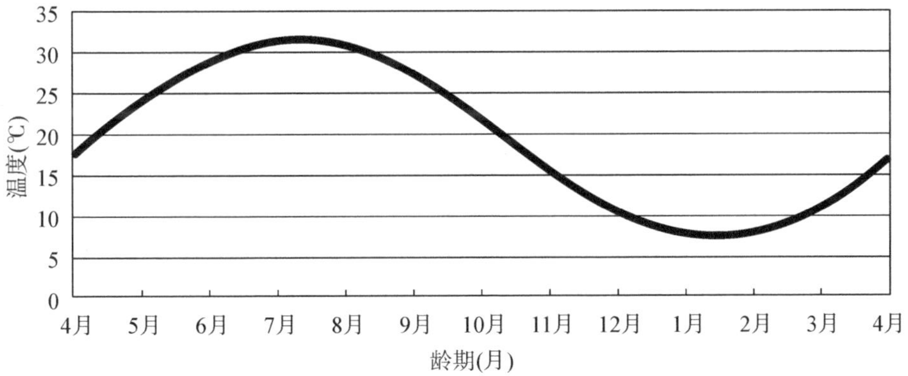

图 4－11　船闸工程施工期气温的示意图

根据相关施工资料，错位布置船闸闸首结构浇筑时间及顺序如图 4－12～图 4－13 所示。

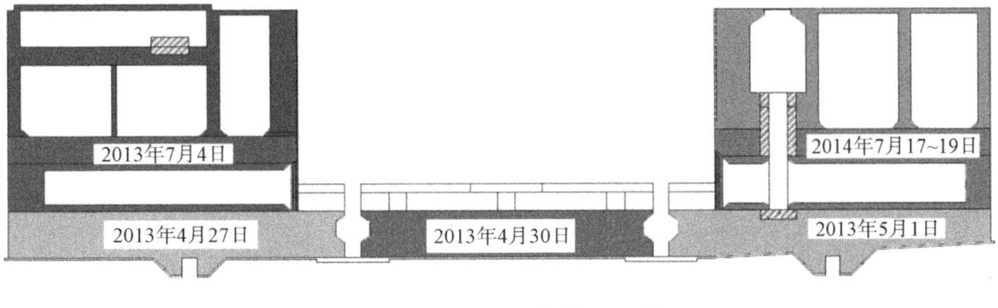

图 4－12　西侧闸首施工顺序图

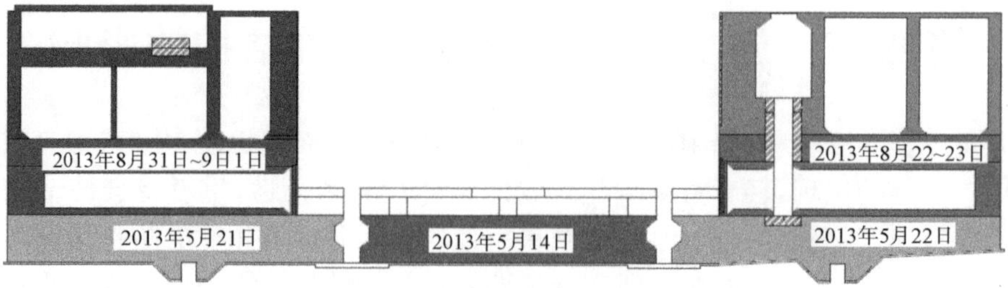

图 4 - 13　东侧闸首施工顺序图

闸首结构混凝土强度等级为 C25，参考《水工混凝土结构设计规范》(SL 191—2008)和国内外相关资料，配合比优化设计采用的混凝土材料和地基土的热学参数如表 4 - 9 所示。

表 4 - 9　混凝土及地基材料热力学参数

材料名称	导温系数 ($m^2 \cdot h^{-1}$)	导热系数 [$kJ \cdot (m \cdot h \cdot ℃)^{-1}$]	线膨胀系数 ($10^{-6} \cdot ℃^{-1}$)	放热系数 [$kJ \cdot (m^2 \cdot h \cdot ℃)^{-1}$]		比热容 [$kJ \cdot (kg \cdot ℃)^{-1}$]
				有模板	无模板	
混凝土	0.004 8	11.1	8.0	0.97	40	70
土体地基	0.005 6	9.0	5.0	70		0.8

一、底板结构施工期温度应力

通过有限元计算分析，底板内部温度随时间的变化过程曲线，如图 4 - 14 所示，由该图可以看出，无论底板是整体浇筑，还是预留宽缝施工方法，底板内部温度变化规律基本类似，船闸底板混凝土浇筑后，由于水泥水化热的作用，温度将会升高，当达到最高温度以后，由于外界气温的影响，温度开始下降。从图中可以看出，历时曲线呈单一峰值状，在第 1～3 d，随着混凝土水化热的产生，底板混凝土温度上升较快，到第 3 d 时，最高温度达到了 67.8 ℃，之后温度逐步下降，到第 30 d 时，混凝土最高温度已降低至 30 ℃左右，与气温基本持平。但由于预留宽缝施工方案中，混凝土浇筑块的尺寸小于整体浇筑施工方案中的尺寸，加之预留宽缝使得底板散热面增大，故预留宽缝施工方案中混凝土内部的最高温度值要比整体浇筑施工方案小。

表 4-10　不同施工方案闸底板温度场最大应力

应力	有无宽缝	中部温度应力/MPa	端部温度应力/MPa
横向应力	有宽缝	0.53	0.14
	无宽缝	0.56	0.21
纵向应力	有宽缝	0.63	0.16
	无宽缝	0.71	0.28

通过对不同施工方案中底板温度变化及温度应力进行分析，可以得到如下结论：

(1) 底板的浇筑长度越大，受地基的约束就越大，对应的温度应力也就越大；

(2) 由于本工程建立在软土地基上，地基对底板的约束作用不强，在软基上浇筑的混凝土底板，可以忽略温度应力的影响；

(3) 底板中部受地基约束的影响比端部大，因此底板中部的温度应力比端部的大。

由于本工程底板浇筑开始于 4 月底至 5 月初，外界气温较高，且混凝土的入模温度达到 26 ℃，因此，尽管混凝土内部温度较高，但内外温差较小，底板平均厚度较薄(平均厚度 2.5 m)，底板下部为软土地基，基础对底板的约束较小，故混凝土底板温度应力较小，不会导致底板产生裂缝。

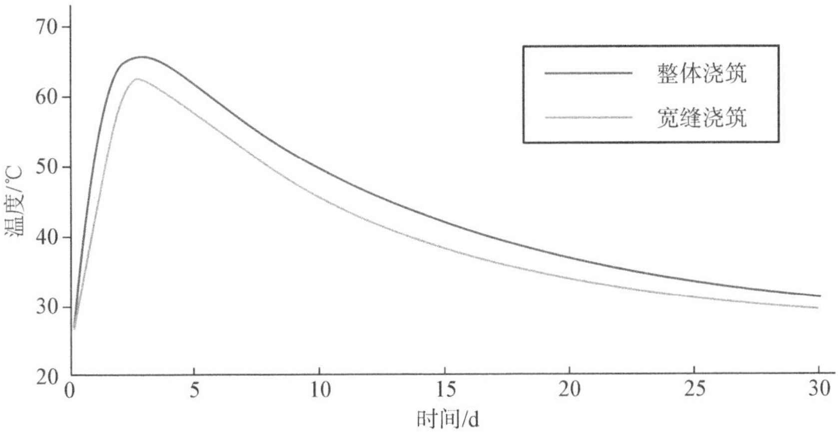

图 4-14　不同施工方案下底板内部温度变化曲线

二、闸墩结构施工期温度应力

闸墩混凝土浇筑后，由于结构内温度升高或降低，结构会相应地发生膨胀或收缩。这种膨胀或收缩受到底板的约束，变形不能自由发生，在结构内会产生一定的温度应力。了解施工期闸墩结构内部的温度变化及结构约束的特点，有利于改进闸首结构的施工工艺及完善闸首的设计理论。

根据施工记录，闸墩施工时，当天气温最高 37 ℃，最低 28 ℃。根据计算结果，闸墩内部温度随时间的变化过程曲线，如图 4－15 所示。

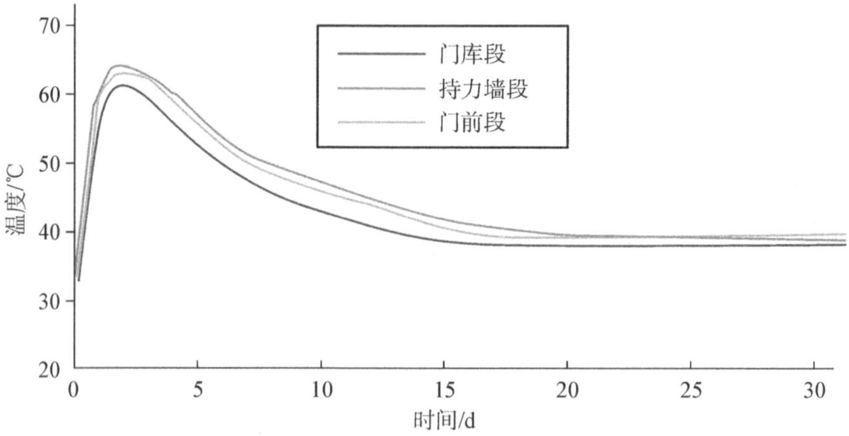

图 4－15　边墩内部不同部位温度变化曲线

在闸首结构中，尽管闸墩几何尺寸较大，但闸墩内设有空箱和廊道，因此，混凝土闸墩受温度变化的影响与大体积混凝土结构有很大不同。由于空箱及廊道的存在，使得闸首混凝土构件的厚度相对较薄，表面积增大，易于散热，故水化热温升阶段较短，最高温度的峰值出现较早，峰值也较低，并且很快出现降温趋势，大致符合“越薄散热越快”的规律。

底板混凝土经过较长的间歇后，混凝土弹性模量较高，温度较低，在其上浇筑的闸墩（▽－4.69～－0.49 m）结构的变形必然受到底板混凝土的约束，新混凝土浇筑的前几天，温升时，下部老混凝土产生水平压应力，当新混凝土处于温降阶段时，下部老混凝土的压应力逐渐减小，最后变成拉应力。另一方面，新混凝土由于干缩变形大于底板老混凝土的干缩变形，其干缩变形也受到底板的约束。因此，闸墩底部会产生较大的拉应力。本工程中闸墩门前段、门库段、持力墙段的拉应力分别为 1.30 MPa、0.76 MPa、1.33 MPa，如图 4－16 所示。该拉应力的区域约为该浇筑层厚度的 2/3，即该区域的高度约 2.8 m，这同现场裂缝的调查情况基本相符，如图 4－17～图 4－18 所示；而此时闸墩结构在自重作用下产生的最大应力也仅为 0.3 MPa，故廊道内产生的裂缝系由上、下层（部分闸墩及底板）浇筑间歇期过长而引起的。

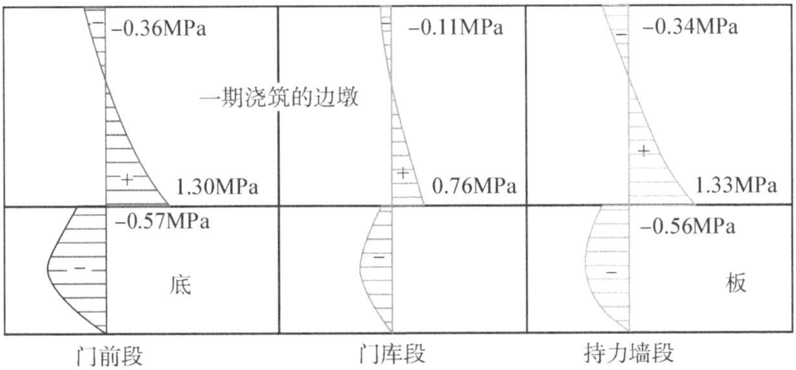

图 4－16　闸墩温度应力分布展开图

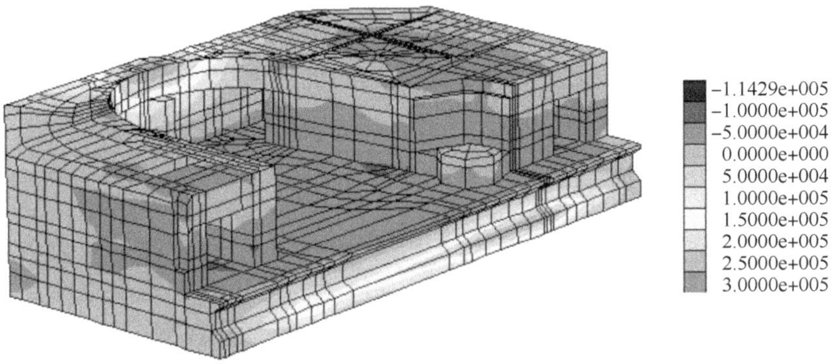

图 4－17　闸墩底层浇注完毕后自重作用下的主应力(Pa)

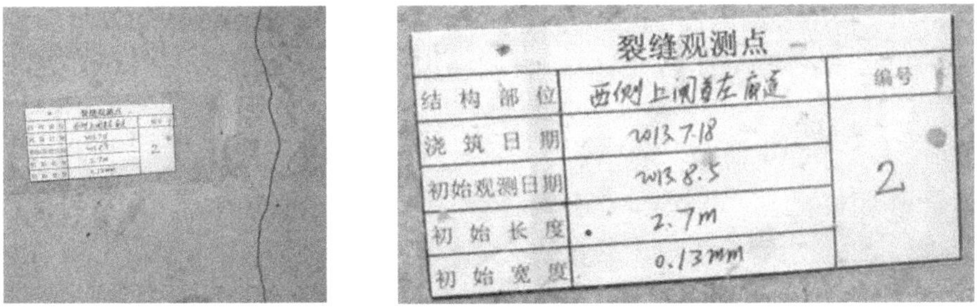

图 4－18　闸墩廊道口处的裂缝

根据计算结果的分析，建议闸墩浇筑时，间歇期控制如下：

表 4－11　浇筑层合理间歇期

层厚/m	12 月～次年 2 月	春秋(3～5 月，9～11 月)	春秋(5～8 月)
1.5	4～7 天	5～7 天	6～10 天
2.0	5～9 天	6～10 天	7～10 天

第五节　原型观测结果

原型观测是检验设计方法可靠性和观测工程安全的极有效的方法，也是工程管理者了解工程运行状况最主要手段。因此，开展船闸结构的原型观测对于船闸的设计、施工、运行管理等方面均有有重要意义。

由于本船闸采用错位布置的新型结构形式，目前，国内外没有这种结构的设计和施工成果可借鉴，加之工程的自然条件复杂，其工作状态和工作情况随运行时间变化明显，为了掌握错位布置双线船闸闸首结构的变形规律，确保该船闸工程的施工质量及运行安全，提高船闸运行管理水平，在闸首的施工期和运行期开展了闸首的变位及土压力观测工作。通过对观测资料的积累和分析，验证闸首设计的合理性，为错位布置闸首的受力机理研究提供可靠的依据，这不仅有利于完善错位布置船闸的设计理论与方法，也便于这种新型结构的推广应用，促进我国内河水运科技的发展。

一、闸首的变位观测结果

闸首底板的沉降观测在底板施工结束，观测点稳定后，立即进行首次观测。底板施工完成后到闸墩施工完毕(即底板满荷载)期间每周观测两次。在满荷载至施工宽缝封铰前，每周观测一次，施工宽缝封铰前 10 天每天观测一次，达到设计要求后方可封铰。封铰结束后，根据施工情况和基坑回填土情况，择时将观测点转移到闸墩上部。转移到闸墩上部后的前一个月每周观测两次，之后至竣工前一到两周观测一次，视具体沉降情况调整观测频率，观测时间为一年。观测期间遇有荷载增加、施工工况变化或沉降出现异常时应适时调整观测频率。闸墩空箱顶的沉降观测按照闸首变位移测方案进行。观测点转移到闸墩上部前，先计算闸首底板观测点的累计沉降值，将此累积沉降值(对应边墩的平均值)作为空箱顶观测点的初始沉降值。观测频率为前半个月每周观测一次，之后每月两次。而闸首的位移(顺河向为 Y，横河向为 X)观测在边墩后回填土之前进行首次观测，根据施工加载情况制定观测周期，回填期间一般按照每回填 3 层观测一次，回填施工暂停期间可以降低观测频率，每月两次。回填土完工后无异常变形情况下，第一个月每周观测一次，第二个月两周观测一次，往后每月进行一次观测。上、下闸首观测点的分布如图 4－19 所示。

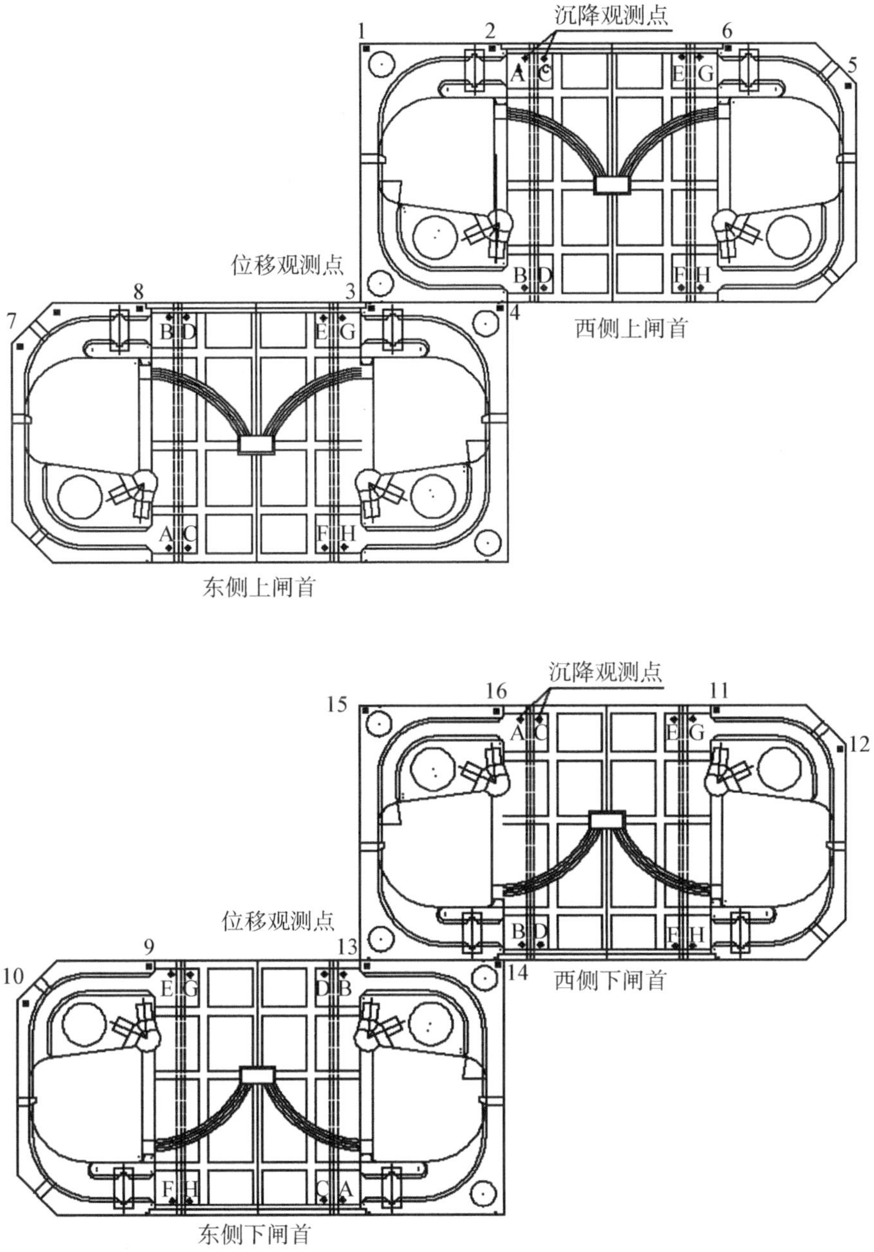

图 4-19　上、下闸首变形观测点分布图

闸首结构变形观测结果如表 4-12 和图 4-20～图 4-21 所示。

表 4－12　闸首变形观测数据表

测点标号	累计变形量/mm		测点标号	累计变形量/mm	
	Y	X		Y	X
上－1	2.62	4.77	下－9	2.85	5.77
上－2	2.91	4.32	下－10	3.18	5.82
上－3	1.52	5.79	下－11	2.93	5.89
上－4	1.35	5.12	下－12	2.76	5.73
上－5	2.53	5.76	下－13	2.34	5.41
上－6	2.17	5.86	下－14	2.55	5.86
上－7	2.46	5.95	下－15	3.07	5.15
上－8	2.64	5.82	下－16	3.24	5.52

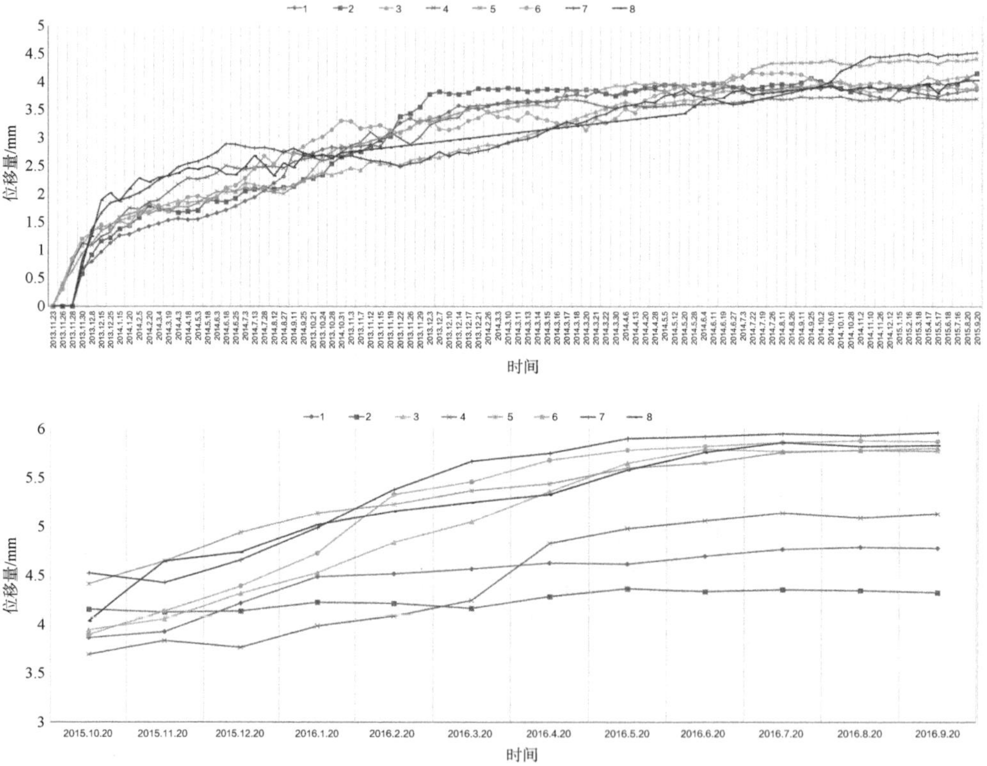

图 4－20　上闸首闸墩横河向变形观测结果

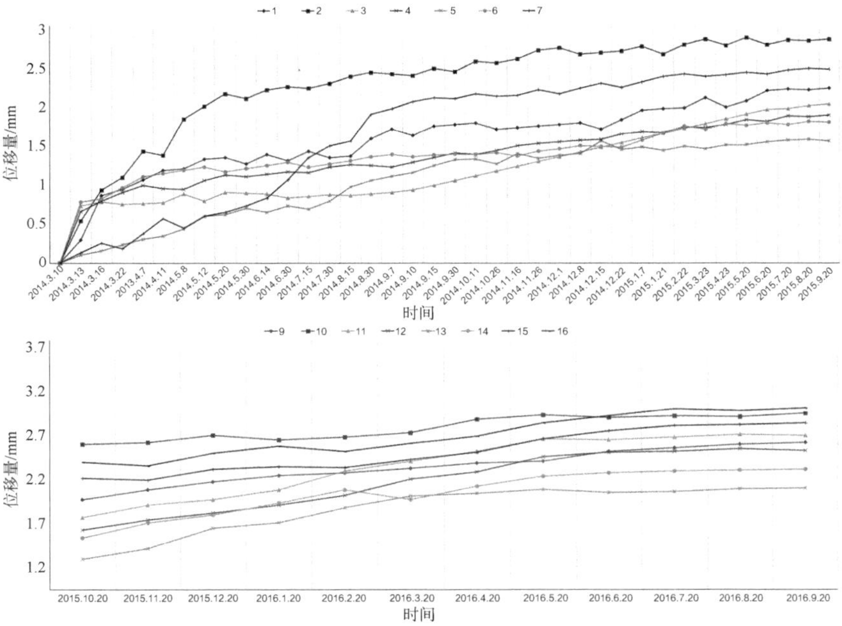

图 4-21 下闸首闸墩顺河向变形观测结果

由变形观测资料可知:闸首结构无论横河向位移还是顺河向位移,数值较小,属于小变形的范围,由于边墩后方回填土的作用,闸首结构横河向位移边墩大,中墩小,这与有限元计算结果类似;下闸首横河向位移最大值为 5.89 mm,上闸首横河向位移最大值 5.95 mm,约为闸墩高度的 1/2 500,有限元计算结果为 6.9 mm,二者的数值接近;观测得到的闸首结构缝的一侧位移为 1.5 mm,有限元计算得到的结果为 2.55 mm,表明中墩结构实际的挤压程度要比有限元计算结果弱。闸首中墩、边墩沉降观测结果如表 4-13 和图 4-22~图 4-23 所示。

表 4-13 闸墩沉降观测数据

测点标号	累计沉降量/mm	测点标号	累计沉降量/mm
上-1	16.98	下-9	14.22
上-2	16.91	下-10	14.09
上-3	19.19	下-11	15.37
上-4	19.50	下-12	15.35
上-5	11.96	下-13	18.04
上-6	12.19	下-14	18.12
上-7	12.33	下-15	16.63
上-8	12.48	下-16	16.95

根据闸墩的沉降观测结果可以看出:闸首结构的沉降以中墩结构缝处的沉降最大,上闸墩为 19.50 mm,有限元计算得到的沉降值为 21.25 mm,二者基本接近,其他观测点的数值比有限元计算结果小 5 mm 左右。

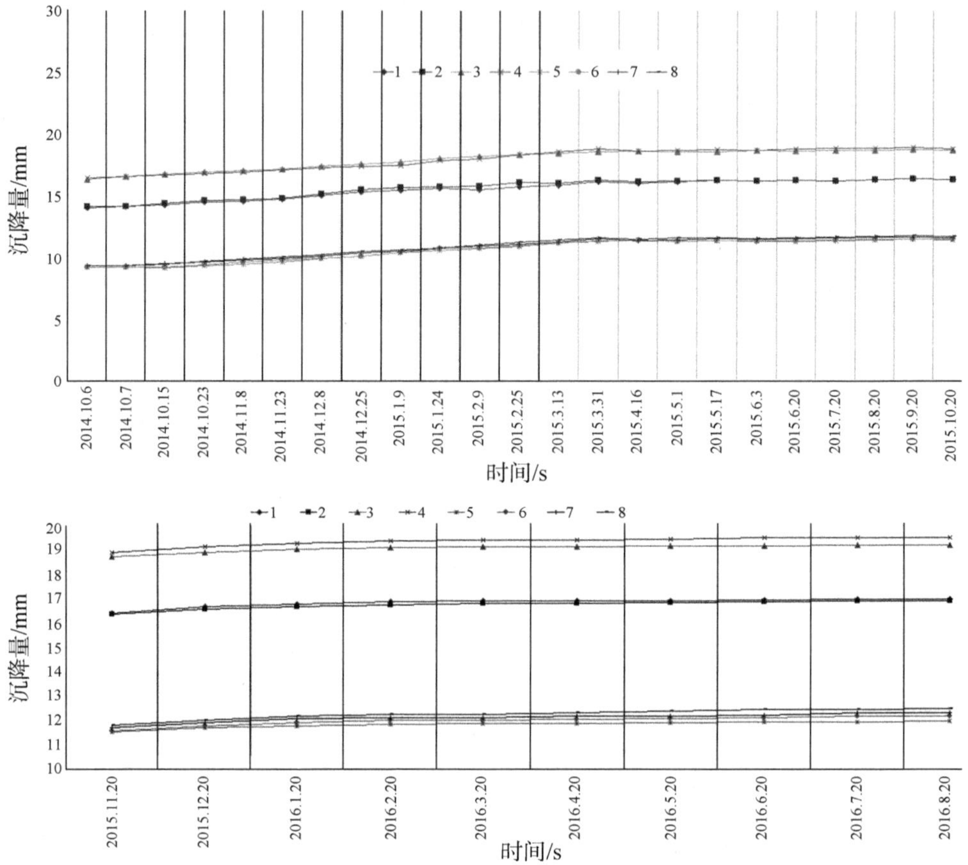

图 4-22　上闸首闸墩沉降观测结果

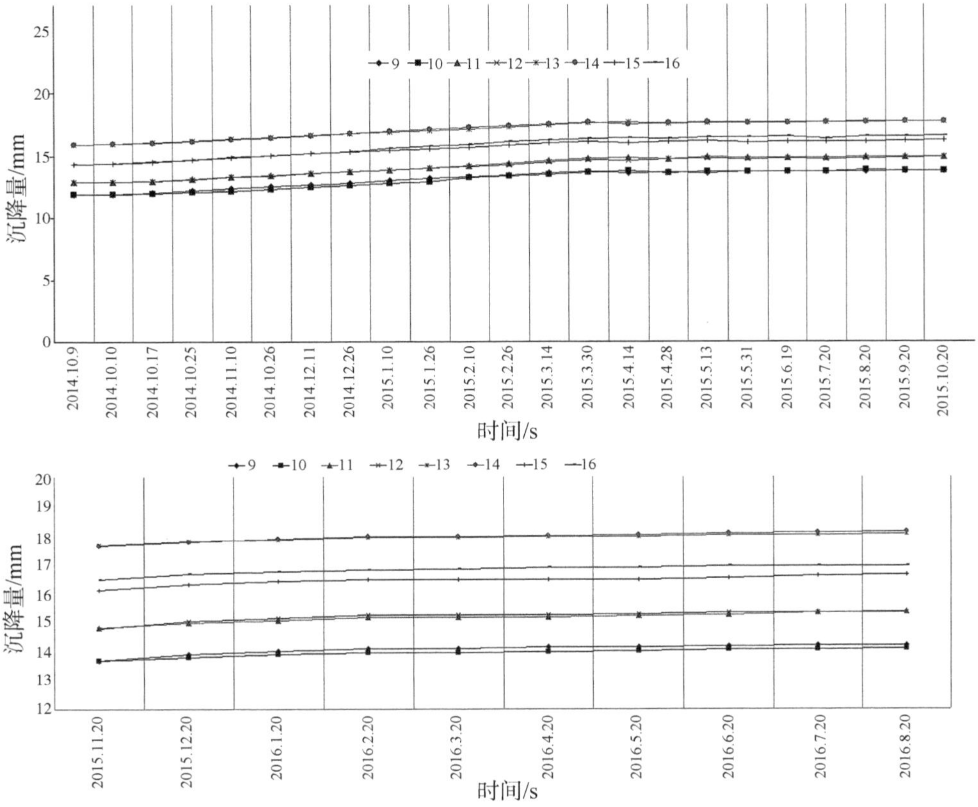

图 4-23 下闸首闸墩沉降观测结果

闸首底板沉降观测结果如表 4-14 和图 4-24～图 4-27 所示。

表 4-14 底板沉降观测数据

测点标号	总沉降量/mm	测点标号	总沉降量/mm	测点标号	总沉降量/mm	测点标号	总沉降量/mm
上西-A	15.95	上东-A	12.99	下西-A	15.77	下东-A	15.63
上西-B	16.64	上东-B	10.82	下西-B	17.02	下东-B	16.47
上西-C	12.58	上东-C	10.74	下西-C	12.52	下东-C	12.73
上西-D	13.14	上东-D	7.77	下西-D	13.01	下东-D	14.54
上西-E	12.12	上东-E	9.91	下西-E	11.34	下东-E	16.01
上西-F	11.46	上东-F	9.83	下西-F	10.65	下东-F	15.48
上西-G	14.63	上东-G	14.82	下西-G	14.31	下东-G	12.57
上西-H	15.21	上东-H	13.49	下西-H	14.22	下东-H	12.02

根据底板的沉降观测结果可以看出：由于边墩及墩后回填土的作用，边墩底板的沉降观测值大于中间底板的沉降观测值，底板上观测到的最大沉降为 16.64 mm

和 17.02 mm，均位于中墩结构缝附近，有限元结算得到的上闸首底板该处的沉降为 14.35 mm，实测值比有限元计算出的沉降值略大。

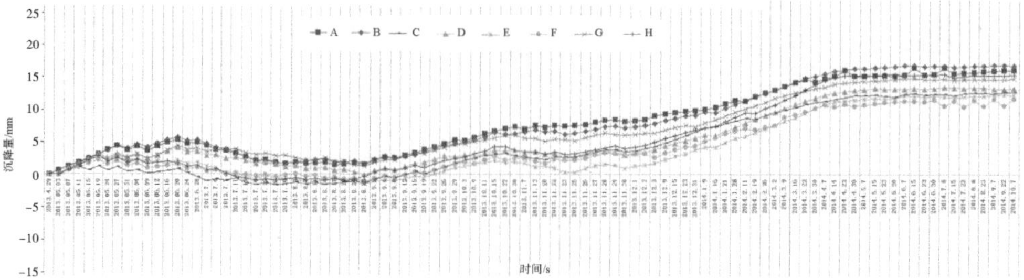

图 4-24　西侧上闸首底板沉降观测结果

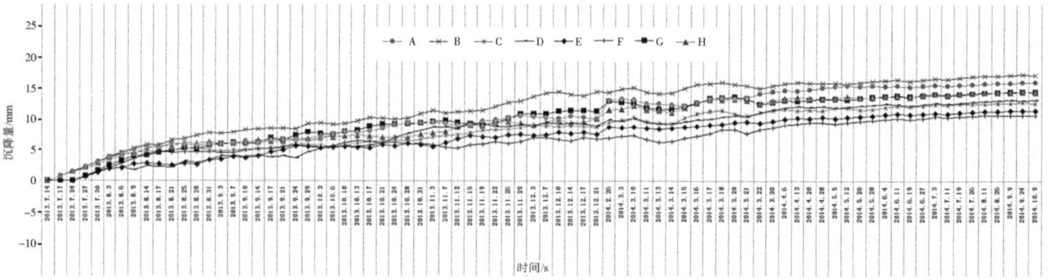

图 4-25　西侧下闸首底板沉降观测结果

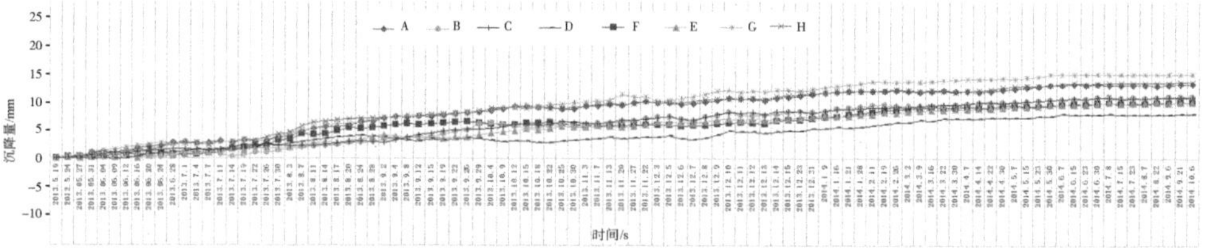

图 4-26　东侧上闸首底板沉降观测结果

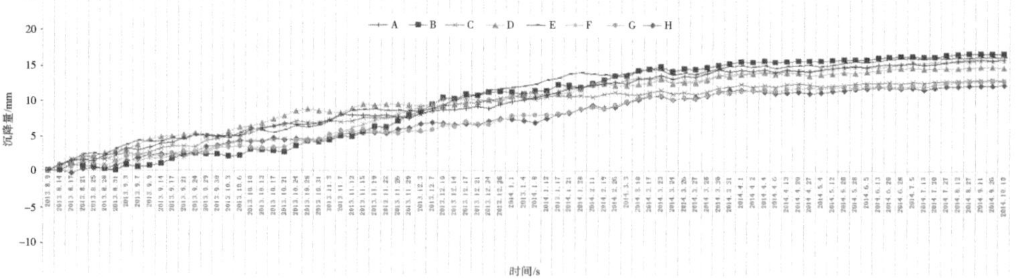

图 4-27　东侧下闸首底板沉降观测结果

二、闸首边墩后方土压力观测结果

土压力观测采用振弦式土压力计，这种土压力计内有金属薄膜，薄膜内表面的两个支架张拉着一根钢弦，当薄膜承受压力而发生挠曲时，钢弦发生变形而使其自振频率相应变化。根据预先标定的钢弦频率与薄膜盒面所受压力之间的关系，便可求得压力值。由于振弦式压力计较稳定且不易受破坏，所以对于现场原型试验的长期观测宜采用振弦式土压力计，振弦式土压力计输出信号为频率，其量测结果不受导线长度、优劣的影响。

船闸现场土压力观测使用土压力计是由南京基泰土木工程仪器有限公司生产的振弦式土压力计，型号为 VSP520S－0.4，测量范围 0～400 kPa，该土压力计具有以下特点：(1) 一体化二次感应设计，充分考虑压力计与土体的匹配及边界应力条件的影响，可实现精确测量；(2) 输出灵敏度高；(3) 设计制造高品质，确保产品长期稳定、可靠；(4) 全不锈钢结构，高防水性能；(5) 采用更加稳定可靠的振弦工作原理，数字量输出，测值不受电缆长度影响；(6) 可兼测埋设点温度，土压力测值可准确修正。

振弦式土压力计的土压力计算公式如下：

$$P_i = K(F_i - F_0) + b\Delta t \tag{4-1}$$

式中：P_i——土压力计所受到的实时压力值；

K——土压力计计标定系数；

F_0——土压力计计零点输出频率值；

F_i——对应于 P_i 的输出频率值；

b——温度修正系数，由制造商给出；

Δt——相对基准测点的温度改变量，温度升高为正，下降为负。

本工程中，上、下闸首各布置一个观测断面，观测断面位于边墩外侧的中部，如图 4－28～图 4－29 所示，共计 13 个土压力计。为了分离水压力的影响，在土压力计附近埋设 ZKSVW 型振弦式水位计，共计 13 个。

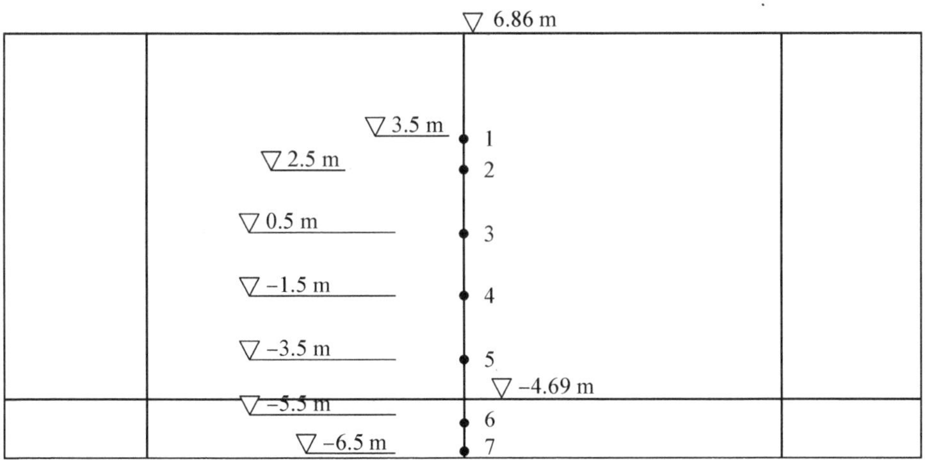

图 4－28　西上闸首边墩土压力计布置示意图

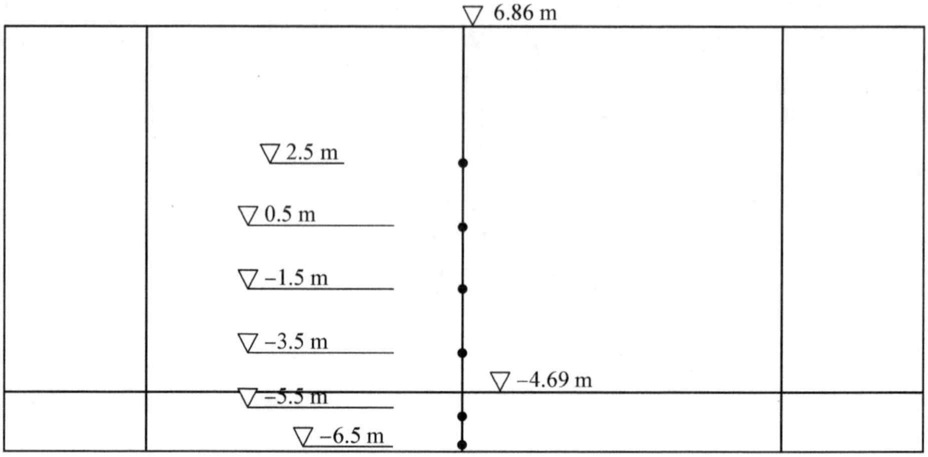

图 4-29　东下闸首边墩土压力计布置示意图

边墩土压力计的布置如表 4-15 所示。

表 4-15　边墩土压力计沿高程的布置

上闸首西侧边墩			下闸首东侧边墩		
土压力计编号	高程	备注	土压力计编号	高程	备注
1	3.5 m				
2	2.5 m		8	2.5 m	
3	0.5 m		9	0.5 m	
4	−1.5 m		10	−1.5 m	
5	−3.5 m		11	−3.5 m	
6	−5.5 m		12	−5.5 m	
7	−6.5 m	底高程−6.52 m	13	−6.5 m	

安装土压力计前，先在边墩外侧的墙体上凿孔，并将孔内清理干净，用水泥砂浆把孔底抹平，然后放入土压力计，要求土压力计顶部高出孔口 2～3 mm，并在土压力计周围填上水泥砂浆，保证土压力计牢固，如图 4-30 所示。

当边墩分批浇筑的混凝土达到设计强度的 80%后，开始边墩后侧土体回填，图 4-31～图 4-32 给出了土体回填后，不同时期边墩土压力分布结果。

图 4-30　土压力计埋设及观测

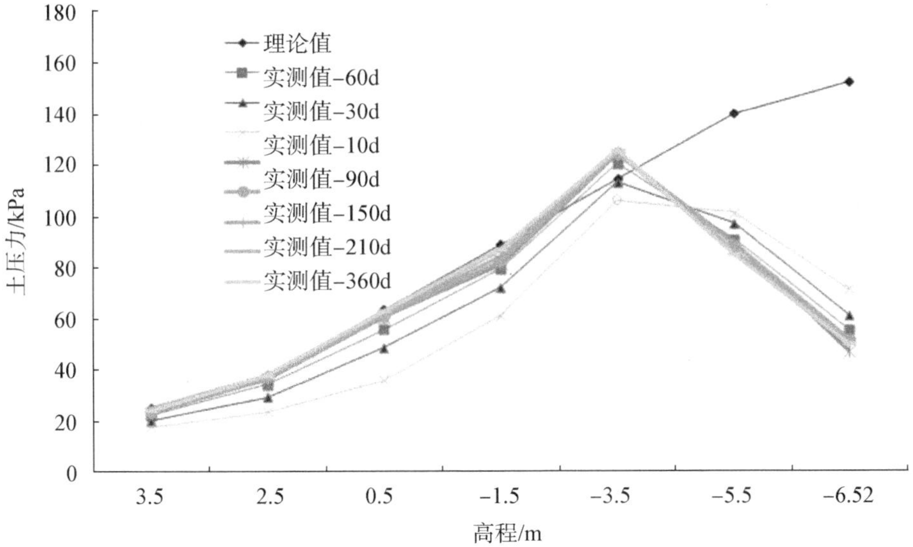

图 4-31　不同时期上闸首边墩土压力分布

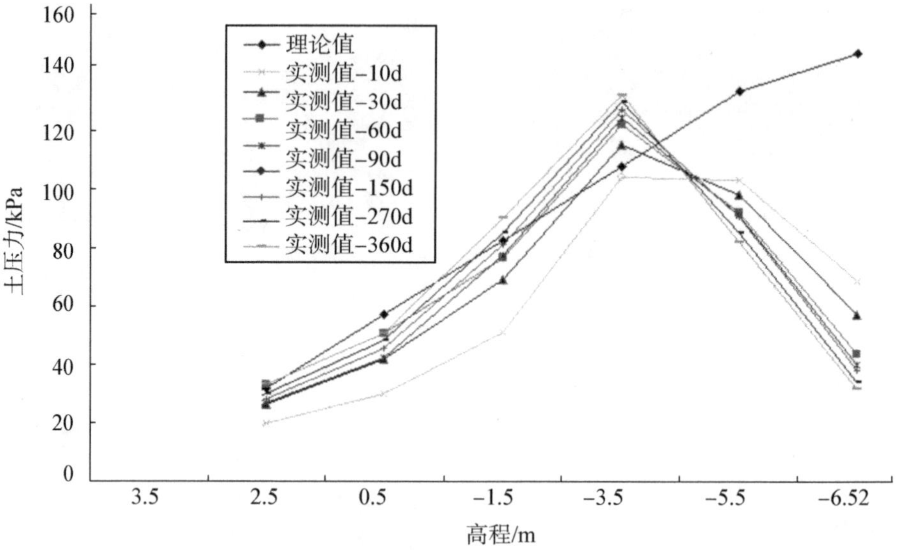

图 4-32 不同时期下闸首边墩土压力分布

由图 4-31～图 4-32 可以看出：(1) 边墩实测土压力的分布与经典的库仑(C. A. Coulomb)土压力理论得到的土压力分布明显不同，是非线性的。边墩上部实测土压力有大于理论值的，也有小于理论值的；边墩底部土压力值很小，与理论值相差较大；(2) 随着时间的不断增长，边墩后方土体固结逐渐完成，边墩下部土压力逐渐减小，但下部压力的减小并不会导致整个边墩上土压力的减小，而是表现为边墩上部土压力逐渐增大，下部土压力逐渐减小，近似维持总压力相等的趋势；(3) 由于墩体表面摩擦力的作用，致使墩后土体的应力状态发生了明显的变化，主应力发生了偏转，产生土拱效应，使得墩后土压力呈非线性分布；而边墩表面摩擦越大，土拱效应越明显，最终会导致实际土压力与库仑土压力(理论值)相差很大，土压力的合力作用点高度大于三分之一墩高附近，导致边墩实际抗倾安全系数降低。

第五章　船闸输水廊道抗冲磨防空蚀研究

船闸的输水廊道是实现闸室充泄水过程的关键结构，输水廊道的结构安全关系到船闸的运行安全与效率。船闸充泄水是典型的非恒定流过程，通过输水廊道的水流流速较大，在输水阀门段、廊道转弯段等位置水体紊乱、流态恶劣，水流的压力脉动剧烈，对廊道壁面存在强烈的冲刷作用，特别是挟沙水流的存在，对输水廊道壁的冲磨破坏很大；同时，因为输水廊道的流速较大，在局部位置存在负压时，会发生空化空蚀，造成廊道壁面空蚀破坏及结构的振动和声振，当然局部冲磨破坏也可能会引起空化，进而加剧壁面破坏。从保障船闸的安全高效运行方面考虑，输水廊道结构壁面的冲磨与空蚀问题需要妥善解决。所幸输水廊道的冲磨与空蚀问题与一般泄水建筑物类似，相关技术措施研究较多，本章首先介绍了泄水建筑物冲磨与空蚀问题、发生机理、研究方法、抗冲磨防空蚀技术等，在此基础上，针对锡澄运河错位布置船闸工程，研究了输水廊道抗冲磨部位混凝土的配合比设计，并对试验配合比的抗冲磨混凝土的力学变形性能、抗冲磨性能、抗渗性能和抗冻性能进行试验分析，为输水廊道抗冲磨混凝土设计提供依据。

第一节　输水廊道冲磨空蚀破坏问题

高速水流对泄水建筑物的破坏主要有三种破坏形式：水力冲刷、磨蚀、空蚀，一般也会把水力冲刷和磨蚀合并称为冲磨。众所周知，冲磨和空蚀破坏一直是水工泄水建筑物运行中最常见的工程问题，溢流面、挑流鼻坎、泄洪洞转弯段、消力池底板和消能墩、闸门门槽和底缘、船闸输水廊道、水力机械的叶片等都是极易发生冲磨和空蚀的位置。统计资料显示，大型混凝土坝在运行过程中有近70%存在冲蚀磨损和空蚀破坏问题。例如我国二滩水电站1号泄洪洞的空蚀破坏、龙羊峡水电站底孔侧墙和底板的破坏、万家寨泄洪底孔溢流面冲磨破坏、鲁布革水电站右岸泄洪洞高压弧门段严重的空蚀损毁、刘家峡水电站泄洪洞反弧段的空蚀破坏、葛洲坝水电站泄水闸底板冲磨破坏和2号船闸门楣空蚀破坏、紫坪铺水电站1号泄洪洞冲蚀破坏、隔河岩水电站水垫塘底板冲磨破坏等；美国蒙大拿州的 Yellowtail Afterbay Dam 消力池底板和消力墩发生严重的空蚀和冲磨破坏、亚利桑那州的 Glen Canyon Dam 由于空蚀破坏导致溢洪道失事，西班牙圣伊斯坦堡坝泄洪洞和印度 Bhakra Dam 消力池也都有严重冲磨破坏的记录，均已直接威胁到工程的运行安全。

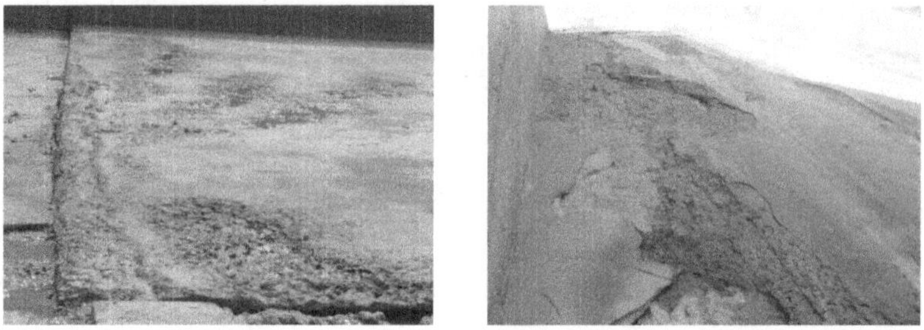

图 5-1 某工程溢流面冲磨空蚀破坏

船闸的输水系统是完成闸室灌、泄水，保证船舶安全过闸的重要设施。由于闸室灌、泄水时间一般采用 8.0～12.0 分钟，因此输水廊道中的水流流速较大，可以达到 15 m/s 以上，且水体紊乱，特别是挟沙水流的存在，对输水廊道壁的冲刷、磨损很大，局部还会出现空蚀破坏的可能。船闸输水廊道的阀门段是空化发生的主要部位，尤其对于中高水头船闸。阀门段空化主要包括阀门门楣缝隙空化、底缘空化、跌坎和升坎空化、门槽空化等，空化造成了阀门剧烈振动、活塞杆蹿动、廊道声振、支铰螺栓松动、止水螺栓剪断、门楣、阀门面板及廊道壁面空蚀破坏等一系列问题。葛洲坝三座船闸在阀门开启过程中均发生强烈空化，实测噪声强度、阀门后压力脉动及启门力波动过程见图 5-2，实测阀门最大振动加速度均方根值达到 4.0g，影响了船闸的正常运行，类似的发生空化振动的船闸工程不胜枚举。

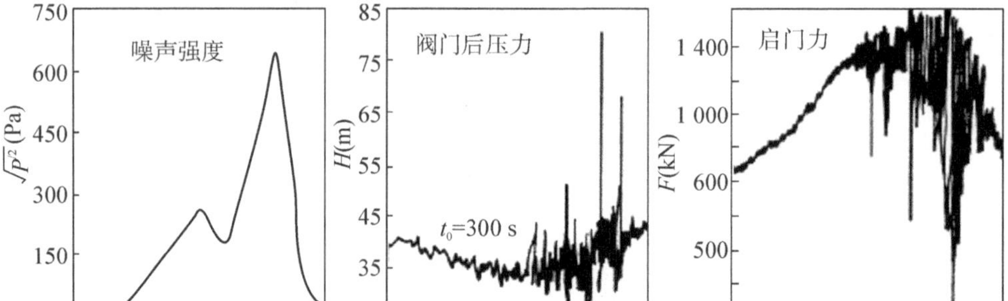

图 5-2 阀门开启过程中空化振动特性

葛洲坝 3 号船闸反弧门自 1981 年 6 月 15 日投入运行以来，金属面板和门楣上逐渐出现锈泡和气蚀现象。1983 年 11 月检查发现，弧门顶止水以下 40 cm 和底缘以上 90 cm 金属面板上有上、中、下三层左右基本对称的密集气蚀坑，直径约为 6～8 mm，深为 5～6 mm，越靠近门的上部，气蚀坑密度和深度越大。门楣上的气蚀现象也较严重，气蚀坑呈中部密集，深度较大。1985 年 3 月再次检查，发现气蚀进一步发展，蚀坑最深处竟已达到 8～10 mm，超过面板用钢板厚度 18 mm 的一半。阀门面板和廊道混凝土蚀损情况见图 5－3。

图 5－3　输水阀门及廊道空蚀破坏情况

输水廊道的冲磨破坏同样较为常见。葛洲坝水利枢纽三江航道 2＃、3＃船闸自 1981 年 6 月 15 日通航到 1985 年 4 月期间，三次抽干闸室对输水廊道进行检查，均发现输水廊道混凝土表面出现不同程度破损，对 3＃船闸长约 534 m 的输水廊道检查结果是：破损总面积 23.4 m^2，破损处数量 45 个，最大破损处面积 0.5 m^2，最大破损深度 10 cm，最大破损长度 230 cm，最大破损宽度 26 cm。破损部位多数集中在灌、泄水反向弧形工作门前、后 20 m 以内的主廊道段（属Ⅰ类冲刷区），以及输水主廊道和闸室底板纵支廊道衔接的各分流口弧形弯道段（属Ⅱ类冲刷区）。在这些部位所出现的混凝土表面破损，绝大部分集中在垂直于水流方向的混凝土浇筑块间的结构缝处。

五强溪三级船闸是 20 世纪 90 年代国内建成的最大的三级船闸之一，位于枢纽左岸，其泄水段紧靠四闸首下游侧，三闸室所泄水流通过该段泄向下游。其泄水方式采用的是“右侧旁侧泄水、左侧倒口出流”的泄水方式，即右侧输水廊道内的水流通过在泄水段右边墩内设置的喇叭口直接泄入右侧河道，左侧输水廊道内的水流流入泄水段底板内设置的横支倒口廊道，并在倒口廊道下部设置的消力坑内消除大部分能量，流入下引航道。五强溪船闸于 1995 年 2 月建成投产，1999 年汛后，五强溪水电厂曾对船闸四闸首泄水段进行水下摄像检查，发现底板有较严重的破坏，最大破坏深度达 40～50 cm，底板多处钢筋裸露架空，边墙和支墩也遭到破坏，边墙及支墩钢筋也有部分裸露。为确保船闸泄水段安全，确保船闸正常运行，2000 年 3 月，电厂对该部位进行了水下混凝土修补，当时由于时间紧，泄水段内石渣未清除干净，水下混凝土与基层混凝土结合较差。2000 年 11 月，电厂又对船闸泄水段进行水下摄像检查，发现底板又遭受较严重的破坏，许多部位底板有双层钢筋架空，多处冲蚀深度达 40～50 cm。另外，支墩及侧墙也遭受严重的破坏，多处钢筋架空，冲蚀深度最大达 20 cm。为确保泄水段结构安全，确保船闸长期安全可靠运行，彻底对泄水段进行修复，2001 年汛后，五强溪水电厂在泄水段下游做了一道临时围堰，将围堰内水排干，采用干地施工的方式对泄水段进行了修补处理。

由上可见，空化不仅可能对廊道壁面产生空蚀破坏，还会引起输水阀门振动与廊道声振，影响设备的安全可靠运行，另外，当输水廊道遭受上述破坏后，会加剧廊道水体的不稳定流态，从而恶化闸室内的水流流态及闸室的停泊条件，影响过闸船舶的安全。当然，对廊道冲磨与空蚀破坏部位进行检修，需要大量的投入且船闸需要停航，带来非常不利的影响。因此，在船闸设计方面，采取有效的技术措施避免输水廊道的空化空蚀与冲磨破坏至关重要。

第二节　冲磨、空蚀破坏与防护研究进展

高速水流对过流壁面的破坏作用主要包括两方面。一方面是冲蚀磨损，磨损中又包括磨蚀（abrasion）和冲蚀（erosion），它们一般是同时发生，很难区分；另一方面就是空蚀（cavitation）。两种破坏作用往往相伴而生，互相影响，虽然关系密切，但它们有着完全不同的发生机理，在破坏特征方面也有较大差异。

一、冲磨破坏机理

（一）悬移质冲磨破坏机理

携带泥、沙的高速水流对混凝土表面的冲磨破坏是一种单纯的机械作用破坏。悬移质泥沙颗粒较小，在高速水流的紊动作用下能充分与水混合，非常均匀地与水流一起运动，形成近乎水体质点的两相流，高速水流携带的悬移质在移动过程中触及建筑物过流面时的作用，表现为磨损切削和冲撞。原型观测发现：悬移质对混凝土的冲磨破坏在开始的一段时间内，表现为从表面开始的均匀磨损剥离，随着磨损剥离程度的增加，由于混凝土（砂浆）非均质性，过流表面会出现凹凸不平的磨损坑，这时水流就会受到扰动，在过流表面形成的各种类型的漩涡流，这些漩涡流的强度随着流速的增加而加剧，水流条件的恶化会加速冲磨破坏的进程，而磨蚀坑加深又会进一步恶化水流条件，形成恶性循环，这时破坏作用已不是单纯的冲磨破坏，随着旋涡的出现便产生空蚀破坏。室内试验和原型观测表明：含悬移质高速水流对泄水建筑物过流表面冲磨破坏作用的大小，与水流速度、水流形态、悬移质含量、悬移质颗粒粒径、形状和硬度以及混凝土抗冲磨强度等因素有关。

（二）推移质冲磨破坏机理

推移质对过水建筑物过流面的破坏作用机理与悬移质不完全相同，在高速水流作用下，推移质以滑动、滚动及跳动等方式在过流面上运动，除了滑动摩擦作用外，还有冲击砸撞作用。我国西南地区河流，汛期洪水挟带推移质的最大粒径在 1 m 以上，平均粒径 6～40 cm，这些推移质带动很大的动能，冲撞砸击在脆性的混凝土上，

在撞击接触区会形成很大的局部应力。当这种应力超过混凝土的内聚力时，就会发生局部破坏，加上滑动磨损和水流的淘刷，携带推移质的高速水流对过流边壁、表面的破坏力很强。推移质在输移过程中有着自己的输移带，输移带的位置和方向随水流主流的变化而变化，具有强烈的脉动性，在输移带内，推移质的冲磨作用也不均匀，一般还存在有一定宽度的强烈输移带，推移质冲磨破坏形成的冲坑和冲沟均出现在强烈输送带内，推移质冲磨破坏的大小、决定于水流流速、流态、推移质数量、粒径及运动方式，对水工建筑物来时，破坏程度还和材料的抗冲磨性能、过流时间等因素有关。

二、空蚀破坏机理

（一）空化

空化是气核生长、失稳、溃灭的水动力过程。在一定温度条件下，流场中最小瞬时压力小于给定气核相应的临界压强，且该气核在该区域中运动至某一点时它的半径恰好生长到临界半径，则该气核在该点失稳而成空泡。气核失稳而成空泡就是气核的空化。

根据空化发生的条件和特点，可将空化分为分离空化、漩涡空化、剪切空化、振荡空化等类型。分离空化最为常见，输水廊道壁面转弯或突变的位置均可能造成水流与壁面分离，在分离部位形成负压，进而产生空化，如输水廊道的鹅颈管、跌坎、升坎等，包括施工造成的廊道壁面凸起、错台等均会引起分离空化。漩涡空化发生于输水廊道的门槽及阀门后廊道的水流旋滚区，由于漩涡中心的低压促使气核发育失稳而形成空化，这种空泡可在门槽内经历多次旋转，寿命较长。剪切空化主要发生于水流的强剪切层，如输水廊道阀门开启过程中，门底射流与门后水体剪切形成的空化，紊流剪切层中的空化与漩涡空化有相似之处，但不同的是剪切空化是快速游移的；振荡空化则是固壁边界高速振动诱生负压促使气核发育失稳而形成的空化，固体振动诱生的动水压力与振动边界的加速度成正比，因此振动频率高时很容易引起振荡空化，输水廊道或水工泄水建筑物中很少见到振荡空化，见图 5－4。

(a) 分离空化　　(b) 漩涡空化　　(c)剪切空化

图 5－4　空化类型

（二）空蚀

空蚀是空化的次生现象，空化与空蚀是两个不同的概念。空化未必引起空蚀破坏，但发生空蚀一定存在空化。柯乃普曾表示空化是最令人讨厌的水动力现象。但空蚀并非单纯的水动力现象，而是水流与固壁相互作用的结果。涉及空化的作用及固壁损伤机制的即为复杂的力学现象。引起固壁空蚀的近壁泡群的溃灭特性还认识不深，对空蚀尚难以准确定量预测，见图 5－5。

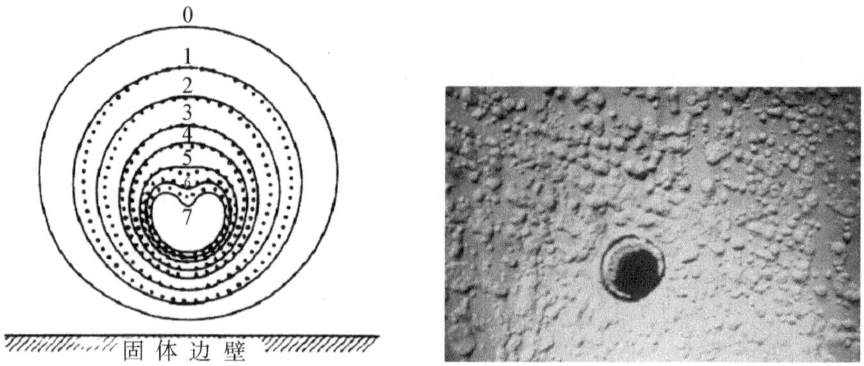

图 5－5　空蚀作用与破坏

空蚀破坏的主要原因是力的作用，在此前提下，空蚀机制大体上包括三个问题。第一，空蚀荷载，即流场的能量是如何通过空化过程把力作用于固壁的。第二，在空蚀荷载作用下，固壁内的应力分布问题。第三，固壁的破坏机制。引起空蚀的主要原因是近壁泡溃灭引起的空化荷载，贴壁泡溃灭引起的空化荷载最大，近壁泡溃灭过程会出现相当复杂的流动现象，与以下几个因素有关。空泡第一次溃灭时的压力脉冲；空泡内部形成液体射流时诱生的水锤压力；由液体射流形成的径向外流和收缩着的泡壁撞击形成的许多微气泡溃灭引起的冲击压力；回弹时辐射的冲击波形成的冲击压力。根据溃灭时泡心力固壁的距离 L 及空泡半径 R 的相对关系，可大体判断空蚀荷载的作用机理。L/R 小于 0.3～0.5 时和大于 1.2～1.5 时，不出现微射流或微射流很弱，冲击波是引起空蚀的而主要原因，从已有的实测冲击波压强估计，贴壁泡溃灭引起的冲击压强大于 1 000 MPa，有能力造成固壁蚀损。当 L/R 介于 0.6～0.8 时，微射流起主要作用，不同试验条件得到的微射流起主要作用的 L/R 值可能有一定的差异。微射流的直径很小，故只能形成几微米针孔装的蚀痕，且在不同材料的金属试件上产生的蚀痕都很相似。当 L/R 介于 0.3～0.6 或 0.8～1.5 范围时，微射流和冲击波同时起作用，形成空蚀荷载的混合模式，微射流通常先于冲击波到达壁面，由微射流形成的外向径流将阻碍正在溃灭着的泡壁的收缩，从而使冲击波减弱，形成的蚀坑要浅平一些，当外向径流与溃灭的泡壁相互撞击时，会形成大体上呈环状排列的许多次生小气泡，小泡溃灭形成小蚀坑。在固壁破坏机制方面，不同类型的材料的破坏模式是不一样的，典型的两种情况：塑性破坏模式和脆性破坏模式。两种模式不仅与材料特性有关，还与加载速率有关，当加载速率很高时，通常的塑性材料也可能会表现出脆性破坏的特征，空蚀荷载的加载速率虽然也很高，但还是可以区分出塑性破坏和脆性破坏两种情况的。

空蚀是一个非常复杂的过程，因为影响空蚀的因素较多，除水动力因素、材料特性外，还有一些在空蚀过程中出现的因素，如空化荷载的波导作用；材料在空化荷载租用下的疲劳和加工硬化；不同材料对空化荷载冲击角度反映的差异以及化学腐蚀和空蚀的相互影响等。

三、抗冲磨防空蚀研究进展

磨蚀是坚硬的粒子流过固体表面造成的质量损失，如当水流挟带泥沙运动时，造成过流表面的磨损破坏；冲蚀是粒子直接冲击固体表面引起的破坏现象。空蚀是水流发生空化以后，气泡突然溃灭引起空化区附近固体壁面的蚀损破坏，空蚀破坏的范围一般是局部的，仅在特定的条件下发生。空蚀的痕迹随破坏的程度不同而略有差异，且与材料的性质有关，一般认为，空蚀的痕迹特征为材料表面出现杂乱的针状小孔、小麻点、呈蜂窝状或海绵状；从外观形态看，磨蚀有别于空蚀破坏，磨蚀在含沙高速水流的过流表面处处存在，范围较广，往往造成一片，有明显的方向性，磨蚀的痕迹除部分粗糙表面越磨越光外，大部分损坏表面都出现波纹状或顺水流方向的沟槽及鱼鳞坑状的外观，一般致密性材质和非金属的尼龙涂层等在浑水紊流边界层的作用下易形成鱼鳞坑、波纹状的破坏外观，而环氧砂浆层破坏外观比较平整。

在磨蚀机理方面，Baker 将产生磨蚀的原因，归为颗粒的冲击、滑动和滚动摩擦。Goodwin 等通过实验观察认为，当固体颗粒以较大冲角冲击材料表面时，一方面使材料产生塑性变形，另一方面，颗粒可能因冲击而破碎。尖锐的碎块将使材料的薄弱部分剥离，这是材料损失的重要原因。Sheldon 和 Finnie 通过实验和分析指出，当冲击颗粒的尺寸和流速在一定范围内时，典型的高硬脆性材料也可以产生塑性变形，而呈现柔韧材料的磨蚀特点。Stauffer 认为沙粒磨蚀的原因之一可能是交变负荷超过材料疲劳极限，而使材料脱落或局部破坏。Haller 认为含沙水流以小冲角冲击材料表面时，材料的磨蚀是刨和挫联合作用所造成的。这一解释虽不够确切，但与微冲击切削磨蚀机制相容。

自从 Wahl 和 Hartstein 在 20 世纪 40 年代发表了第一篇系统阐述冲蚀现象的文献以来，各国学者对材料的抗冲蚀性能与其内在因素的关系，如材料脆性与韧性的界定，硬度、冲蚀角、粒径、速度等因素对冲蚀的影响进行了大量研究，取得了许多重要成果。尹延国等采用高压清洗水射流装置，进行含沙高速水流的快速模拟冲蚀磨损试验，研究了冲击速度、角度及含沙量对冲蚀磨损的影响。刘娟等对几种水机常用金属材料的冲蚀磨损性能进行了研究，得出了材料的冲蚀磨损率随磨损时间、冲蚀速度、磨粒浓度和粒径变化的规律，同时根据观察材料冲蚀磨损表面形貌探讨了其冲蚀磨损机理。X. G. Hu 等对两类水工混凝土（素混凝土和钢纤维强化混凝土）进行了抗冲蚀性能研究，水流冲蚀通过高达 234 m/s 的高速射流流速和 15°和 90°的冲击角度来模拟，总结出相对冲蚀率与过程参数关系的一般规律。Horszczaruk 对抗压强度在 75～120 MPa 的 9 种高强混凝土进行了磨蚀试验，研究了高强混凝土的抗磨蚀性能与抗压强度、弹模、纤维材料和尺寸的关系，之后，他又对高性能混凝土进行磨蚀试验，研究水灰比的影响，并提出了一种混凝土磨蚀动力学数学模型，公式化的数学模型预测磨蚀结果与测试结果吻合较好。

影响冲蚀磨损的因素包括材料本身的性能（强度、硬度、断裂韧性等）和冲蚀条件（温度，粒子尺寸、形状、硬度、流量，冲击速度，冲击角度等）。高温冲蚀磨损比室温冲蚀磨损更为复杂，除受到上述因素影响外，还要受到高温氧化和热腐蚀的影响。冲蚀可以分成韧性冲蚀和脆性冲蚀两大类，两种冲蚀机理的差异在于不同冲蚀角产生的冲蚀率的区别。韧性材料的最大冲蚀率通常出现在 30°～60°攻角之间，而脆性材料则发生在 90°附近，如图 5－6 所示。

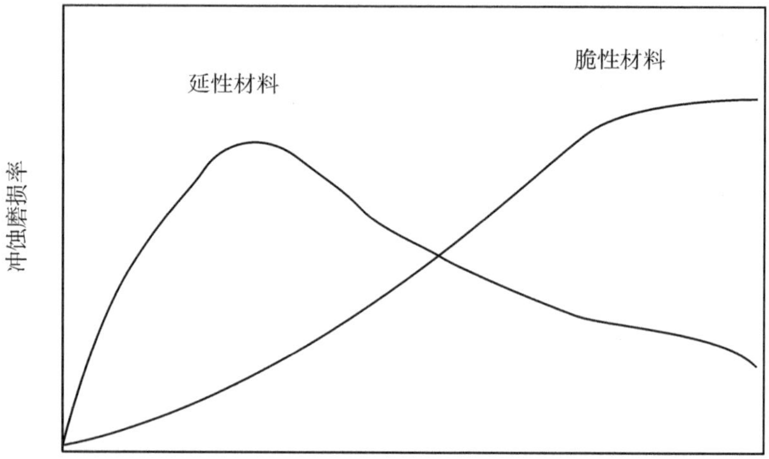

图 5－6　不同材料冲蚀率与冲蚀角度的关系

关于冲蚀率与速度的关系，一些文献也进行了研究。冲击粒子的速度对冲蚀率起到最为重要的影响：冲蚀率 $N=cv^{P}$，其中 c 为常数，v 为速度。Hutchings 对金属材料在斜角（45°）条件下做了大量试验，得出速度指数 P 为 2.4，Sundararajan 通过试验研究得出速度指数 P 为 2.55。刘观伟等试验研究两种叶片材料冲蚀率的速度指数分别为 2.8～3.0 和 2.25～2.55。Wang Xin 等曾研究了高速水流对不同龄期的碾压混凝土材料的冲蚀特性，研究表明冲蚀率速度指数介于 3.33～3.93。陶瓷材

料 P 约为 3，而聚合物的 P 大于 5。速度指数也受冲击角度、粒子尺寸等因素影响，Goodwin 等指出粒子尺寸减小，P 值降低。大量研究表明，混凝土过流壁面的磨蚀程度与水流平均流速之间，一般呈 2～3 次方的关系，与水流中的含沙量之间一般呈线性关系，由此可见，入射粒子的动能是影响混凝土材料磨蚀量的重要因数。与空蚀破坏不同，水流中含有大量的硬质泥沙是发生磨蚀破坏的主要因素，同时磨蚀破坏发生在与含沙水流接触的整个过流壁面的各个部位，而不像空蚀破坏那样，只发生在某些局部区域，尤其是空蚀破坏程度与水流流速之间的关系比磨蚀破坏大得多，大致呈 7～10 次方的关系。

有机复合材料(涂层)应用于水轮机叶片、泥浆泵等作为抗冲耐磨保护涂层，其表现出的冲蚀损伤特性比传统的金属材料更加复杂。Walley 等研究了聚乙烯等三种材料的冲蚀，用速度高达 400 m/s 的粒子冲击材料并对变形和材料流失过程进行了分析；Agarwal 研究了天然橡胶与聚氨酯弹性体共混复合材料的冲蚀，表明其冲蚀性能远高于低碳钢材料；Nuttall 等人研究表明，在冲蚀工况下，聚氨酯弹性体的耐冲蚀性能是铸铁的十倍；Mathias 等的研究指出，高分子材料冲蚀随冲击粒子尺寸的增大而增加；Roa 等研究表明，环氧树脂的冲蚀有一个减缓期和稳定期，磨损面呈脆性断裂。国内在有机涂层材料的冲蚀特性方面做了大量研究工作。周永欣等研究不同冲击角度对 SiC/钢基表面复合材料冲蚀磨损性能的影响及其冲蚀磨损机理；郭源君等实验考察了弹性复合材料的冲蚀特性，分析了 UHMWPE/SiO_2 纳米复合材料的冲蚀磨损机理；胡少坤等测试了水介质中环氧树脂、ETPB、ETPB/Al_2O_3 复合材料的冲蚀磨损性能。结果表明，端异氰酸酯基聚丁二烯液体橡胶改性环氧树脂可显著提高抗磨损性能。

国内外水利水电泄水建筑物所用的抗蚀耐磨材料种类较多，但实效性和耐久性较好的则甚少。据不完全统计，这些抗蚀耐磨材料主要包括：高分子聚合物混凝土的聚合物胶结混凝土、呋喃混凝土、环氧砂浆、不饱和聚酯砂浆、丙烯环氧树脂混凝土及砂浆、环氧剂液涂料、钢纤维混凝土、化学纤维混凝土、植物纤维混凝土、玄武岩纤维混凝土、环氧砂浆砌筑辉绿岩铸石、铸石板，坚硬花岗岩砌块，钢衬体结构、硅粉混凝土、改性硅粉混凝土及砂浆剂液、高强混凝土等。国外，从 1970 年代中期开始，在修复或新建水工结构物的抗空蚀部位已陆续试用钢纤维混凝土，如美国曾用于利贝(Libby)坝的高水头泄水孔，下莫纽门特(Lower Monument)坝和小古斯(Little Goose)坝的溢洪道挑流凸缘。对德伏歇克(Dworshak)坝消力池底板的修复，以钢纤维混凝土为基材，还做了聚合物浸渍处理。均取得了良好的效果。1977 年在底特律坝上所做的四种材料现场对比试验表明：聚合物浸渍钢纤维混凝土的抗空蚀性能最佳，钢纤维混凝土次之，再次是聚合物浸渍混凝土，最差的是普通水泥混凝土。国内清华大学、天津勘测设计院科研所对钢纤维混凝土抗空蚀性能曾分别进行过一些室内试验研究，卢瑞珍在以往钢纤维混凝土和聚合物浸渍钢纤维混凝土力学性能研究的基础上，在南京水科院的空蚀装置上对此类复合材料的抗空蚀性能作了一些试验研究，以探讨在我国水工建筑物上应用的可能性。自八十年代初，在美国一些水工泄水建筑物的修补中采用高强硅粉混凝土作为维修材料使用成功之后，如肯尤阿大坝消力池、洛杉矶河渠道修补工程等，我国的一些科研单位从 1985 年也开始了对高强硅粉混凝土的研究工作。研究结果表明：在水泥用量相当的情况下，掺入硅粉可使混凝土的抗压强度提高 1.3 倍～2.3 倍，抗水沙冲磨强度提高 1.3 倍～3.5 倍，抗空蚀强度提高 1.6 倍以上，说明掺入硅粉，不仅提高了混凝土的抗压强度，而且能够显著地提高混凝土的抗冲耐磨能力和抗空蚀能力。在研究的基础上，硅粉混凝土逐渐被工程界接受并先后在龙羊峡水电站底孔，李家峡水电站、乌江东风水电站、刘家峡、二滩、葛洲坝二江泄水闸、小浪底渔子溪一级泄洪闸、大伙房输水洞消能塘、白石水库泄水输砂底孔，湖南鱼潭电站溢流坝面、闸墩、消力戽等许多工程中使用。可以说，硅粉混凝土是目前国内水电工程中使用量比较大的抗冲耐磨材料。但是硅粉混凝土易于出现裂缝的问题是其最大缺点，如龙羊峡、李家峡、刘家峡、二滩、小浪底、公伯峡、飞来峡水利枢纽、紫坪铺、石板水、青居、直岗拉卡、尼那等许多水电站均产生了裂缝。肯尤阿大坝消力池在施工后 2～3 天曾发现表面有宽 0.3～0.5 mm 裂缝，曾担心磨损可能集中在裂缝处导致混凝土进一步恶化，但室内带裂缝试件试验结果表明细裂缝不影响硅粉混凝土抗磨蚀能力，消力池修补后已运行多年，经多次潜水检查，除沿裂缝和接缝处有微磨损外，破坏未向纵深发展。为减免裂缝的产生，一般均要求加强早期的养护，一些单位研究通过在硅粉混凝土中增加膨胀剂、纤维、聚合物胶乳等措施以改善和减免裂缝的产生，在一些工程中也有硅粉混凝土不产生裂缝的例子。

近年来，一些新型抗冲耐磨材料被应用于水利工程。中国水利水电第十一工程局自行研发、生产的 NE－Ⅱ型环氧砂浆，已应用在小浪底水利枢纽、三峡永久船闸地下输水系统和泄洪坝段及厂房、二滩水电站泄洪洞、陕西金盆水库、贵州东风水电站、紫坪铺冲砂放空洞和泄洪洞等工程。葛洲坝大江电厂排砂底孔进口检修门底槛冲坑修补采用了 PBM 聚合物混凝土和 963 水下环氧混凝土，达到了一定效果。HF 高强耐磨粉煤灰混凝土，简称 HF 混凝土，是继硅粉混凝土之后开发出的一种新型抗冲耐磨材料，2002 年在二滩泄洪洞进行 C50 HF 混凝土与 C50 聚丙烯纤维硅粉混凝土对比试验，结果是 HF 混凝土未产生一条裂缝，而纤维硅粉混凝土产生了近 20 条裂缝。HF 混凝土的抗磨性能高于 5%硅粉掺量的硅粉混凝土，相当或高于 10%硅粉掺量的硅粉混凝土，高于聚丙烯纤维混凝土，远高于普通混凝土。由于具有与硅粉混凝土相当的抗冲耐磨性能和抗空蚀性能，同时克服了硅粉混凝土易于产生裂缝的缺点，在工程应用中取得了较大的成功，推广应用近 60 个水电工程经 12 年的运行考验，证明该材料具有良好的抗冲耐磨性能。能够取得这样良好的使用效果，就是由于 HF 混凝土是一种符合以防为主兼顾优良的抗磨抗空蚀性能又能够满足高速水流脉动压力和动水压力作用保持自身稳定要求的护面材料。说明选择综合性能好的护面混凝土对解决泥沙磨损和防止空蚀破坏具有重要意义。

经过半个多世纪的不断探索,对于水工建筑物的冲蚀磨损和空蚀问题已取得了诸多研究成果,许多新的抗蚀材料不断地被应用于实际工程。但是,泄水建筑物中的冲磨与空蚀问题仍很严重,至今尚未得到妥善的解决。对于高性能的抗蚀材料的研究仍应给予高度的重视,尤其是高分子有机复合材料,在水力机械的抗冲耐磨中得到很好的应用。一种新型有机高分子耐磨材料——聚脲,具有优异的不透水性、耐磨性以及与各种基材黏结力强等显著特点,已在国内新安江、丰满溢流面和挑流鼻坎、尼尔基蜗壳混凝土、小浪底排沙洞、小湾水垫塘、官地消力池、三峡中孔等水工泄水建筑物过流表面防护中得到了应用;在国外,印度 Tehri 坝泄流中孔防护是聚脲在水利工程应用最典型的案例。国内吴怀国曾通过高速含沙水流冲刷试验,得出聚脲抗冲磨性能大大超过 C60 硅粉混凝土;钟萍采用 Taber 摩擦磨损试验机和高速含沙水射冲蚀磨损试验机评价了聚氨酯(脲)涂层的抗冲磨性能;郭源君分析了导致弹性涂层表面磨蚀的主要因素,指出高速粒子流冲击可导致弹性体内应力波不能及时传播从而发生表面溃裂;陈亮研究发现双组分聚脲基材料具有较好的耐水流冲刷磨蚀以及防渗、抗碳化性能;王新曾对多种不同配方的聚脲材料进行了系统的抗冲磨和防空蚀试验研究,揭示了聚脲材料的抗蚀性能及影响因素。国外研究主要关注聚脲的力学性能,抗蚀性能方面未见报道。

四、抗冲磨防空蚀试验方法

(一)抗冲磨试验方法研究

在水工混凝土的抗冲磨试验中,目前所采用的试验手段大致有以下几种:气流挟沙喷射法、圆环含沙水流转动磨损法、普通水流挟沙喷射法、高压循环水箱试验法、现场模拟试验法、高速挟沙水射流喷射法。目前,抗冲磨试验最常采用的方法有两种,即高速水砂法和水下钢球法。高速含砂水流冲磨试验模拟含悬浮质水流的冲刷条件,比较各种材料在含砂水流冲刷下的抗冲磨性能;水下钢球法冲磨试验模拟含有推移质水流的冲刷条件,测定材料表面受水下高速流动介质磨蚀的相对抗力,用于评价材料表面的相对的抗磨性能。

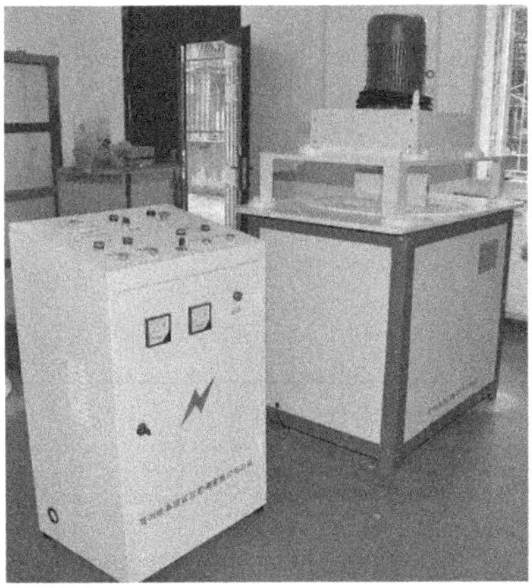

图 5-7 高速水砂抗冲磨试验仪

(1) 高速水砂法

高速水砂法采用改进的高速水砂抗冲磨试验仪,如图 5-7 所示。含砂水流最高流速可达 60 m/s,冲磨破坏作用较常规设备显著增强,加速试件破坏，有效地缩短了试验时间。

试件养护达到试验龄期的前两天，将试件放入水中浸泡 48 h 至完全饱和；在进行抗冲磨试验前，向试验机内注足水和磨料，水砂法磨料为金刚砂，试验时，从水中取出试件，用湿毛巾抹去表面水分，使呈饱和面干状态，称其质量，记录为冲磨前质量；将试件放入抗冲磨试验仪，待完成预定时间的冲磨试验，停机取出试件，用水冲洗干净，抹去表面水分，称其质量，计算失重、磨损率和抗冲磨强度，观察材料的形貌变化和破坏特征。每个工况至少进行三组试验取平均。

高速水砂法磨料为金刚砂，水流含砂率采用 7%，含砂水流冲磨速度为 40 m/s，设备运行时发热量大，1 h 内冲磨 15 min，一般累积冲磨时间为 1 h～4 h，视具体冲磨效果而定，中间需要更换磨料。

材料磨损率按式(5-1)计算：

$$N = \frac{M_0 - M_t}{St} \tag{5-1}$$

式中：N——磨损率，单位面积上在单位时间内被磨损的质量，$\frac{\text{kg}}{(\text{h} \cdot \text{m}^2)}$；

M_0——试件冲磨前质量，kg；

M_t——历时 t 小时冲磨后试件的质量，kg；

t——试件受冲磨累计历时，h；

S——试件受冲磨面积，m^2。

抗冲磨强度 $R\left(\frac{\text{h} \cdot \text{m}^2}{\text{kg}}\right)$，即单位面积上每磨损 1 kg 所需的小时数：

$$R = \frac{1}{N} \tag{5-2}$$

(2) 水下钢球法

水下钢球法为《水工混凝土试验规程》(SL 352—2006)中规定的用于评价水工混凝土抗冲磨性能的方法，在水工混凝土抗冲磨试验中得到极为广泛的应用。试验采用研发的 HKS-Ⅱ型抗冲磨试验机，如图 5-8 所示。

水下钢球法以钢球为磨料，共 70 个，按表 5-1 中规定的钢球组合。试件直径为 30 cm，高度 10 cm。

表 5-1　钢球数量与直径

钢球数量(个)	10	35	25
直径(mm)	25.4±0.1	19.1±0.1	12.7±0.1

水下钢球法试验流程及抗冲磨参数计算方法与高速水砂法基本一致。试验过程不中断，设备持续运行 72 h。

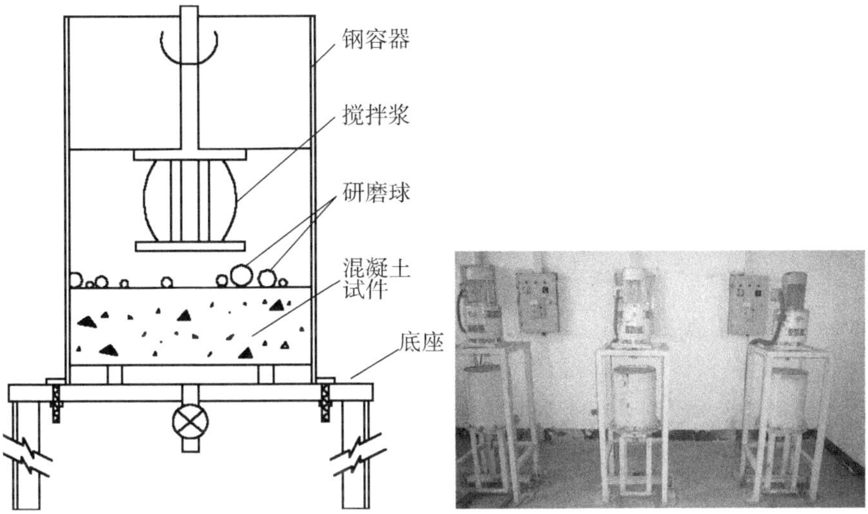

图 5-8　水下钢球法抗冲磨试验机

(3) 改进的水下钢球法

水下钢球法试验主要模拟推移质以滑动、滚动及跳跃等方式的冲磨作用，试验结果表明，对于脆性混凝土材料，钢球的冲磨效果非常明显，对于柔性弹性体几乎不产生任何冲磨效果，采用水下钢球法来评判柔性材料的抗冲磨性能已不太合适，需要有所改变。

针对规范水下钢球法在评价弹性防护材料抗冲磨性能中的不足，提出采用质地坚硬棱角锋利的玄武岩石子，取代水下钢球法的钢球，作为冲磨磨料，设备装置不变，冲磨试验时间要通过试验情况确定。天然玄武岩石子形状各异、棱角锋利，更能真实反映实际水流中的推移质对泄水建筑物的冲磨作用。

随机挑选大小 1～2 cm、各向尺寸均衡、尖角分明的玄武岩天然石子，如图 5-9 所示，每台试验机加入 1 kg 磨料进行冲磨试验，试验过程依然严格按照规范要求执行，冲磨机运行 24 h 停机观察冲磨情况。

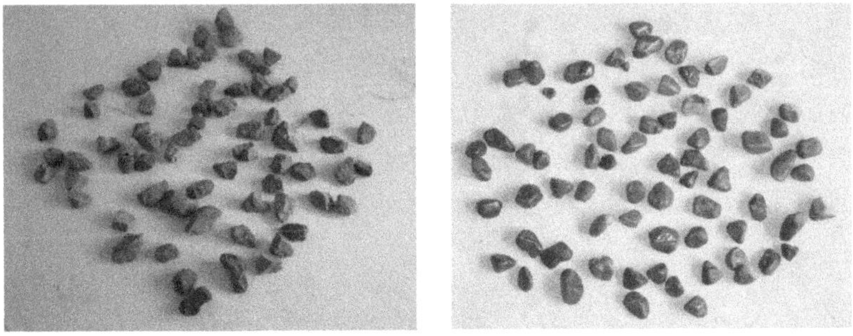

(a) 冲磨前　　(b) 冲磨24 h 后

图 5-9　玄武岩磨料

冲磨机连续运行 24 h 后，磨料形貌如图 5－10 所示，磨料的棱角大部分被磨圆，光滑如卵石，若继续冲磨，效果势必逐渐减弱，因此，每冲磨 24 h 更换一次磨料。柔性防护材料冲磨 24 h 后，试件表面发生了明显的冲磨破坏，除了中间局部未发生磨损外，周围其他区域均发生磨损，中间未冲磨区依然光滑，周围冲磨区变得粗涩，手摸可感觉到比中间略低。可见，改进的水下钢球法对柔性材料具有很好的冲磨效果，能够合理评价柔性材料的抗冲磨性能。

（二）抗空蚀试验方法研究

长期的工程实践促进了相关研究的不断发展与深入，在抗空蚀材料研究领域，已发展了多种用于评价材料抗空蚀性能的方法，主要包括水空化射流技术、涡空蚀发生器、振动空蚀技术、水翼前缘表面贴障碍物方法以及缩放型空蚀发生器等等，其中缩放型空蚀发生器，在国内外抗空蚀试验中得到了极其广泛的应用。Causey 被认为是最早采用文杜里装置进行混凝土抗空蚀研究的试验者之一，Gikas，Billard 和 Fruman，Pham 也都曾使用过文杜里装置开展空蚀试验研究；国内主要的科研院所（如南京水利科学研究院、长江科学院、中国水利水电科学研究院、黄河水利科学研究院、清华大学等）都曾研发或使用缩放型空蚀发生器进行过材料抗空蚀试验研究，如黄继汤等进行了挟沙水流中几种金属材料抗空蚀和抗磨蚀试验研究和硅粉混凝土抗空蚀试验研究，采用的文杜里管喉口流速为 26 m/s；南京水利科学研究院柴恭纯、林宝玉等针对水利工程中存在的引起空化的几种水流形式，如分离流、缝隙流、剪切流等，研制了 5 套空化空蚀试验装置，其中就包括缩放型空蚀发生器，将试验室内进行的空化试验水流流速提高到 59 m/s，并利用开发的装置在流速为 48 m/s 的条件下进行 17 种护面材料的抗空蚀性能及常规抗冲磨性能试验。缩放型空蚀发生器已被编入《水工建筑物抗冲磨防空蚀混凝土技术规范》（DL/T 5207—2005），成为材料抗空蚀试验的规范采用装置。

高速水流抗空蚀试验装置总体布置如图 5－10 所示。整套装置由动力设备、进水系统、稳压管系、调水管系、排气管系、空蚀发生器、回水系统等组成。动力设备采用两台 100 kW 的三相电机，各驱动一台额定流量 50 L/s 的 200 m 水头高压多级离心泵，并联后为整个系统供水，见图 5－11。由于装置为高压系统，整个进、出水管路系统均采用高压钢管加筋焊接制作，管路中各位置的阀门均采用高压阀门（承压 25 kg），管道上安装压力表观察水流压力，稳压、排气、调水装置以及空蚀发生器如图 5－12 所示。在空蚀发生器前后均设置测压、控压装置，以调节空蚀发生状态。高压水流经过缩放型空蚀发生器后流入回水系统，回水槽出口设矩形量水堰测量流量，通过流量计算喉口流速。

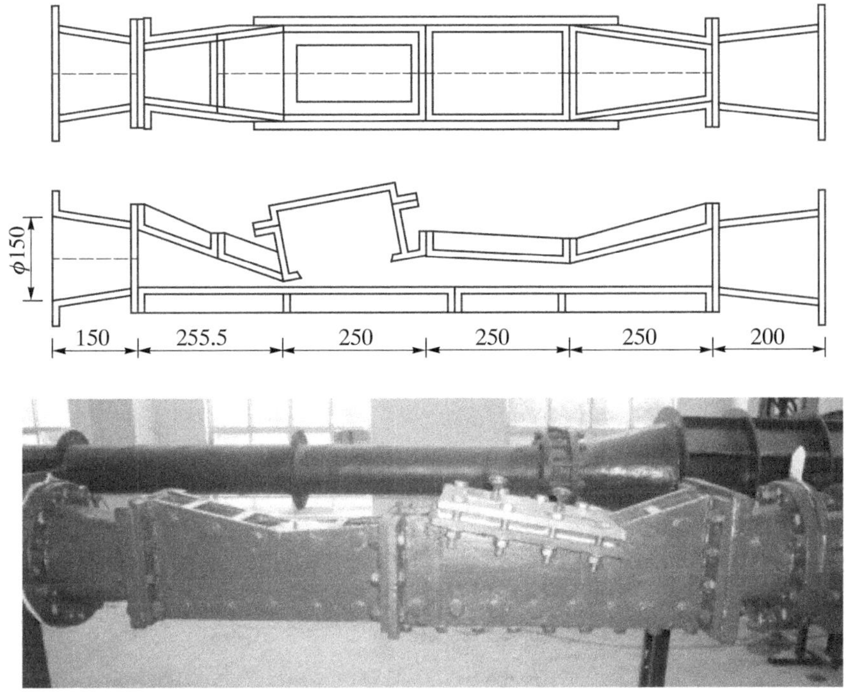

图 5-10　缩放型空化空蚀发生器工作段

根据空蚀发生装置要求制作混凝土试件，在试验室养护至预定龄期后，试验前两天将试件放入水中浸泡 48 h 至完全饱和，取出抹去表面水分，用高精度天平称量试件空蚀之前“饱和面干”质量。然后将试件密封至空蚀发生装置，控制水流流速 48 m/s，累计开机 8 h，停机后，取出试件，清洗干净，擦去表面水分，称重，计算质量损失和抗空蚀强度，观察空蚀破坏特征。

抗空蚀强度按式(5-3)计算：

$$R=\frac{tA}{Q} \tag{5-3}$$

式中：R——抗空蚀强度，即单位面积上被空蚀单位质量所需时间，$\left(\frac{\mathrm{h}\cdot\mathrm{m}^2}{\mathrm{kg}}\right)$；

t——试验累计时间，h；

A——试件受蚀面积，m^2。

Q——经 t 时段空蚀后，试件损失的累积质量，kg。

蚀损率按式(5-4)计算：

$$L=\frac{M_0-M_t}{M_0} \tag{5-4}$$

式中：L——蚀损率，%；

M_0——试验前试件质量，kg；

M_t——试验后试件质量，kg。

第三节　船闸输水廊道抗冲磨防空蚀技术措施

船闸输水系统设计规范指出，输水廊道内流速不宜大于 15 m/s，当流速超过 15 m/s或含沙量较大的水流，应采取防护措施。船闸输水廊道曾采用过衬砌钢板进行防护，由于成本较高，抗冲磨效果有限，且衬砌与基底混凝土衔接很难处理，目前已基本不再采用。同水工泄水建筑物意义，船闸输水廊道抗冲磨措施防空化措施主要诉诸高性能混凝土或防护材料，尤其高分子抗冲磨护面材料，施工方便、成本低、效果好、易维护，得到了快速发展，同时对于船闸输水廊道来说，在防空蚀方面有其独特技术措施，本节对此进行简要介绍。

一、混凝土表面致密技术措施

混凝土结构的冲磨破坏与材料表面的密实性关系密切，在不改变工程强度等级设计的前提下，采用施工技术提高表面的密匙性不失为一种选择。通过机械方法真空脱水，可带走混凝土表层多余水分，显著降低混凝土表层水胶比，提高混凝土密实性，改善混凝土表观质量和内在强度，多年的应用经验证明该方法确实可有效提高混凝土表层质量以及抗冲磨耐久性。

传统脱水工艺需要加工过滤层和模板密封措施，采用透水模板衬垫不仅可简化脱水工艺且可使得脱水更为均匀。透水模板衬垫由耐碱性能优良的高分子聚合物纺织纤维材料和高分子聚合物排水网格复合而成，高分子聚合物纺织纤维材料均匀“密布”穿刺略大于水分子直径的微孔，使混凝土中多余的水分在真空作用下能轻易透过微孔进入排水网格，继而排出混凝土模板，透水模板衬垫可以使混凝土均匀脱水，混凝土均匀致密，有效改善混凝土表观光洁度。

钱文勋等人曾通过试验研究了该措施对混凝土抗冲磨性能的影响，并在施桥三线船闸工程中进行应用。室内试验和工程应用效果表明，采用透水模板衬垫结合真空脱水技术，在不改变混凝土配合比的前提下，可有效降低混凝土表层水胶比，减少混凝土表面气泡和孔隙，提高混凝土密实性，大大改善混凝土外观质量，通过真空脱水，混凝土致密且干硬，避免了混凝土出现塑性裂纹。采用透水模板衬垫和真空脱水技术，可提高混凝土表层强度和耐久性，采用透水模板衬垫可使 28 d 混凝土表层强度提高 14%，结合真空脱水工艺，表层强度可提高 35%，采用透水模板可使 C25 混凝土抗冲磨强度提高 68%，超过了 C35 混凝土本体抗冲磨强度。因此，采用施工措施提高输水廊道表面的密实度，在不改变混凝土强度设计的情况下可以改善结构的抗冲耐磨性能。

二、高强混凝土

为了增加混凝土的抗冲耐磨等性能，主要采用在普通混凝土中掺入不同的掺合物，改变普通混凝土中某些特性，通过长期的抗冲磨防空蚀研究实践，形成各种各样的高强耐磨混凝土，如聚合物胶结混凝土、呋喃混凝土、环氧砂浆、丙乳砂浆、不饱和聚酯砂浆、丙烯环氧树脂混凝土及砂浆、环氧剂液涂料、钢纤维混凝土、化学纤维混凝土、植物纤维混凝土、玄武岩纤维混凝土、环氧砂浆砌筑辉绿岩铸石、铸石板等等，代表性的主要有硅粉混凝土、HF粉煤灰混凝土和纤维混凝土。在材料的掺合物方面开展过大量的试验研究，此处仅以水口和桥巩船闸为例简单介绍抗冲磨材料措施的研究与应用。

闽江水口三级船闸中间级工作水头为41.7 m，输水廊道易产生冲磨空蚀破坏。为保障船闸的安全运行，从提高输水廊道的防空化性能考虑，输水廊道阀门后采用突扩体型结构形式，从提高廊道的抗冲耐磨性能，在高速水流区域采用高抗磨蚀材料。根据国内外的研究与实践，高强抗磨蚀硅粉混凝土与以往传统使用的高分子材料相比，具有成本低、施工方便、温度适应性好等特点，是国内外广泛采用的性能优异的抗磨蚀材料，但硅粉混凝土存在由于早期收缩较大及用水量较小容易发生表面裂缝的缺点，因此，对用于水口船闸的高强抗磨蚀硅粉混凝土提出下列性能要求：与普通混凝土相比，抗冲磨性能提高1倍左右，抗空蚀性能提高3倍左右，收缩率增值不大于100×10^{-6}。

为解决硅粉混凝土的易开裂问题，采取的主要方法是除硅粉外，还联合掺用粉煤灰、膨胀剂及高效、缓凝减水剂。其中利用粉煤灰降低水泥用量、利用膨胀剂补偿硅粉混凝土的早期干缩，以提高其抗裂性，这种复合材料被命名为NSF剂。不同材料抗压强度、抗拉强度、抗冲磨强度、抗空蚀强度对比见表。试验结果显示，掺硅粉剂和掺NSF剂混凝土的各项强度指标均有显著的提高，掺NSF剂混凝土比掺硅粉剂劈裂抗拉强度提高约20%；掺用10%硅粉剂的混凝土虽然强度能满足设计的要求，但收缩率最大增值接近100×10^{-6}，而掺用NSF剂后，早期收缩率最大增值仅50×10^{-6}，膨胀剂补偿了硅粉混凝土约50×10^{-6}的收缩，且其强度也满足要求。

表5-2 不同材料强度指标对比

混凝土种类	抗压强度/MPa			28 d劈裂抗拉强度/MPa	抗冲磨强度/(h·m²)/kg	抗空蚀强度/(h·m²)/kg
	7 d	28 d	90 d			
普通混凝土	14.2	22.5	32.5	2.19	4.21	4.83
掺硅粉剂混凝土	30.8	55.6	71.2	4.35	8.80	/
掺NSF剂混凝土	38.5	57.7	70.8	5.24	8.75	25.86

广西桥巩船闸最大工作水头 24.60 m，属高水头单级船闸，也是我国采用闸底长廊道、侧支孔出水这一输水系统形式及采用平面阀门输水最高水头的船闸。按照船闸通过能力要求，设计充泄水时间为 10～12 min，双边开启和单边运行时输水主廊道的最大流量分别为 94.2 m^3/s 和 94.9 m^3/s，相应的最大平均流速分别为 8.6 m/s和 13.9 m/s，考虑到输水时间将小于 10 min，输水廊道中水流流速大且流态紊乱，而且廊道弯道也多，水流中往往还夹杂着泥沙，对输水廊道内壁混凝土的冲刷和磨损大，因此，应提高输水廊道混凝土的抗冲磨强度。参考已竣工验收的乐滩、大化等船闸的建设经验，在船闸输水廊道水流冲刷部位及周边采用改性聚丙烯纤维混凝土，以提高输水廊道的抗冲磨性能。

试验研究表明，改性聚丙烯纤维混凝土比普通混凝土抗冲耐磨强度随着时间增长而增强，抗冲耐磨早期强度可提高 8%左右，长期强度可提高 12%，增强效果明显。聚丙烯纤维掺入混凝土中，提高了混凝土的整体性和抗冲击能力，使得聚丙烯纤维混凝土能够抵抗悬移质的切削破坏和推移质的冲击破坏。在混凝土材料中均匀地掺入聚丙烯纤维，阻止了混凝土内部裂缝的扩展和连通贯穿，防止了冲刷过程中混凝土丧失连续性而产生的局部破坏，这样在高速含沙水流连续作用于混凝土表面时，使组成混凝土复合材料的分子结合力大于磨损作用力，因而不会出现大部分表面分子脱离母体被水流冲走现象。所以，聚丙烯纤维改善了混凝土的基体结构，提高了混凝土的抗冲耐磨能力和抗裂性能。

试验室对 C30 普通混凝土和 C30 聚丙烯纤维混凝土性能进行了对比试验。研究表明，掺入聚丙烯纤维后，抗冲磨强度明显提高，不同掺量 0.8 kg/m^3、0.9 kg/m^3、1.0 kg/m^3 的聚丙烯纤维混凝土强度比普通混凝土分别提高 11.56%、15.31% 和 16.73%。

三、抗冲耐磨防护涂层

在抗冲耐磨防护涂层方面，代表性的防护材料如喷涂聚脲弹性体、抗冲耐磨涂料、纳米面层涂料等。喷涂聚脲弹性体作为一种功能强大的绿色环保高分子新材料，具有优异的不透水性、耐磨性以及与各种基材黏结力强等显著特点，使其在水工建筑物抗蚀防护中应用成为可能，聚脲已在国内新安江、丰满溢流面和挑流鼻坎、尼尔基蜗壳混凝土、小浪底排沙洞、小湾水垫塘、官地消力池、三峡中孔等水工泄水建筑物过流表面防护中进行了尝试性应用，在国外，印度 Tehri 坝泄流中孔防护是聚脲在水利工程应用最典型的案例。水利工程中使用的抗冲耐磨涂料主要由成膜树脂、溶剂或活性溶剂、耐磨填料、固化剂及助剂组成，成膜树脂包括环氧树脂、丙烯酸树脂、聚氨酯树脂、有机硅树脂、不饱和聚酯树脂及几种树脂相互改性树脂等，耐磨填料包括金刚砂、石英砂、刚玉、玻璃鳞片和陶瓷等高硬度材料，新疆乌鲁瓦提水利工程冲沙洞、泄洪洞采用南京水科院研制的 FS 型抗冲耐磨涂料进行防护，该材料以呋喃树脂改性环氧树脂作为成膜树脂，以金刚砂为耐磨填料，经过 10 余年运行，受保护混凝土表面完好。采用纳米技术对树脂进行增韧增强改性，提高涂层的综合性能，是抗冲耐磨涂料发展的一个重要方向，纳米粒子具有小尺寸效应、表面效应，与树脂复合后，纳米粒子填充与树脂分子结构中，起到润滑作用，当受到外力冲击时，引发微裂纹，吸收大量冲击能量，故对树脂又起到增韧的作用，而一般认为，涂层的韧性对其耐磨性的影响大于硬度的影响，近年来，纳米耐磨涂层发展迅速已成为研究的热点。本文以喷涂聚脲弹性体为例，对其进行详细的抗冲磨试验研究，探讨了不同配方聚脲材料的抗冲磨性能及影响因素。

四、不同配方材料抗冲磨试验

（一）高速水砂法

采用高速水砂法对三种配方聚脲防护材料进行抗冲磨试验，累计冲磨 2 h 后停机，防护涂层冲磨 2 h 前后表面形貌对比如图 5 - 11 所示。试验发现：冲磨 2 h 后，防护涂层与基底混凝土依然牢固黏结，未出现鼓泡、剥离等现象；涂层表面发生了磨损，原本光华的表面变得粗涩，出现了波纹状蚀痕；总体上涂层冲磨破坏较轻，厚度变化很小。为了评价聚脲防护的相对抗冲磨性能，在相同的试验条件下，进行一组无防护的基底抗冲磨混凝土抗冲磨试验，与之比较。图 5 - 12 为无防护试件表面冲磨 2 h 前后的形貌对比，可以看出，水工抗冲磨混凝土表面的冲磨破坏比防护涂层的冲磨破坏明显严重得多，说明防护涂层的抗冲磨性能远比水工抗冲磨混凝土优异。

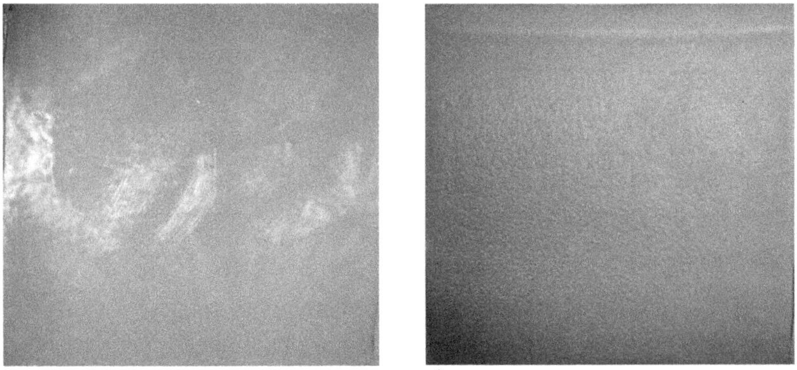

(a) 冲磨前　　(b) 冲磨2 h 后

图 5 - 11　防护系统表面冲磨前后形貌对比

(a) 冲磨前

(b) 冲磨2 h后

图 5－12　无防护试件表面冲磨 2 h 前后形貌对比

根据多组次试验冲磨前后质量变化，计算平均磨损率、平均抗冲磨强度及平均磨损厚度等抗冲磨指标，列于表 5－3。由表可知，各防护涂层冲磨 2 h 后，质量损失均很小，说明防护材料的抗冲磨性能较好，三种聚脲材料之间相差不大，其中 351 聚脲抗冲磨性能相对较优。

比较防护系统与水工混凝土的抗冲磨参数可知，按质量损失分析，防护涂层抗冲磨强度比水工抗冲磨混凝土高 10 倍以上；按磨损厚度分析，防护涂层的抗冲磨性能约为混凝土的 5 倍。

表 5－3　高速水砂法 2 h 平均抗冲磨参数

材料	平均质量损失/g	平均磨损率/$\frac{kg}{(h \cdot m^2)}$	平均抗磨蚀强度/$\frac{(h \cdot m^2)}{kg}$	平均磨损厚度/mm
高硬度纯聚脲	4.3	0.123	8.1	0.246
脂肪族纯聚脲	3.5	0.099	10.1	0.198
351 纯聚脲	3.0	0.085	11.8	0.170
抗冲磨混凝土	46.2	1.313	0.762	1.094

（二）水下棱石法

采用提出的水下棱石法（即改进的水下钢球法），对五组试件进行抗冲磨试验，其中三组表面有聚脲防护，编号分别为 K3、KZ 和 KG（分别为 351 纯聚脲、脂肪族纯聚脲和高硬度纯聚脲），另外两组为无聚脲防护的橡胶混凝土和 C60 硅粉混凝土。对三组有防护试件和橡胶混凝土累计冲磨时间为 96 h，硅粉混凝土试件冲磨 72 h。

表面有聚脲防护试件以 KG 为例，冲磨 24 h 后平均质量损失 3.0 g，若密度按 1 g/cm³ 计算，则平均磨损厚度 0.045 mm。KG 涂层表面形貌随冲磨时间的变化如

图 5 - 13 所示。随时间的增加，冲磨破坏不断发展，防护层逐渐变薄，冲磨 96 h 后，涂层的厚度变化见图 5 - 14，圆盘中心未冲磨区域厚度 4 mm，边缘主要磨损区域厚度减至 1 mm 左右，可以直观看出涂层发生明显磨损。

(a) 24 h后　　(b) 48 h后　　(c) 72 h后　　(d) 96 h后

图 5 - 13　KG 冲磨过程表面形貌变化

图 5 - 14　冲磨 96 h 后涂层厚度变化

以表面无聚脲防护的橡胶混凝土试件为例，冲磨 24 h 后与冲磨前试件表面形貌对比见图 5 - 15。试件除了中间局部未发生磨损外，周围其他区域均发生明显磨损；24 h 冲磨平均质量损失 289 g，若密度按 2.4 g/cm^3 计算，平均冲磨厚度约 1.823 mm。

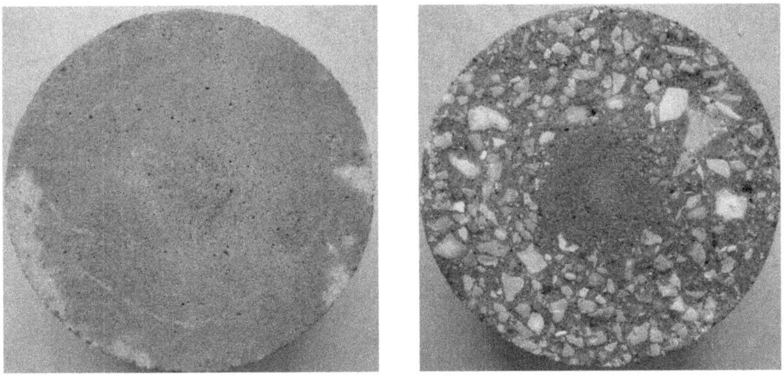

图 5 - 15　橡胶混凝土冲磨(24 h)前后表面对比

试验中平均质量损失及按 72 h 冲磨时间计算的平均抗冲磨强度和平均磨损厚度见表 5-4。由表可知，在相同条件下冲磨 96 h，KZ 平均失重 20 g，KG 平均失重 17 g，K3 平均失重 8 g，每冲磨 24 h 试件失重都比较均匀；无聚脲防护混凝土表面磨损破坏显著，橡胶混凝土尤为突出；由抗冲磨强度可知，高硬度聚脲与脂肪族聚脲抗冲磨性能相当，351 聚脲的抗冲磨强度约为他们的两倍，因此，相对而言 351 聚脲的抗冲磨性能更优异；三种聚脲材料的抗冲磨性能都远大于高性能混凝土的抗冲磨性能，若按磨损质量考虑，351 聚脲防护抗冲磨性能是 C60 硅粉混凝土的 60 倍，若按磨损厚度考虑，约 20～30 倍。

表 5-4　平均抗冲磨参数

材料	平均质量损失(g)				平均抗冲磨强度(72 h) $\frac{(h\cdot m^2)}{kg}$	平均磨损厚度(72 h) mm
	24 h	48 h	72 h	96 h		
KZ	6.0	11.0	16.0	20.0	307.416	0.234
KG	3.0	8.0	13.0	17.0	378.358	0.190
K3	1.0	3.0	6.0	8.0	819.776	0.088
橡胶混凝土	289	558	710	873	6.928	4.330
硅粉混凝土			379		12.978	2.312

图 5-16 为三种聚脲材料冲磨 96 h 后表面形貌对比。KG 和 KZ 磨损较明显，由于圆盘中间磨损少、周围磨损多，涂层表面出现较为规则的层间纹理，相对而言，K3 的冲磨破坏程度较弱，且磨损的均匀性较好。

(a) KG　　(b) K3　　(c) KZ

图 5-16　三种聚脲材料冲磨 96 h 后表面形貌对比

根据冲磨过程中质量损失计算平均磨损厚度，三种聚脲涂层平均磨损厚度与冲磨时间的关系如图 5-17 所示。可以看出，K3 平均磨损速度最慢，抗冲磨性能最优。

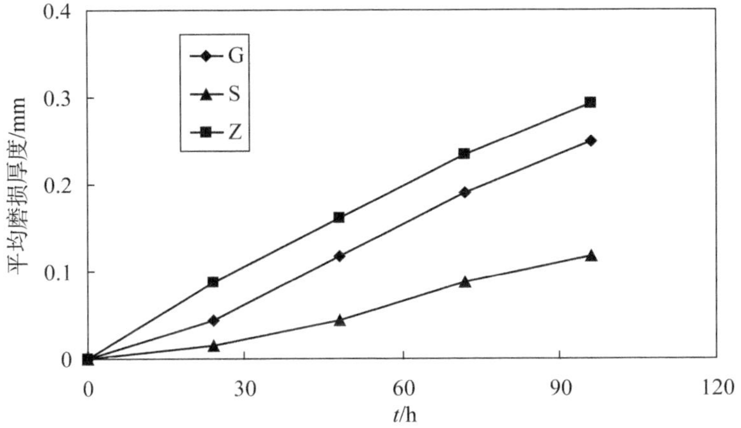

图 5－17　平均磨损厚度与冲磨时间关系

（三）硬度对聚脲抗冲磨性能影响研究

三种配方试验结果表明，351 聚脲抗冲磨性能优于脂肪族聚脲和高硬度聚脲，351 聚脲和高硬度聚脲仅硬度上有所差别，因此，聚脲的硬度对其抗冲磨性能有一定影响。为进一步考察聚脲硬度和抗冲磨性能的关系，提出五种不同硬度的聚脲配方，分别为邵 D25（很软）、邵 D30（软）、邵 D40（中）、邵 D50（硬）、邵 D60（很硬）。其中邵 D40 聚脲与前文 351 聚脲配方相同。仍然采用高速水砂法和水下棱石法进行抗冲磨试验。

（1）高速水砂法

采用高速水砂法对不同硬度聚脲（邵 D25、邵 D30、邵 D40、邵 D50 和抗冲磨混凝土各 3 组，共 15 组）进行抗冲磨试验，水流含砂率为 7%，含砂水流冲磨速度为 40 m/s，冲磨时间 2 h。不同材料冲磨前后表面形貌对比见图 5－18。由图可知，聚脲表面均发生了明显磨损，光滑平整的表面变得粗涩，并可观察到较多蚀坑，4 种硬度聚脲中邵 D25 表面最粗糙；抗冲磨混凝土破坏显著，表层砂浆全部磨损，粗骨料裸露。从磨损程度上看，聚脲磨损量微乎其微，厚度变化很小，而抗冲磨混凝土磨损量显著，厚度变化较大。

(a) SPUR邵D30

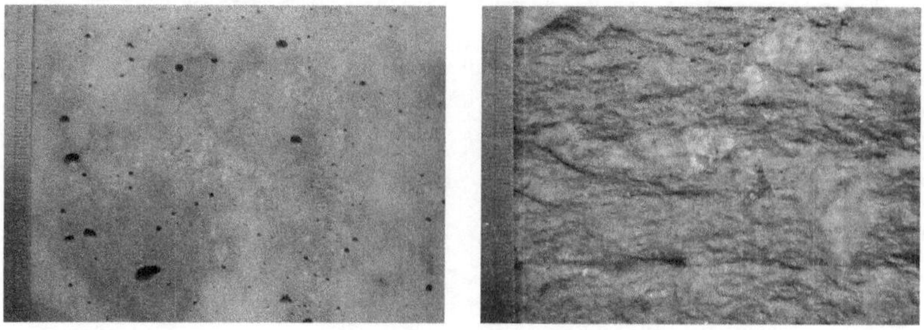

(b) 抗冲磨混凝土

图 5-18 试件冲磨 2 h 前后形貌对比

高速水砂法试验得到各材料抗冲磨参数列于表 5-5。根据表中平均磨损厚度可知，聚脲的磨损量明显比 C60 抗冲磨混凝土小得多，抗冲磨性能是其 10 倍以上；图 5-19 绘出聚脲磨损厚度与硬度之间的关系，随着聚脲硬度增大，磨损量增大，抗冲磨性能减弱，其中邵 D25 和邵 D30 磨损量较接近，但邵 D25 表面平整度较差。

表 5-5 平均抗冲磨参数

材料配方	平均质量损失/g	平均磨损体积/cm^3	平均磨损厚度/mm
邵 D25	1.35	1.35	0.076
邵 D30	1.5	1.5	0.085
邵 D40	2.1	2.1	0.119
邵 D50	2.8	2.8	0.159
抗冲磨混凝土	92.25	38.44	2.178

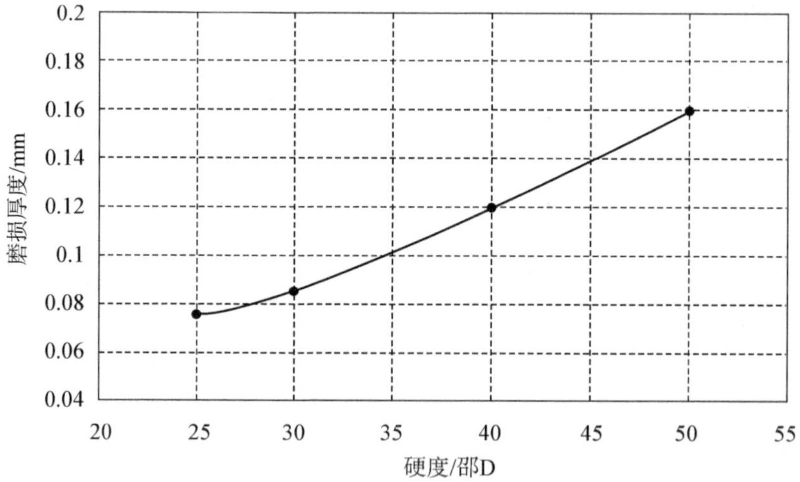

图 5-19 聚脲磨损厚度与硬度的关系

（2）水下棱石法

采用前文提出的水下棱石法，对五种硬度聚脲分别进行三组试验，共 15 组，试验中每 24 h 停机观察称重并更换磨料，每块试件累计冲磨时间为 96 h。

从五种配方的试件中各随机选择一块进行跟踪观察，冲磨过程中表面形貌变化见图 5－20～图 5－24。总体上看，五种配方在玄武岩磨料冲磨作用下均发生明显蚀损，破坏规律和磨损进程与前文试验一致。其中图 5－18 邵 D60 表面形貌变化最具代表性，随冲磨时间增加，聚脲被逐层剥蚀，层间纹路不断显现。不同配方之间抗冲磨性能存在差异，其中邵 D25、邵 D30 和邵 D40 磨损的均匀性较好，手摸可感觉到磨损厚度较小，而邵 D50 和邵 D60 磨损厚度相对较大，抗冲磨性能相对较差。另外，在五种配方中，虽然邵 D25 磨损厚度较小，但其冲磨后表面最为粗糙。

五种硬度聚脲冲磨过程中平均质量损失、平均抗冲磨强度和平均磨损厚度列于表 5－6。由表可知，随冲磨时间增加，同种聚脲的磨损量均逐渐增大；随聚脲硬度增大，相同时间的磨损量增大，抗冲磨性能总体上呈降低趋势。

表 5－6　平均抗冲磨参数

配方	平均质量损失/g				平均抗冲磨强度/ $\frac{(h\cdot m^2)}{kg}$	平均磨损厚度(96 h)/mm
	24 h	48 h	72 h	96 h		
邵 D25	1	2.75	5	6.5	1 008.95	0.095
邵 D30	1.75	3	4.5	5.5	1 192.40	0.081
邵 D40	2	4	6.5	8.75	749.51	0.128
邵 D50	4.5	9.5	16	22.5	291.48	0.329
邵 D60	6.5	14	21	27	242.90	0.395

平均磨损厚度与冲磨时间以及聚脲硬度的关系分别绘于图 5－20 和图 5－21。可以看出，平均磨损厚度与冲磨时间基本上呈线性关系；邵 D50 和邵 D60 抗冲磨性能明显偏弱，邵 D25 和邵 D30 抗冲磨性能相差不大，邵 D30 略优。

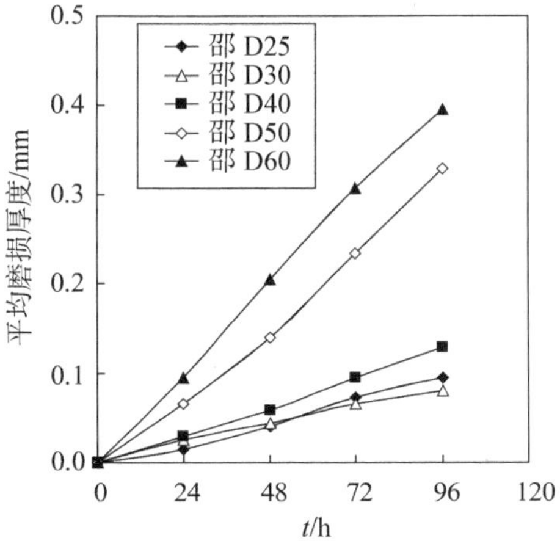

图 5－20　平均磨损厚度与冲磨时间

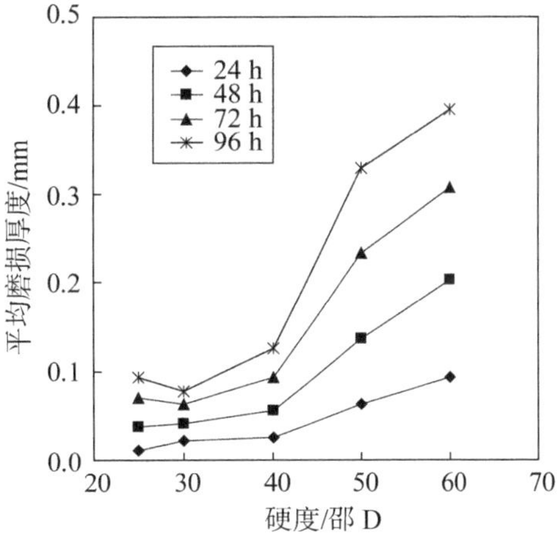

图 5－21　平均磨损厚度与聚脲硬度

未冲磨聚脲表面十分平整，冲磨 96 h 后，聚脲表面均出现较多蚀坑，邵 D25 虽然磨损量较小，但表面最为粗糙，邵 D30 表面粗糙度明显轻于邵 D25。为考察不同硬度聚脲的冲磨破坏特征，采用环境电子扫描显微镜观察其微观形貌。图 5－22 为聚脲冲磨前表面及内部形貌，未冲磨聚脲表面较平整，内部有较多直径几十微米的气泡。冲磨 96 h 后，提取邵 D25、邵 D40 和邵 D60 具有代表性的三种硬度聚脲表面微观形貌如图 5－23 所示，可清晰看出，聚脲表面均出现不同程度的磨损，但冲磨破坏特征差异明显：最软的邵 D25 虽然磨损量较小，但表面最为粗糙，有气泡的位置磨损后出现凹坑，无气泡的位置出现较规则的鱼鳞状蚀痕；邵 D30 表面粗糙度小于邵 D25；邵 D40 表面粗糙度明显小于邵 D25，有气泡位置磨损后出现凹坑，但气泡表面未完全磨损，尚有部分残存，冲磨方向性明显，无气泡位置较平整，有蚀痕但不突出；邵 D60 磨损量大，冲磨后表面较平整光滑，基本没有凹坑和蚀痕。

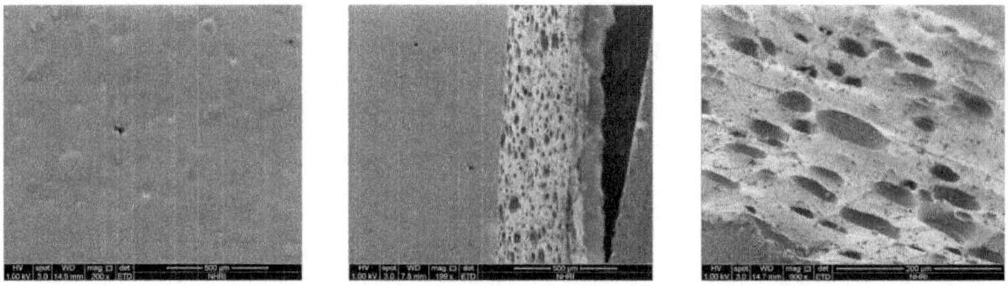

图 5－22　冲磨前表面及内部微观形貌

(a) 邵D25　　(b) 邵D40　　(c) 邵D60

图 5－23　冲磨后微观形貌(96 h)

高速水砂法和水下棱石法试验得出的结论基本一致：硬度对聚脲的抗冲磨性能影响较大，随防护材料硬度的增大，抗冲磨性能呈降低趋势，但硬度过小冲磨后表面粗糙度增大。这主要由于硬度较小材料在冲击作用下能够发生较大弹性形变而吸收大部分能量，磨损量小而表层粗涩，随材料硬度增大其脆性增大，磨损量增大而表面相对光滑。因此，综合磨损量和破坏特征，邵 D30 聚脲配方抗冲磨效果最佳，按磨损厚度考虑，抗冲磨性能是抗冲磨混凝土的 60～70 倍。

(四) 输水廊道防空蚀技术

输水廊道阀门段空化问题是影响船闸安全平稳运行的关键技术难题。伴随着船闸的不断建设与发展，面对工程中的实际空化空蚀问题，通过不断的研究探索与工程实践，对高水头阀门空化问题认识不断深入。阀门段空化主要包括门楣缝隙空化、底缘空化、廊道跌坎及升坎空化、下检修门槽空化等，其中门楣缝隙处产生的强射流及高频空化，最为强烈，底缘空化其次。南京水利科学研究院通过长期对国内所有高水头船闸阀门空化特性及抗空化措施的研究实践，形成了针对不同工作条件高水头阀门的系统性防空化技术，为高水头阀门设计提供了技术支撑。阀门防空化技术简单总结如下：

(1)“平顶廊道体型＋小淹没水深＋门楣自然通气＋廊道顶自然通气”技术措施

2000～2006 年，结合当时国内实际运行水头最高的的红水河大化及乐滩单级船闸(水头 29.0 m)，首次提出了该项技术，并得到两座船闸运行检验，减免空化效果十分显著。该项技术的核心是，阀门段廊道体型设计为最简单的平顶形式，允许阀门底缘出现较强空化(最小相对空化数仅为 0.1，阀门后廊道顶的负压达－10.0 m水柱，超过规范允许的－3.0 m 水柱)，采用自然通气防护措施减免阀门强空化。根据门楣通气适应范围广及通气效果好的特点，以门楣自然通气作为基本措施，将廊道顶自然通气作为门楣通气措施的补充手段，设计中保证船闸高水头运行时廊道顶有一定负压，利用门楣及廊道顶联合通气充分抑制空化。在上下游水位发生变化、船闸水头降低到廊道顶不能自然通气时，则通过门楣自然通气解决阀门门楣及底缘空化问题。模型试验与原型观测研究中探讨了门楣及廊道顶通气对空化强度及闸室停泊条件的影响，确定了较优的通气量及通气管布置。

该技术的优点是，阀门段廊道体型简单且廊道埋设深度浅，施工方便，工程投资小。大化、乐滩两座船闸阀门尺寸相同，均为 2.2 m×2.6 m，工程中均采用了该项防护技术，阀门段布置见图 5－24。实测的泄水阀门连续开启方式下吊杆顺水流方向的振动特性见图 5－25。由图可见，在开启之初(约 2～10 s 时段)，吊杆及门体都发生短暂的冲击型振动，在阀门井附近也能听到较强响声，但振动量不大，最大振动加速度幅值在±1.0 g 左右，其原因归结于顶止水脱离门楣形成的止水头部空化以及液压启闭系统克服门体及吊杆的静摩擦力所导致的冲击荷载。在阀门开启过程中，吊杆振动较小，吊杆顺水流向和横向最大振动加速度幅值未超过 0.2 g，吊杆纵向出现不超过 0.4 g 的随机振动。

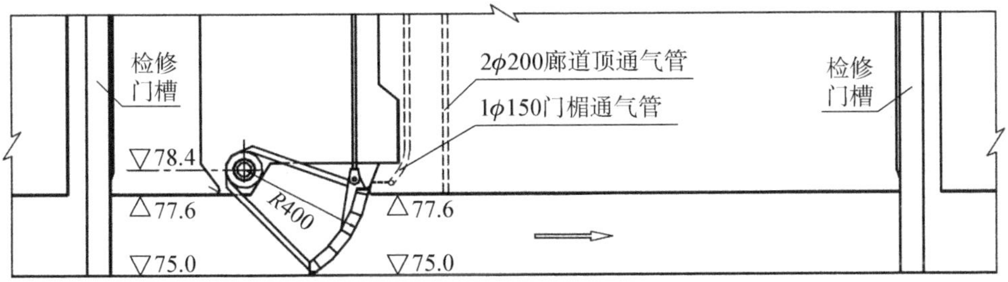

图 5－24　乐滩船闸阀门段廊道及通气管布置

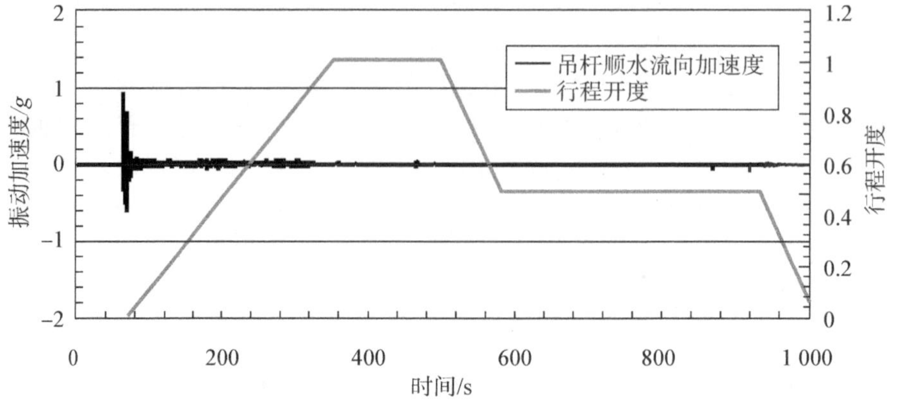

图 5－25　双边连续开启吊杆顺水流方向振动加速度过程线

大化、乐滩船闸原型调试成果表明，无论是灌水阀门还是泄水阀门，阀门启闭过程运行平稳，启门力的脉动及振动均较小，一方面，由于门楣自然通气，门楣、底缘空化得到充分抑制，消除了空化这一最主要的激振源；另一方面也说明大化、乐滩船闸设计所采用的双面板阀门及其吊杆体系抗震能力较强。

(2)“新型阀门段廊道体型＋综合通气”技术措施

尽管采用上述防护技术可以解决阀门空化问题，且具有诸多优点，但对闸室输水系统有一定要求，进入闸室的空气应能通过输水系统各出水孔均匀逸出，以免影响闸室停泊条件。为此，针对多座高水头船闸，提出了“新型阀门段廊道体型＋综合通气”技术措施。

该技术的要点是，通过阀门段廊道体型优化研究，提出新的阀门段廊道体型，改善阀门底缘空化条件，尽量减弱空化强度，但不追求完全不出现空化，控制阀门底缘相对空化数不小于 0.5；对仍存在的底缘空化，利用门楣自然通气解决。在阀门段廊道体型优化中，吸取顶部突扩增加门后压力和底部突扩改善底缘空化流态的长处，提出“顶部突扩＋底部突扩”而侧面不扩大的新型廊道体型，并首次提出了升坎自然通气及跌坎强迫通气措施抑制新型廊道体型可能发生的空化。

对于“底突扩＋顶突扩”新型廊道体型，底部突然扩大后，阀门底缘的绕流流态得到改善，对抑制底缘空化和门体振动有利；门后廊道垂向空间大，主流能够较快地沿程扩散，降低了主流流速。突扩廊道收缩升坎的约束，提高了主流在突扩空腔以及下游廊道内走向与旋涡空间排列结构的稳定性。突扩体出口廊道高于阀门处进口廊道，进一步稳定门后漩滚区，增加消能效果。收缩升坎采用高次曲线，突扩廊道出口水流平顺。底扩处加设了台阶状跌坎，不仅减弱垂直跌坎下游次回漩区紊动强度，更便于检修。通过确定合理的廊道埋设深度(一般不超过 10 m)，可控制阀门底缘相对空化数不小于 0.5。利用门楣通气抑制新型廊道体型底缘仍存在的一定程度空化。门楣自然通气后在门后廊道形成的渗气水流，较好地保护了主流上边界。

由于廊道一般埋设较浅，升坎处负压不可避免，传统的做法是改善体型尽量减小负压。本项研究允许升坎出现较大负压，首次在升坎处设置渗气槽，实现自然通气，在通气管下游形成掺气水流，可有效抑制升坎空化，并对升坎及其下游边壁起到保护作用。采取跌坎强迫通气措施，不仅可解决跌坎空化问题，而且可利用跌坎通气后形成的渗气水流对廊道底板起到较佳的防护作用。“门楣自然通气＋升坎自然通气＋跌坎强迫通气”形成的渗气水流，对整个廊道边壁都起到了保护作用，可确保阀门安全运行。嘉陵江草街船闸阀门段廊道防空化体型及通气管(门楣通气、跌坎通气、升坎通气)布置方案见图 5-26。

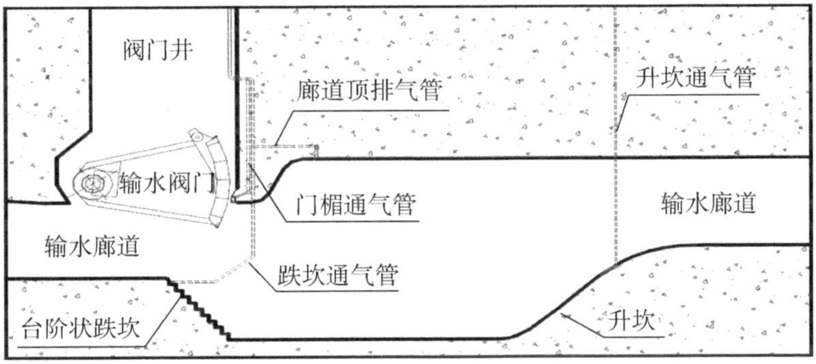

图 5-26　嘉陵江草街船闸阀门防空化布置及通气保护情况

在红水河桥巩船闸研究中，根据平板门开启过程底缘与突扩廊道跌坎位置相对固定的特点，通过细致研究，提出了可自然通气的跌坎体型及通气管布置。由于减压试验中未发现升坎空化，故未设置升坎通气措施。该船闸最终采取的防空化技术为“新型阀门段廊道体型＋门楣自然通气＋跌坎自然通气”，阀门段设计见图 5-27。

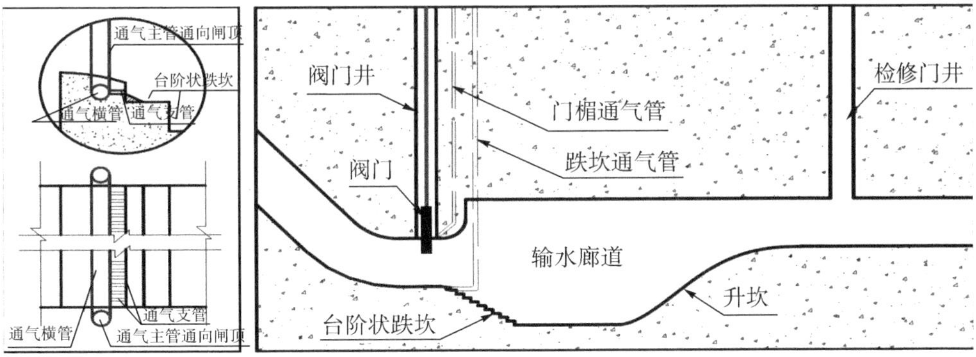

图 5-27　桥巩船闸阀门段廊道体型及通气管布置

该防空化措施在举世瞩目的三峡五级船闸中得到了成功应用。三峡船闸中间级阀门作用水头高达 45.2 m，空化问题非常突出，最终采用了“快速开启(t_v = 2 min)+大淹没水深(26.0 m)+底扩廊道体型+门楣自然通气+跌坎强迫通气(原型中虽预埋了跌坎强迫通气管，经有水调试，发现跌坎空化持续时间不长，且强度可以接受，未设置空压机)”的综合措施。其门后廊道体型为底部突扩 3 m，顶部为 1∶10 的渐扩形式，侧面不扩大，如图 5-28 所示。三峡船闸原观表明，阀门启闭过程中，运行非常平稳，振动较小，底缘无空化发生，综合措施较好地解决了阀门空化这一关键性技术难题。

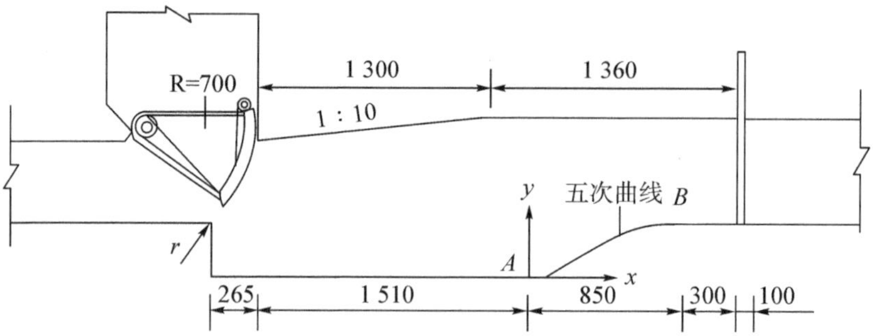

图 5-28 三峡船闸阀门段底扩廊道体型(单位:cm)

三峡连续五级永久船闸有水调试(初始工作水头 45.2 m、阀门处廊道顶初始淹没水深 26 m)实测的面板侧向及摆杆的振动特性见图 5-29 和图 5-30。由图可见，在阀门开启之初(约 2～10 s 时段)，吊杆及门体发生短暂的冲击型振动，在阀门井附近也能听到门体的较强响声，摆杆顺水流方向振动相对较大，最大振动加速度幅值在±2.0 g 以内，其原因可归结于顶止水脱离门楣形成的止水头部空化以及液压启闭系统克服门体及吊杆的静摩擦力所导致的冲击荷载，这一现象在其他高水头船闸中普遍存在。随后的整个开启过程振动明显减小，表现为随机型振动，相对而言，在阀门开启 80 s 附近时段振动略大，最大振动加速度幅值未超过 0.5 g。

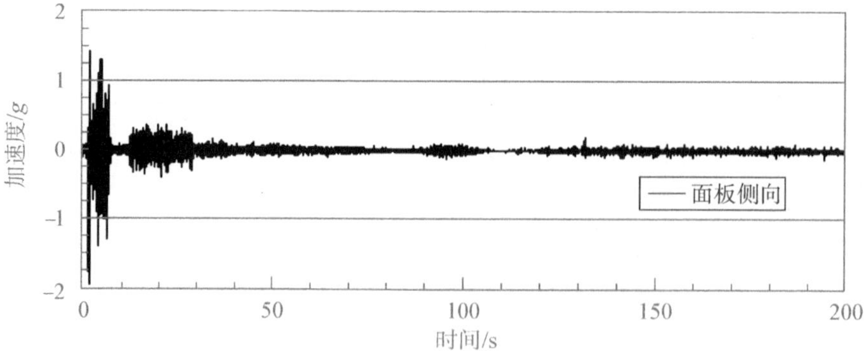

图 5-29 开门过程面板侧向振动加速度

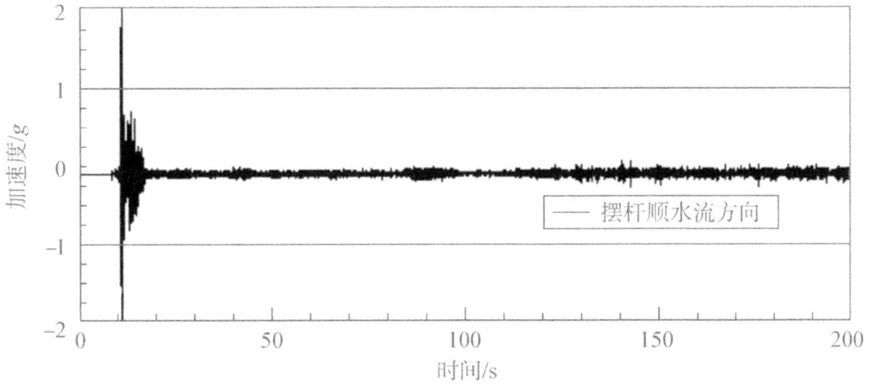

图 5-30 开门过程摆杆顺水流方向振动加速度

阀门吊杆为细长的杆件结构，在阀门开启过程中，顺水流方向（x 向）和横向（z 向）主要受到动水冲击作用，纵向（y 向）则主要承受由门体所传递的动水荷载，因而流激振动也表现为顺水流方向（x 向）最大，横向次之，纵向最小，以开门之初和80～92 s时段振动均方根值相对较大，顺水流方向、横向、纵向在开门之初及开门过程中的最大振动均方根值分别为 0.24 g、0.15 g、0.11 g 和 0.03 g、0.02 g、0.01 g。总体上看，振动量级较小。

(3) 船闸平面阀门防空化技术

长洲三四线船闸规模巨大，设计尺度为 340.0 m×34.0 m×5.8 m，闸室尺寸已超过三峡船闸，阀门段廊道尺寸为 4.6 m×6.0 m（宽×高），阀门尺寸大，最大工作水头为 19.20 m，输水效率高。减压试验表明，长洲三四线船闸泄水阀门除存在中高水头船闸不可避免的门楣空化外，还存在三类空化：底缘空化、门槽内漩涡空化、门槽出口空化。为此提出了采取门楣自然通气、门槽出口处布置强迫通气装置（强迫通气管路预留，视原型观测调试情况，决定是否购置空压机）的工程措施，并利用门槽强迫通气装置实现门楣大开度强迫通气，可以有效解决其阀门底缘、门槽内漩涡、门槽出口空化问题。阀门段通气管布置见图 5-31。

长洲三四线原型观测进行了阀门是否通气运行情况对比，在阀门井和检修门井均布置了水听器，空化噪声强度对比见图 5-32，门楣自然通气防空化实际应用效果非常明显，有效地抑制了阀门段空化。

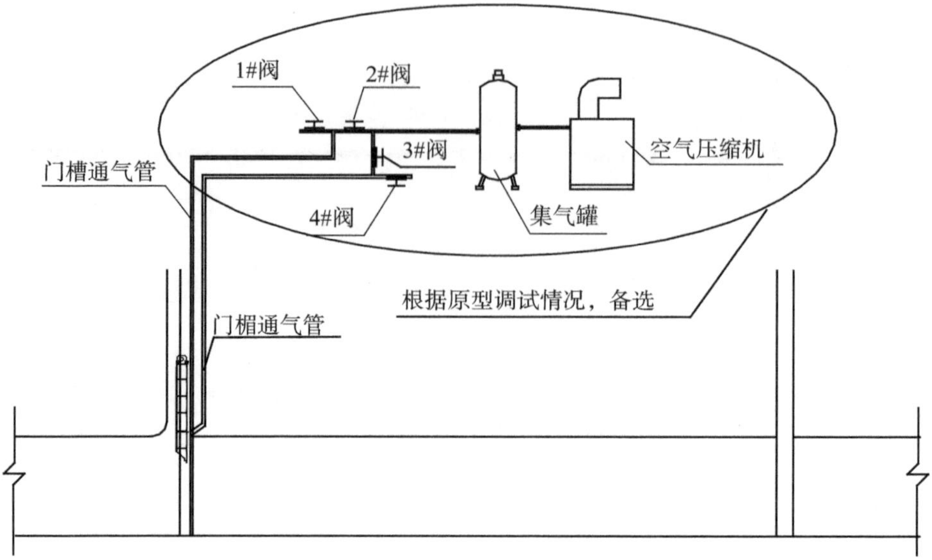

图 5-31 阀门段通气管布置

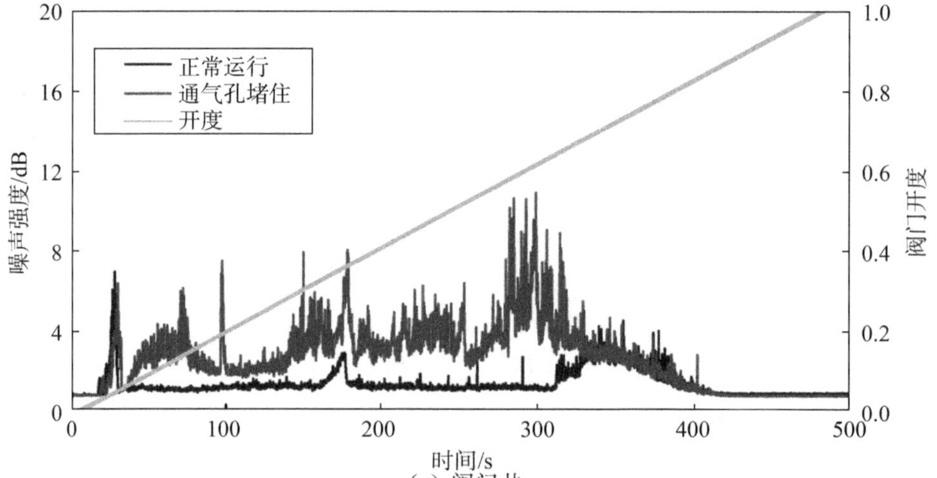

(a) 阀门井

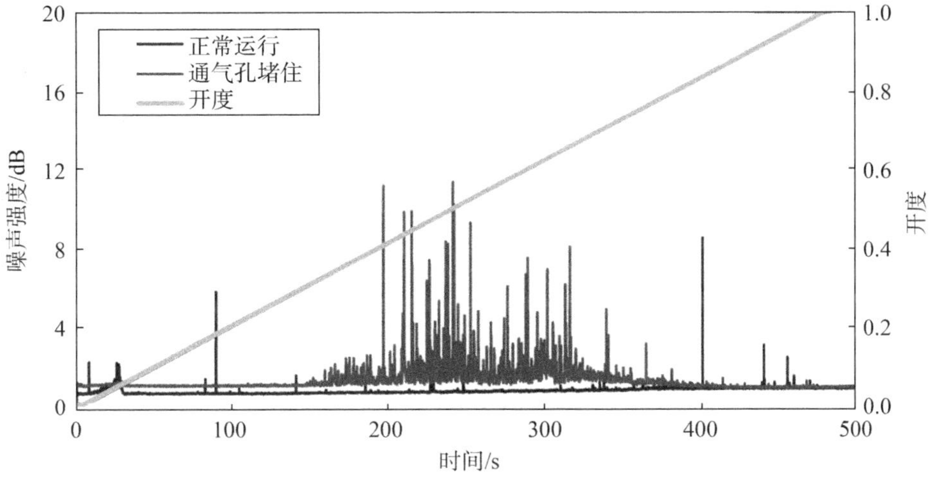

(b) 检修门井

图 5-32 是否通气空化噪声强度对比

(4) 船闸阀门防空化设计原则

① 20 m 以下的中低水头船闸，门后廊道体型设计为非常简单的平顶或者顶扩廊道体型，阀门后廊道高程一般与进入闸室的主廊道相同，采用门楣自然通气措施解决阀门空化问题。

② 30 m 以上的超高水头船闸，推荐采用“新型阀门段廊道体型＋综合通气”技术措施。

③ 20～30 m 之间的高水头船闸，可根据船闸的重要性及规模，既可选择结构简单、工程量省的“平顶廊道体型＋小淹没水深＋门楣自然通气＋廊道顶自然通气”完全被动技术措施，在平顶廊道体型下，根据门后廊道顶负压(控制在－5 m～－8 m 水柱之间)确定阀门处廊道高程；也可选择“新型阀门段廊道体型＋综合通气”主动与被动相结合的技术措施，根据阀门底缘处于发展空化阶段(相对空化数不小于 0.5)这一原则确定阀门处廊道高程。

我国设计规范及以往的研究均从主动防护的角度出发，要求阀门底缘工作空化数大于临界空化数，即相对空化数 $\sigma/\sigma_i \geqslant 1$，阀门段廊道顶负压控制在 3 m 水柱以下，如不满足条件，则采取加大淹没水深直接提高压力或者通过采取工程措施避免阀门发生空化，通俗意义就是“严防死守”策略。对于高水头甚至超高水头船闸，存在的问题是阀门段廊道布置较复杂，阀门处埋设深度较大，工程投资大。同时由于原型与模型试验存在缩尺效应，模型试验中阀门无空化，并不能保证原型不发生空化。

提出空化防护措施，允许阀门发生空化，以最小相对空化数 $\sigma/\sigma_i = 0.1 \sim 0.5$ 为设计原则(完全被动技术$\sigma/\sigma_i \geqslant 0.1$;主动与被动相结合技术$\sigma/\sigma_i \geqslant 0.5$),廊道顶负压可以达到−10 m水柱,采用各种通气技术形成的气垫作用防止阀门及廊道边壁发生空蚀破坏,从而解决阀门空化难题。

从阀门防空化措施研究与实践可以看出,针对各种工作条件阀门防空化设计中,门楣自然通气是必备措施,其不仅能够妥善解决阀门门楣顶缝空化,对阀门底缘乃至升坎空化等也有很好的抑制作用。

第四节 船闸廊道抗冲磨试验

一、抗冲磨混凝土配合比设计

1. 试验原材料

(1) 水泥:42.5级中热硅酸盐水泥,其成分和性能分别见表5-7和表5-8。

(2) 粉煤灰:Ⅱ级粉煤灰,密度2.61 g/cm³,细度为4.2%,含水率为0.2%,需水量比为101%,其化学成分见表5-9。

(3) 硅粉:云南生产。

(4) 细骨料:人工砂,视密度为2 700 kg/m³,吸水率为2.85%,细度模数为2.7,石粉含量15.0%。

表5-7 水泥化学成分 (%)

SiO_2	CaO	Fe_2O_3	MgO	Al_2O_3	K_2O	SO_3	Na_2O	TiO_2	P_2O_5	MnO	Loss
21.37	61.92	3.77	2.89	4.85	0.64	1.76	0.08	0.54	0.23	0.08	1.87

表5-8 水泥的物理力学性能指标

密度 g/cm³	细度 %	凝结时间/h∶min		抗压强度/MPa			抗折强度/MPa		
		初凝	终凝	3 d	7 d	28 d	3 d	7 d	28 d
3.14	3.3	2∶11	4∶25	18.5	26.1	48.3	5.2	5.7	8.5

表5-9 粉煤灰的化学成分及基本物理指标 (%)

SiO_2	CaO	Fe_2O_3	MgO	Al_2O_3	K_2O	SO_3	Na_2O	Loss	细度	含水率	需水量比
42.45	5.43	9.92	2.56	28.77	1.37	1.84	0.76	3.08	4.2	0.2	101

(5) 粗骨料:碎石;大石(30~40 mm):视密度为2 860 kg/m³,吸水率为1.75%;中石(20~30 mm):视密度为2 800 kg/m³,吸水率为1.88%;小石(5~20 mm):视密度为2 700 kg/m³,吸水率为2.42%;大、中、小石的比例为2∶4∶4。

(6) 外加剂:HLC-NAF缓凝减水剂、HLC-Ⅲ 硅粉抗磨蚀剂、HLC-Ⅸ聚羧酸盐高效减水剂。

2. 配合比设计

水胶比是影响混凝土强度及耐久性的主要因素，为了达到混凝土配制强度、抗冻等级和抗渗等级等指标，通过试验确定抗冲磨混凝土设计配合比采用0.34的水胶比。骨料的最优级配应是不同级别的粗骨料按一定比例搭配后，其空隙率及表面积均相对较小，以达到拌和的混凝土水泥用量少，并且质量好的目的。因此结合施工中使用骨料的基本物理性质，通过试验选择骨料级配为中石∶小石＝1∶1。合理选择粉煤灰掺量有利于改善或提高混凝土的和易性、水化热温升、后期强度、耐久性及抗裂性等性能，根据试验结果，选取抗冲磨混凝土的粉煤灰掺量为15.5%。确定单位用水量的原则是满足混凝土拌和物流动性要求，在试验研究的基础上，确定抗冲磨混凝土设计配合比采用的单位用水量为120 kg/m^3。以满足混凝土设计要求的流动性指标，并且使混凝土拌和物黏聚性和保水性良好的砂率为最优砂率，通过试验将抗冲磨混凝土砂率取为30%。外加剂掺量是根据减水效果、缓凝效果以及引气效果等确定。流道抗冲磨混凝土配合比如表5-10所示。

表5-10　流道混凝土设计配合比

编号	混凝土中各材料用量(kg/m^3)					水胶比	外加剂(%)	坍落度(cm)	凝结时间(min)
	W	C	F/Si	S	G				
ZS-1	120	300	55	550	1 300	0.34	3.0	5.0	17.35
ZS-2	120	300	55	550	1 300	0.34	3.5	4.6	16.58
ZS-3	105	300	55	550	1 300	0.30	10	4.0	17.25
ZS-4	105	300	55	550	1 300	0.30	2.5	3.8	17.25

注：除ZS-2掺合料为硅粉外，其余均为粉煤灰，ZS-1、ZS-2外加剂为HLC-NAF缓凝减水剂、ZS-3为HLC-Ⅲ硅粉抗磨蚀剂、ZS-4外加剂为HLC-IX聚羧酸盐高效减水剂。

表5-10中分别使用HLC-NAF、HLC-Ⅲ及HLC-IX三种外加剂和粉煤灰、硅粉两种掺合料，并对各组新拌混凝土的性能进行了对比。可以看出：ZS-3、ZS-4两组由于外加剂的减水率较高，为保持混凝土坍落度在3～6 cm，应减少用水量。改用HLC-Ⅲ及HLC-IX后，由于其高减水率，水胶比降至0.30，并且掺加HLC-Ⅲ后因其改善水泥及骨料结合界面的特殊功效，黏聚性和流动性大大提高，这也避免了一般硅粉混凝土和易性差、抹面困难等问题。

二、抗冲磨混凝土性能试验

试验参照《水工混凝土试验规程》(SL 352—2006)有关规定进行，抗冲磨性能试验采用圆环法。混凝土抗冲磨指标以抗冲磨强度和磨损率表示，抗冲磨强度按照规范公式计算。

1. 混凝土抗冲磨性能

各组混凝土的抗冲磨试验结果见表 5－11。由试验结果可以看出：与常规设计(ZS－1 组)相比，改用硅粉后混凝土抗冲磨强度提高 27.6%，磨损率降低 22.2%；使用 HLC－Ⅲ后混凝土抗冲磨强度提高 45.3%，磨损率降低 33.7%；使用 HLC－Ⅸ后混凝土抗冲磨强度提高 24.5%，磨损率降低 21.0%，4 种方案的抗冲磨效果从好到差依次是：ZS－3>ZS－2>ZS－4>ZS－1。

表 5－11 混凝土抗冲磨性能比较

编号	ZS－1	ZS－2	ZS－3	ZS－4
抗冲磨强度(h/(kg/m²))	4.57	5.83	6.64	5.69
磨损率(%)	6.61	5.14	4.38	5.22

2. 混凝土力学及变形性能

各组混凝土的力学变形性能进行了测试，测试结果见表 5－12～表 5－13。

表 5－12 混凝土力学性能

编号	抗压强度/MPa			劈拉强度/MPa			轴心抗拉强度/MPa	
	3 d	7 d	28 d	3 d	7 d	28 d	7 d	28 d
ZS－1	12.5	28.4	39.8	1.04	1.86	3.27	1.22	3.31
ZS－2	14.7	33.9	46.5	1.12	2.17	3.96	1.45	3.78
ZS－3	16.4	36.7	54.3	1.35	2.52	4.77	1.63	4.55
ZS－4	14.1	30.3	44.8	1.1	2.01	3.76	1.32	3.72

根据表 5－12 可以看出：ZS－1 与 ZS－2 相比，相同条件下以硅粉取代粉煤灰，28 d 抗压强度、28 d 劈裂抗拉强度及 28 d 轴心抗拉强度的提高值分别为 16.8%、21.1%和 14.2%；掺入 HLC－Ⅲ后，28 d 抗压强度、28 d 劈裂抗拉强度及 28 d 轴心抗拉强度的提高值分别为 36.4%、45.9%和 37.5%；使用 HLC－Ⅸ后虽然水胶比从 0.34 降至 0.30，28 d 抗压强度、28 d 劈裂抗拉强度及 28 d 轴心抗拉强度的提高值分别为 12.6%、15.0%和 12.4%；但强度仍低于 0.34 水胶比的硅粉混凝土，增强效果并不明显。可见 HLC－Ⅲ具有显著的增强效果。

表 5－13　混凝土变形性能

编号	抗压弹性模量/GPa			极限拉伸值/$\times10^{-6}$		干缩变形/$\times10^{-6}$				
	3 d	7 d	28 d	3 d	28 d	3 d	7 d	14 d	28 d	60 d
ZS－1	16.9	25.8	33.6	51	115	53	131	256	364	513
ZS－2	19.6	29.2	38.3	56	126	57	153	297	375	631
ZS－3	22.5	34.6	45.2	64	139	69	162	301	396	477
ZS－4	18.1	28.8	37.5	55	124	52	127	248	355	503

由表 5－13 结果可见：ZS－2～ZS－4 中混凝土抗压弹模和极限拉伸值均有不同程度提高，其中 ZS－3 掺加 HLC－Ⅲ后的提高程度最大，28 d 抗压弹模和极限拉伸值分别达到 45.2 GPa 和 139×10^{-6}，极限拉伸值的增大有助于抗裂性能的提高；从不同龄期混凝土的干缩变形对比发现：以相同用量硅粉取代粉煤灰，不同龄期干缩变形均有一定的增大，60 d 干缩变形增大 23%；粉煤灰混凝土中加入 HLC－Ⅲ后，混凝土 28 d 以前的干缩值较对比组 ZS－1 有一定的增大，而掺入 HLC－Ⅸ 的混凝土干缩值则有较大幅度的降低，同配合比时，HLC－Ⅲ 中含有减缩防裂组分，导致后期干缩减小，如果环境湿度增大，减缩效果应该更好；HLC－Ⅸ 的使用降低了水灰比，且聚羧酸盐高效减水剂本身通常具有一定的减缩效果，故不同龄期干缩值均有减小。

3. 混凝土抗渗、抗冻性能

试验配合比表明：试验配合比混凝土 28 d 抗渗等级≥W8，100 个冻融循环后，试验配合比混凝土的相对动弹性模量为原来的 85%，质量损失率为 1.3%。因此，试验配合比混凝土完全满足闸首流道抗冲磨部位的抗渗及抗冻设计要求。与普通混凝土相比，抗冲磨混凝土的密实度较高，内部的孔隙少，水流不易通过，因此其抗渗性得到显著提高。

以硅粉、HLC－Ⅲ硅粉抗磨蚀剂及 HLC－Ⅸ聚羧酸盐高效减水剂对错位布置船闸廊道混凝土的力学性能、抗冻性能及抗冲磨效果比较可以看出：HLC－Ⅲ硅粉抗磨蚀剂的综合性能最好，外掺 10%HLC－Ⅲ硅粉抗磨蚀剂后，混凝土 28 d 抗压强度、28 d 劈裂抗拉强度及 28 d 轴心抗拉强度分别提高 36.4%、45.9%和 37.5%；60 d 干缩值降低 7%，28 d 抗压弹模、28 d 极限拉伸值分别为 45.2 GPa 和 1.39×10^{-4}，抗冲磨强度提高提高 45.3%，磨损率降低 33.7%，且 HLC－Ⅲ具有改善水泥及骨料结合界面的特殊功效，混凝土黏聚性和流动性大大提高，避免了一般硅粉混凝土和易性差、抹面困难等问题，在实际应用中具有突出优势，建议在闸首流道混凝土设计时采用 ZS－3 的配合比设计方案。

参考文献

[1] 王作高.船闸设计[M].北京:水利电力出版社,1992.
[2] 涂启明.船闸总体设计与图例[M].北京:人民交通出版社,1992.
[3] 刘志明,温续余.水工设计手册:第七卷泄水与过坝建筑物[M].2版.北京:中国水利水电出版社,2014.
[4] 程昌华,刘晓平,唐寿鑫.航道工程学[M].北京:人民交通出版社,2001.
[5] 林继镛.水工建筑物[M].5版.北京:中国水利水电出版社,2009.
[6] 朱伯芳.大体积混凝土温度应力与温度控制[M].北京:中国电力出版社,1999.
[7] 黄国兴,陈改新,等.水工混凝土技术[M].北京:中国水利水电出版社,2014.
[8] JTJ 305—2001.船闸总体设计规范[S].北京:人民交通出版社,2001.
[9] JTJ 306—2001.船闸输水系统设计[S].北京:人民交通出版社,2001.
[10] JTJ 307—2001.船闸水工建筑物设计规范[S].北京:人民交通出版社,2001.
[11] GB 50139—2014.内河通航标准[S].北京:中国计划出版社,2004.
[12] SL 191—2008.水工混凝土结构设计规范[S].北京:中国水利水电出版社,2009.
[13] DL/T 5207—2005.水工建筑物抗冲磨防空蚀混凝土技术规范[S].北京:中国电力出版社,2009.
[14] JTS 167—2—2009.重力式码头设计与施工规范[S].北京:人民交通出版社,2009.
[15] SL 319—2018.混凝土重力坝设计规范[S].北京:中国水利水电出版社,2018.
[16] JTJ 239—2005.水运工程土工合成材料应用技术规程[S].北京:人民交通出版社,2005.
[17] JTJ 214—2000.内河航道与港口水文规范[S].北京:人民交通出版社,2000.
[18] JTS 146—2012.水运工程抗震设计规范[S].北京:人民交通出版社,2012.
[19] SL 325—2006.水工混凝土试验规程[S].北京:中国水利水电出版社,2006.
[20] SL 379—2007.水工挡土墙设计规范[S].北京:中国水利水电出版社,2007.
[21] CECS22:2005.岩土锚杆(索)技术规程[S].北京:中国计划出版社,2005.
[22] JTS 167—2009.板桩码头设计与施工规范[S].北京:人民交通出版社,2009.
[23] 傅作新,张子明,孙一清.大型船闸底板分缝施工方案的研究[J].土木工程学报,1992,25(1):45-51.
[24] 牛志国,丁天平,等.错位布置双线船闸闸首结构受力机理及变形控制研究[R].南京:南京水利科学研究院,2015.
[25] 赵兰浩,李同春,牛志伟.有横缝高拱坝非线性地震响应动接触模型[J].水力发电学报,2007,26(4):92-93.
[26] 刘晓平,蒋昌波.温度应力对船闸结构的影响[J].长沙交通大学学报,1992,8(1):79-85.

[27] 姚代禄. 挡土墙土压力非线性分布的研究[J]. 重庆交通大学学报,1984,10(3):40-47.

[28] 王元战,李新国,陈楠楠. 挡土墙主动土压力分布与侧压力系数[J]. 岩土力学,2005,26(7):1019-1022.

[29] 应宏伟,蒋波,谢康和. 考虑土拱效应的挡土墙主动土压力分布[J]. 岩土工程学报,2007,29(5):717-722.

[30] G W Stachowiak, A W Batchelor. Abrasive, Erosive and Cavitation Wear[M]. Engineering Tribology(Third Edition),2006:501-551.

[31] 尹延国,胡献国,崔德密. 水工混凝土冲击磨损行为与机理研究[J]. 水力发电学报,2001,(4):57-64.

[32] E Horszczaruk. Abrasion resistance of high-strength concrete in hydraulic structures[J]. Wear,2005,259(1-6):62-69.

[33] X G Hu, A W Momber, Y Yin. Erosion wear of hydraulic concrete with low steel fiber content [J]. Journal of Hydraulic Engineering,2006,132:1331-1340.

[34] Wang Xin, Luo Shao-ze, Hu Ya-an. High-speed flow erosion test study on roller compacted concrete dam during construction[J]. Journal of Hydrodynamics,2012,(1):32-38.

[35] J Gilberto, D Filho, A I B Genovez. Alternative apparatus to evaluate cavitation damage[J]. Journal of Materials in Civil Engineering,2009,21(12):797-800.

[36] John Henningsen. Polyurea: Leading a revolution in coating technology[J]. Paint and Coatings Industry,2002,(1):58-63.

[37] 陈改新. 高速水流下新型高抗冲耐磨材料的新进展[J]. 水力发电,2006,32(3):56-59.

[38] M Grujicica, B Pandurangana, T Hea. Computational investigation of impact energy absorption capability of polyurea coatings via deformation-induced glass transition[J]. Materials Science and Engineering A,2010,527:7741-7751.

[39] C M Roland, R Casalini. Effect of hydrostatic pressure on the viscoelastic response of polyurea [J]. Polymer,2007,48:5747-5752.

[40] Sai S Sarva, Stephanie Deschanel, Mary C Boyce. Stress-strain behavior of a polyurea and a polyurethane from low to high strain rates[J]. Polymer,2007,48:2208-2213.

[41] K I Aly, M A Hussein. New polymer syntheses, part 45: Corrosion inhibition behavior of novel polyurea derivatives based on diarylidenecycloalkanone moieties in the polymers backbone[J]. Journal of Polymer Research,2010,17:607-620.

[42] 高欣欣,蔡跃波,丁建彤. 基于水下钢球法的水工混凝土磨损影响因素研究[J]. 水力发电学报,2011,30(2):67-71.

[43] F E Causey. Evaluation of materials for cavitation resistance. Rep No. REC-OCE-70-51, U. S. bureau of reclamation, Denver. 1970.

[44] I Gikas. Cavitation erosion on concretes and epoxy surfaces. Technical Bulletin DAEE,1981,4(1):89-121.

[45] J Y Billard, D H Fruman. Etude experimental de l'influence d'un champ de pression fluctuant sur l'apparition de la cavitation dans un venture[J]. Houille Blanche, 1992, 47(7/8):563-566.

[46] T M Pham, J M Michel, Y Lecoffre. Qualification et optimisation d'un compteur dynamique a ogive centrale[J]. Houille Blanche, 1997, 52(4/5): 74 - 80.

[47] A Karimi, F Avellan. Comparison of erosion mechanisms in different types of cavitation[J]. Wear, 1986, 113(3): 305 - 322.

[48] A Karimi, M Maamouri, J L Martin. Cavitation-erosion-induced microstructures in copper single crystals[J]. Materials Science and Engineering: A, 1989, 113: 287 - 296.

[49] C L Cheng, C T Webster, J Y Wong. Cavitation resistant coatings for concrete hydraulic structures[J]. ACI Mater J, 1990, 87(6): 594 - 601.

[50] A W Momber. Cavitation damage to geomaterials in a flowing system[J]. Mater. Sci., 2003, 38(4): 747 - 757.

[51] Jose Gilberto Dalfre Filho, Ana I B Genovez. Alternative apparatus to evaluate cavitation damage[J]. Journal of Materials in Civil Engineering, 2009, 21(12): 797 - 800.

[52] Wang Xin, Luo Shao-ze, Liu Guang-sheng, etc. Abrasion test of flexible protective materials on hydraulic structures[J]. Water Science and Engineering, 2014, 7(1): 106 - 116.

[53] 黄继汤,田立言,李玉柱. 挟沙水流中几种金属材料抗空蚀和抗磨蚀性能的试验研究[J]. 水利学报,1983(7):27 - 36.

[54] 黄继汤,龙再明. 硅粉混凝土抗空蚀性能的试验研究[J]. 水利学报,1991(1):65 - 68.

[55] 陈国新,唐修生,祝烨然,等. 几种抗冲磨混凝土性能试验研究[J]. 混凝土,2008(3):72 - 74.

[56] 张艳花,曾力,刘志栋. 水工抗冲磨混凝土试验研究[J]. 中国农村水利水电,2011(5):113 - 115.